全国高职高专精品规划教材

"十四五"首批广西职业教育规划教材

林产品物流管理

王永富　李亚琦/主编

LINCHANPIN

WULIU

GUANLI

中国财经出版传媒集团

经济科学出版社

Economic Science Press

图书在版编目（CIP）数据

林产品物流管理／王永富，李亚琦主编. --北京：
经济科学出版社，2023.5
全国高职高专精品规划教材 "十四五"首批广西
职业教育规划教材
ISBN 978 - 7 - 5218 - 4798 - 7

Ⅰ.①林… Ⅱ.①王… ②李… Ⅲ.①林产品 - 物流
管理 - 职业教育 - 教材 Ⅳ.①F724.74

中国国家版本馆 CIP 数据核字（2023）第 091393 号

责任编辑：张　蕾
责任校对：杨　海
责任印制：邱　天

林产品物流管理

王永富　李亚琦　主编

经济科学出版社出版、发行　新华书店经销
社址：北京市海淀区阜成路甲 28 号　邮编：100142
应用经济分社电话：010 - 88191375　发行部电话：010 - 88191522
网址：www. esp. com. cn
电子邮箱：esp@ esp. com. cn
天猫网店：经济科学出版社旗舰店
网址：http://jjkxcbs. tmall. com
固安华明印业有限公司印装
787 × 1092　16 开　16 印张　450000 字
2023 年 8 月第 1 版　2023 年 8 月第 1 次印刷
ISBN 978 - 7 - 5218 - 4798 - 7　定价：42.90 元
（图书出现印装问题，本社负责调换。电话：010 - 88191545）
（版权所有　侵权必究　打击盗版　举报热线：010 - 88191661
QQ：2242791300　营销中心电话：010 - 88191537
电子邮箱：dbts@ esp. com. cn）

前　言

　　物流学科是一门综合学科，它既是一个跨行业、跨部门的复合产业，同时又具有劳动密集型和技术密集型相结合的特征。所以，发展物流产业，不仅需要高级物流管理人才，更需要一大批掌握一定专业技术、服务于一线的物流运营管理与操作型人才。因此，在培养高级物流管理专业人才的同时，还需要大力发展职业教育，尤其是高等职业教育。

　　目前，随着乡村振兴战略和生态文明建设等国家政策推行，林业产业蓬勃发展，林产品市场流通体系日益成熟，林产品物流人才的需求极度紧缺。本教材的编写旨在服务职业教育教学改革，服务国家乡村振兴战略，密切联系林产品物流行业实际，培养既具有大物流领域通用性专业理论和实践知识，又熟悉林产品物流细分领域的专业化理论与实践知识，分层次分阶段地进行林产品物流人才的培养，推动构建一个立体式的林产品物流人才培育体系。本教材以林产品为特点，从林产品物流的概述、林产品物流系统、林产品物流市场、林产品物流核心环节、林产品供应链管理及运营前沿问题等方面进行编排，突出知识系统性和行业前沿性，体现林产品物流管理持续发展、智能发展、绿色发展的理念。

　　本教材是现代物流管理的专业基础教材，它充分体现了区域经济特色和林业院校专业特色，精准对接了物流行业中的细分领域林产品物流的社会需求，既为学生提供必要的物流基础理论，也为学生今后从事林产品物流方向提供一定的专业化基本知识，起到构筑学生合理的专业知识结构，培养学生全面的专业综合素质的重要作用。本教材与已出版的同类代表性教材比较，主要有以下特色。

　　（1）在内容安排上，对接国家标准、理论结合实际的原则，以《物流服务师国家职业标准》为依据，以林产品物流领域为切入点，以工作任务为载体，注重现代物流管理在林产品市场流通中的实践和物流行业新技术的运用，力求理论与实践相结合。

　　（2）在编排形式上，按照理论够用、能力为重、启迪思考、激发兴趣的原则，对教材撰写、编排进行优化设计；知识点由浅入深、循序渐进，符合教育和学习规律；内容架构清晰，层次分明、图文并茂，易于学生掌握；同时辅以二维码线上资源链接、拓展阅读、练习与思考等板块进行知识点巩固与提升，重点突出，内容翔实，具有启发性。

　　（3）在教材应用上，以针对性、实用性为基本着力点，具有一定的区域特点、院校特点、行业特点，主要针对国内具有林业院校背景、拥有较丰富的林业资源、就业方向以林产品市场为主的物流专业，对林产品市场的有序流通和森林资源的有效利用具有重要作用。

　　（4）在知识更新上，以国家乡村振兴战略为背景，内容体现了运用专业知识助力乡村振兴的主题，知识点涵盖最新行业发展动态，就当今电子商务林产品物流、林产品流通信息化、绿色物流等前沿问题进行了介绍。

　　本教材由广西生态工程职业技术学院王永富教授、李亚琦副教授担任主编，王永富教授负责全书的统稿工作。具体分工如下：项目一由广西生态工程职业技术学院李亚琦副教授编写；项目二由广西生态工程职业技术学院蒋沁燕副教授编写；项目三由广西生态工程职业技术学院陈盛、赵勇生编写；项目四由广西生态工程职业技术学院王永富教授编写；项目五由广西生态工程职业技术学院谢坚编写；项目六由海南经贸职业技术学院符瑜副教授、广西生态工程职业技术学院李曼媛编写；项目七由广西生态工程职业技术学院韦维涛编写；项目八由广西生态工程职业技术学院覃丽萍编写；项目九由柳州铁道职业技术学院莫柳、广西生态工程职业技术学院李佳勤编写；项目十由宁波职业技术学院吴立威教授编写；项目十一由广西生态工程职业技术学院李禹龙编写；项目十二由广东生态工程职业技术学院赵静副教授编写。广西生态工程职业技术学院龚翠英副教授负责课程思政素材的提供和编写；中铁快运股份有限公司唐建生经理负责全书实训任务编写。

　　本教材配套课件可在经济科学出版社官网（http：//www.esp.com.cn）下载。鉴于时间和编者水平有限，书中难免有疏漏之处，敬请读者批评指正。

编者

2023 年 5 月

目 录

林产品物流概述

【学习目标】

❖ 知识目标

1. 掌握林产品的概念、特点及功能
2. 掌握物流、林产品物流的概念
3. 掌握林产品物流活动的特征
4. 了解物流行业与林产品行业之间的关系
5. 了解林产品物流发展情况

❖ 技能目标

1. 能够判断哪些产品属于林产品范畴
2. 能够分析不同林产品的物流需求
3. 能够针对林产品的特征选择合适的物流渠道

❖ 素质目标

1. 培养热爱物流行业的品质
2. 培养爱岗敬业、吃苦耐劳的职业素养
3. 培养思考问题、分析问题的能力

【本章导学】

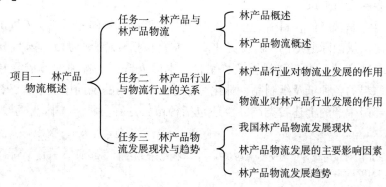

从云南田间到泰国花店——云南鲜花的南洋之旅

云南拥有适宜的温度和湿度、较长的日照和短暂的霜冻期，让这里的鲜花常年不谢，一直以来都是我国最主要的鲜花种植区。大量热带地区不易种植的鲜花，如康乃馨、玫瑰等，都成为东南亚鲜花市场的抢手货。

在"一带一路"倡议推动下，中国与东南亚国家相互开放的产业合作，为双方商贸活动注入新动力。随着昆曼国际大通道打通，经过采摘、分级、修枝、包装、拍卖等过程，云南鲜花只需近 40 小时的冷链运输便可抵达曼谷。

2022 年，云南昆明斗南花卉产业园区年交易量再创新高，鲜切花交易量突破 110 亿枝、同比增长 7.6%，交易额突破 121 亿元、同比增长 8.04%。[①]

云南鲜花走向南亚、东南亚，是中国与周边国家开放合作的一个缩影。近年来，云南主动融入和服务国家"一带一路"倡议，不断提升与周边国家互联互通水平，加大经贸、人文等领域交流合作。作为"云南名片"的鲜花，也化作丝路花雨，香飘世界。

（资料来源：新华社. 从云南田间到泰国花店——云南鲜花的南洋之旅〔EB/OL〕. http：//www.gov. cn/xinwen/2019 - 02/19/content_5366672. htm#1. ）

［思考］
(1) 云南鲜花是如何高质高效送达国外的？
(2) 鲜花在物流运输过程中有哪些特点？

任务一　林产品与林产品物流

一、林产品概述

（一）林产品的概念

近年来，随着科学技术的发展，林产品的精深加工、衍生产品日趋增多，林产品以其天然、绿色、环保等优势，成为健康产业的主流，特别是在食品、医药、保健等领域被广泛应用，被越来越多的人所追求。

林产品的界定非常广泛，目前为止还没有统一的界定，不同的学者从不同的研究角度给出了不同的界定。从国际通用的统计口径来看，它是包括以森林资源为基础生产的木材和以木材为原料的各种产品，主要包括原条、锯材、木质人造板、各种木质成品和半成品、木浆、以木材为原料的各种纸及纸制品、林化产品等。从我国的统计口径来看，林产品包括林业部门和其他部门生产的上述各类产品，还包括种苗、花卉、种子、林业机械、园林机械、

---

① 李茂颖. 云南昆明斗南花卉市场交易量创新高——幸福花开又一春〔EB/OL〕. http：//www. forestry. gov. cn/main/54/20230201/151023550454290. html.

林区土特产品、林果类产品等。

《中华人民共和国林业行业标准》（LY/T 2987—2018）中对林产品的定义：林产品指依托森林资源（森林、其他林地和森林以外的林木）、湿地资源和荒漠资源生产的所有有形生物产品（水生动物除外）和提供的林业服务，包括木（竹）质林产品、非木质林产品和林业服务（见表1–1）。

表1–1 林业及相关产品分类结构

大类代码	部分/大类名称	中类	小类	组	小组
	第一部分 木（竹）质林产品	26	101	294	469
01	木竹材采运产品	2	6	14	45
02	木竹材加工产品	7	32	102	153
03	木竹家具及配件	3	10	30	44
04	木（竹）浆、纸及纸制品	6	31	100	150
05	木（竹）文教体育用品	6	20	46	75
06	木制船舶	2	2	2	2
	第二部分 非木质林产品	70	353	892	1468
07	植物非木质林产品	13	130	370	554
08	饲养陆生野生动物及其产品	4	26	55	56
09	森林食品及制品	9	35	102	222
10	果酒、配制酒及林产饮料	6	17	60	88
11	藤、棕家具及配件	2	5	12	22
12	棕、藤、柳、苇制品	4	25	25	25
13	中药材制品	2	15	29	198
14	林产化工与能源产品	7	26	80	115
15	驯养繁殖的陆生野生动物食品	5	17	40	44
16	陆生野生动物皮革、毛皮、蚕丝及其制品	4	11	35	60
17	陆生野生动物制服装、帽子及附件	3	9	17	17
18	林产工艺品、标本及其他制造产品	9	35	65	65
19	其他非木质林产品	2	2	2	2
	第三部分 林业服务	12	33	75	134
20	林业生产服务	2	7	20	20
21	林业旅游与生态服务	2	5	12	43
22	城市林业管理服务	2	8	15	19
23	林业科技与商务服务	3	7	18	40
24	林业公共管理服务	3	6	10	12

木（竹）质林产品指依托森林资源（森林、其他林地和森林以外的林木）中获得的原木、竹材以及以木材、竹材为原料的加工产品。如木材、家具、纸张等。

非木质林产品指依托森林资源（森林、其他林地和森林以外的林木）、湿地资源和荒漠资源生产的除木材、竹材和水生动物以外其他所有的有形生物产品及其加工品，包括植物类产品及其加工品，陆生野生动物及其产品和加工品。如林果、花卉、中药材、木雕等。

林业服务指通过利用森林（湿地、荒漠）生态系统服务功能所提供的林业旅游与生态服务，以及林业生产过程中，以森林（湿地、荒漠）资源为对象的林业生产和管理服务。如自然景区管理、旅游住宿服务、保护区管理等。

> **说一说：**
> 　请列举身边有哪些产品属于林产品？

（二）林产品的特点

1. 林产品的多样性及差异性

林产品种类繁多，主要是以森林资源为基础而生产的木材和以木材为原料的各种产品，包括原木、锯材、木质人造板、各种木质和以木材为原料的各种纸制品、林化产品等。这些产品是往往存在较大的差异性，而这种差异使得林产品的运输、配送、储存工作量增大。

2. 供给地的地域性和集中性

我国林业用地及森林资源在各个省区分布的不均匀性，大多分布在几个较大林区，造成了林产品供给的地域性和集中性。这种林产品供给的地域性和集中性与需求的大量分散性显然是矛盾的，使林产品的运输成本大幅度提高。并且从时间上看，由于这种供需的不平衡，也不可能及时满足顾客的要求。

3. 需求的多样性和广泛性

从用户需求的角度分析，林产品的需求来自社会的多个部门、多个行业，而且这些需求是多样的、广泛的，同时随着社会经济的不断发展，这种需求的多样性和广泛性还会继续扩大。而单个林产企业生产经营上的单一性，以及生产与消费信息的不对称性却加大了供需之间的矛盾，这就注定了林产企业的生产经营、物资配送活动必须具有更大的弹性，必须面向全社会，在经营管理上进行革新，实现供给创新，高度重视物流管理。

4. 运输储存困难

林产品由于其所具有的自然生物特性，难于长时间露天存储，而且林产品在运输与存储过程中还容易遭受病虫害危害与腐蚀变质。另外，由于林产品的主要初级原料原木（这里指的是过熟、成熟林木）往往长度与直径都比较大，一般为1000～60000毫米、100～2000毫米，如果再加上原料形状不规整，那么其存储往往占地面积较大，不但给装卸作业增加了难度和提高了运输与存储的作业成本，而且其成品在运输、存储时对温度、湿度以及通风等条件还有更高要求，所以从总体上来讲，林产品在运输、存储过程中要求较高，在一定程度上提高了林产品的运输与存储成本。从另一角度讲，林产品生产企业绝大多数都集中于大中城市，而林产品的需求在地域分布上却是广泛的，这也是造成林产品存储运输成本高的一个原因。例如，目前云南省木材加工生产企业主要分布在昆明以及各地州首府市，所提供的林产品涉及11大门类，上百个品种。而产品的需求不仅主要满足云南省市场，还辐射到全国各地，因此，在某种程度上，也增加了储存运输成本。

（三）林产品的功能

1. 经济功能

林产品对于人类生活来说是不可缺少的，因为现代林业产品系统能够为人类社会输入大量的原材料木材，为人类社会创造了巨大的物质财富，从而带来巨大的经济利益，促使林农、林工逐步走向富裕，摆脱贫苦。

2. 社会功能

任何资源的开发和利用，都需要大量的人力物力、资金与信息，对于现代林产品系统来讲也不例外。另外，现代林产品系统的开发和利用，可以为很多社会闲置的人员提供就业的机会，它不仅有助于缓解社会的就业压力，还能够促使其他社会产品的引入。

3. 生态功能

目前，环境污染是我国面临的一个很大问题，林产品系统各要素之间的相互配合以及环境相互合作产生的整体功能，有助于防风固沙、净化大气、降低噪声等。林产品系统与环境之间有密切的关联，林产品系统可以促使环境得到变化，且环境的改变也可以导致林产品系统的各个组成要素发生改变，从而产生新的系统功能。

4. 生物功能

林产品有非常丰富的资源，种子、幼树都可以繁衍子代，成为一片树林，为人们的生活提供一些必不可少的资源。大多数的野生动物也需要林产品，才能够绵延后代。可见，林产品对于人类和动物的生活来讲都不可缺少。

5. 消费功能

现代林业产品系统能够为人们输出很多木材，且在人们合理砍伐的前提下，是源源不断的输出，从而满足人们生活的需求，为人们生活提供更好、更舒服的环境。市场上有很多林产食品、花卉产品以及木材家具，能够满足不同消费者的需求，促使消费者进行消费，最终使消费业得到发展。

6. 保健功能

林业产品资源中有非常丰富的中草药。开发和利用这一物种资源，不仅能够继承古代遗产，治病强体，还能够促进医疗事业的发展以及中西医的结合。另外，森林能够吸收二氧化碳，释放出氧气，从而使空气得到更新，就是说森林有使心旷神怡的效用。

7. 欣赏功能

人们越来越喜欢走进大自然，感受大自然带给自己的愉悦心情。森林景观非常丰富，为人类提供了数不胜数的景观，吸引人们走进大自然，感受自然的美，让人们忘记都市的喧闹，放松自己的内心。

二、林产品物流概述

（一）物流基本知识

1. 物流的概念

物流的概念最早是在美国形成的，起源于 20 世纪 30 年代，原意为"实物分配"或

"货物配送"。1963 年被引入日本，日文意思是"物的流通"。20 世纪 70 年代后，日本的"物流"一词逐渐取代了"物的流通"。中国的"物流"一词是从日文资料引进来的外来词，源于日文资料中对"logistics"一词的翻译"物流"。

我国于 2021 年发布的《物流术语》（GB/T 18354—2021）中将物流的定义为："根据实际需要，将运输、储存、装卸、搬运、包装、流通加工、配送、信息处理等基本功能实施有机结合，使物品从供应地向接收地进行实体流动的过程。"物流不单纯是考虑从生产者到消费者的货物配送问题，而且还要考虑从供应商到生产者对原材料的采购，以及生产者本身在产品制造过程中的运输、保管和信息等各个方面，全面地、综合性地提高经济效益和效率的问题。因此，现代物流是以满足消费者的需求为目标，把制造、运输、销售等市场情况统一起来考虑的一种战略措施。现代物流作为一种先进的组织方式和管理技术，被广泛认为是企业在降低物资消耗、提高劳动生产率以外重要的利润源泉。物流的基本功能有运输、储存、搬运与装卸、包装、配送、流通加工、信息处理等（见图 1 - 1）。

图 1 - 1　物流七大功能要素

2. 物流的作用与意义

（1）服务商流。在商流活动中，商品所有权在购销合同签订的那一刻，便由供方转移到需方，而商品实体并没有因此而移动。除了非实物交割的期货交易，一般的商流都必须伴随相应的物流过程，即按照需方（购方）的需要将商品实体由供方（卖方）以适当方式、途径向需方转移。在这整个流通过程中，物流实际上是以商流的后继者和服务者的姿态出现的。没有物流的作用，一般情况下，商流活动都会退化为一纸空文。电子商务的发展需要物流的支持，就是这个道理。

（2）保障生产。从原材料的采购开始，便要求有相应的物流活动，将所采购的原材料到位，否则，整个生产过程便成了无米之炊；在生产的各工艺流程之间，也需要原材料、半成品的物流过程，实现生产的流动性。就整个生产过程而言，实际上就是系列化的物流活动。合理化的物流，通过降低运输费用而降低成本，通过优化库存结构而减少资金占压，通过强化管理进而提高效率等方面的作用，使得有效达到促进整个社会经济水平的提高。

（3）方便生活。实际上，生活的每一个环节，都有物流的存在。通过国际间的运输，可以让世界名牌出现在不同肤色的人身上；通过先进的储藏技术，可以让新鲜的果蔬在任何季节亮相；搬家公司周到的服务，可以让人们轻松地乔迁新居；多种形式的行李托运业务，可以让人们在旅途中享受舒适。

3. 物流的分类

按物流的作用分为：供应物流、销售物流、生产物流、回收物流、废弃物物流。

物流的分类

按物流系统性质分为：社会物流、行业物流、企业物流。

按照物流活动的空间分为：地区物流、国际物流。

（二）林产品物流的定义

作为世界林产品生产、贸易、消费第一大国，我国在国际林产品贸易中具有重要意义。我国也是迄今为止人造板和纸张最大的生产国和消费国、最大的工业原木、锯材和纤维配料进口国，是最大的人造板出口国。2022 年，我国林业产业总产值达 8.04 万亿元，森林面积 2.31 亿公顷，森林覆盖率达 24.02%，草地面积 2.65 亿公顷，森林蓄积量达194.93 亿立方米，林产品进出口贸易额达 1183 亿美元，继续保持全球林产品生产、贸易第一大国地位。[1] 当前我国林产品物流行业正处于产业变革的重要时期，物流的效率和成本逐渐成为影响产品市场的关键因素。

长期以来，人们把林产品物流视为流通中的运输、储存、和装卸等，这种认识具有很大的片面性。根据物流概念的发展，结合林业经济理论，林产品物流是指运用现代化的物流手段，以提高林产品物流技术、提高物流组织与管理水平以及资源整合和创新为手段，对林产品加工、储运、分销等从供应源至需求源的产品全寿命周期的组织、控制与管理。具体地说，它包括林产品的采伐、仓储、装卸、运输、加工、包装、配送、信息处理等一系列环节，并且在这一过程中实现林产品的价值增值和组织目标。其作用表现在：一是使林产品实现其价值和使用价值；二是使林产品在物流过程中增值；三是降低林产品生产与流通成本，提高市场反应速度，增加消费者满意水平，提升林业生产的整体效益。

（三）林产品物流的特征

林产品物流是基于各类林产品的一种具有特殊性的物流种类。在人类社会生产与生活中，以森林资源为原料经手工加工、企业生产转化后所提供的林产品类型呈现多样化形态。其中，具有单一性质的林产品指不需要经过复杂多工序加工就形成的林产品，如原木、林下的菌类产品，它只需要经过简单处理即可直接面对市场。但一般情况下，多数林产品往往指以木材为原料经过复杂加工形成的各种产品。根据林产品的特点来分析，林产品物流具有以下特点。

1. 物流路线长，节点多

林地大多远离城镇和交通干线，物料移动需要多种运输方式和运输工具来进行长距离的运输。同时，林产品原材料大多数要经历林地堆放地、林场堆放地、森工厂商仓库、批发商仓库、深加工厂商仓库等多个节点才可完成林产品的生产过程。生产过程还需要多次停顿生产，对物资的储备量有较大需求。

2. 种类多，物流方式复杂

国际上，林产品是指把开发森林资源变为经济形态的所有产品，包括以森林资源为基础

---

① 央视《新闻直播间》. 2022 中国经济年报 我国林业产业总产值达 8.04 万亿元［EB/OL］. http：//www.forestry. gov.cn/main/586/20230116/091440695401425. html.

生产的木材和以木材为原料的各种产品，主要包括原木、锯材、人造板、纤维材料以及各种纸制品；在我国的统计范畴内，林产品还包括家具、种苗、种子、花卉、林区土特产品、林果类产品等。不同的林产品储存、包装、运输、流通加工、信息处理等各个物流环节形态各异，加上林产品不仅涉及国内物流，每年也有相当一部分产品要通过国际物流运送到世界各地，这就大大增加了物流的复杂性。

3. 地域差别明显，供需不平衡

我国林业资源地域差别大，主要集中在生态环境相对较好，气候半温润或者湿润、人口密度相对较小的地区。据统计，大兴安岭、东北区、云贵高原区的土地面积占全国面积的43%，而林地面积却占全国林地总面积的64.6%。林产品供应存在集中性，但需求却存在普遍性，这种现象带来不便利的同时也带来了商机，要求企业精确把握需求信息、物流服务商统筹选择路线以及交通方式，快速及时地解决供需问题。

4. 更容易实现绿色物流

由于所有的林产品都源于森林，这一特殊性使得林产企业必须严格遵守政策，林产企业应该在抓经济效益和社会效益的同时，兼顾生态效益。一方面要生存，谋利润；另一方面要保护环境，尽可能少地影响森林环境和生态环境，这就要求林产企业要重点发展绿色物流，是企业可持续发展。同时，林产品中的主要产品木材是当今世界四大材料（钢材、水泥、木材和塑料）中唯一可再循环利用的绿色材料。为了保护自然资源，高效利用木材，一些发达国家都在积极回收木材废弃物。欧盟国家及美国、加拿大、日本等国早在20世纪90年代已开展木质废弃物的回收利用。专家认为，木材废弃物的回收是所有垃圾中最为简便的，它虽然体积大，但重量轻且较清洁、易分拣。从利用的角度来说，也是最适宜加工的，废旧木材可以用来生产人造板等，可以有效代替原木，以缓解木材的供需矛盾。

绿色物流

（四）林产品物流的类别

林产品物流类别大致可以分为三大类：林产品供应物流、林产品生产物流、林产品物流网络。

林产品供应物流，主要是林产品（生物质）作为原材料的供应情况。

林产品生产物流，主要是针对林产品供应链的一种原料，多种产品的特性进行生产物流系统决策，以达到系统最优。

林产品物流网络，多集中于林产品加工厂、物流中心和配送中心等物流节点的选址以及最优运输路径选择。

（五）林产品物流管理的作用

1. 降低林产品物流成本，提高林产品物流运作效率

林产品物流是一个长链，至少包括林产品生产资料供应环节，林产品的生产加工环节、林产品的仓储和运输环节以及最终销售环节，上述每一个环节的活动都需要协同不同的企业来共同完成。结合我国林业产业的特点可知，林产品以消费者需求为导向，以林产品核心加工企业为运作主体，在实际物流过程中会分别向林业产业链的上游环节和下游环节进行纵向延伸，是一种在供需协同为基础的推拉双动型运作模式，因此，要对林业生产的上游和下游

企业视为一个整体来看待，并以此对林产品物流环节实施管理，从而使林产品的物流活动所涉及的每一个环节都能够在完成共同目标的前提下，将可能发生的各种物流活动进行整合管理，提高物流的快速反应能力，保持各方的协调一致，并实现信息共享，从而有效降低林产品物流成本，提高林产品物流运作效率。

2. 推进"碳达峰""碳中和"目标，加快林产品物流绿色低碳转型

2021 年 9 月，中共中央、国务院发布《关于完整准确全面贯彻新发展理念做好碳达峰碳中和工作的意见》，明确了我国构建"碳达峰""碳中和"的"1 + N"政策体系，"1"为"碳达峰""碳中和"顶层设计和总体部署，"N"为能源、工业、交通运输、农业农村等领域以及具体行业的"碳达峰"实施方案。因此，物流行业是"1 + N"政策体系中不可或缺的重要领域，而物流产业转型升级则是"碳达峰""碳中和"工作推进的重要举措。

什么是碳达峰、碳中和

2020 年 12 月，国务院新闻办公室举办的新闻发布会提出了全国"十四五"国土绿化初步目标，力争到 2025 年森林覆盖率达到 24.1%，森林蓄积量要达到 190 亿立方米。这意味着"十四五"期间森林蓄积量年均需增加近 3 亿立方米，未来我国林产品物流需求持续增长，同时也肩负着落实国家双碳目标的重要使命，迫切需要紧跟时代步伐，加快推进物流行业绿色低碳进程。

林产品物流管理主要通过改良林产品物流生产加工工艺、优化物流布局、减少包装材料，推广使用清洁能源和新能源运输车辆；搭建数字化仓库和数字化运力平台，提升林产品物流运营效率；开展技术改造，提升装备能效水平，建设绿色仓库；实施管理提升，构建能源和碳排放管理体系等一系列措施，实现林产品物流全过程碳排放量的控制与降低，加快林产品物流绿色低碳转型步伐。

3. 林产品物流发展是促进乡村振兴的重要保障

林业在承担国家公共事业职能的同时，也是大农业的组成部分，在乡村振兴中具有举足轻重的作用。林业具备促进产业发展、实现生态保护、繁荣生态文化等多种功能，从产业兴旺到生活富裕，林业都可以发挥至关重要的作用。2019 年，《国家林业和草原局关于促进林草产业高质量发展的指导意见》提出要通过践行"两山"理念，为推动乡村振兴做出更大贡献。

按照"产业生态化、生态产业化"的要求，"十三五"期间林业生态产业实现了经营规模和收入的双增长，林业经济进一步转型升级，产业竞争力不断增强，促进了乡村地区的产业发展。但目前，我国林产品物流发展缺乏长远的综合规划，信息化建设水平较低，林业专业物流人才匮乏，林产品物流技术水平较低，在一定程度上影响到林业产业高质量快速发展。而通过统筹规划、因地制宜地进行林产品物流管理，能缩短林产品流通渠道，提高林产品流通体系运行效率，建立完善的林产品供应链，为促进林业产业发展提供更优质的服务管理。

任务二　林产品行业与物流行业的关系

林产品行业与物流业之间相互关联、互相促进，物流业是国民经济发展的动脉，而林产品行业是国民经济的重要组成部分之一，物流业对其发展起着巨大的推动作用。林产品的生产和运输会产生巨大的物流需求，林产品行业的发展离不开物流业的支撑，同时还会对物流产生提出更多的要求，促使物流产业布局更趋合理，推动物流业的进一步发展。

一、林产品行业对物流业发展的作用

（一）林产品行业的发展为物流业提供需求

林产品行业的发展，伴随着原材料需求的增加，而林产品的原材料通常来自交通条件相对较差的山区林地，且林产品原材料分布地分散在四处，这使得林产品原材料的运输需要物流的支持，将其从原产地运输到生产加工地。同时原材料的保存也需要仓储提供配套服务，林产品成品的流通，更是使得运输需求增加，从而形成巨大物流需求量。由于生产地与销售地往往不在一个地点，其中的运输配送将产生大量物流需求，而物流需求的大小决定了物流业的发展潜力。随着物流需求量越大，物流基础设施的建设将得到重视，推动政府、行业、企业投入资金改善物流产业发展的基础环境。

（二）林产品行业的发展推动物流业形成集聚

在外界因素如政策补贴、基础设施、自然资源的引导下，林产品企业为降低成本，获得更多的效益，会在某一地域形成聚集，通过资源共享实现快速的发展。而林产品企业集聚在一地，形成规模，相应的配套资源也会随之而来，形成产业集聚，其众多企业在生产的各个环节中会产生巨大的物流服务需求，吸引众多的物流企业前来，形成规模经济，降低林产品企业的运输成本。由此可见，林产品行业的发展也会推动物流业的集聚，形成规模经济。

（三）林产品行业的发展提升物流服务水平

林产品行业的发展离不开物流的支持，随着产业转型升级，对物流会提出更高的要求，推动物流业的快速发展。同时，林产品行业的发展会促进当地经济的发展，为物流业提供良好的外部环境。良好的经济基础带动物流业投资，为物流业的发展提供物质保障，推动物流业不断完善基础设施、提高从业人员的素质、引进新技术新设备，从而促进物流技术水平、物流信息化、服务质量和效率的提高，对完善现代化物流服务体系，提升物流服务水平具有重大的作用。

二、物流业对林产品行业发展的作用

（一）物流业发展促进林产品行业的资源调配

物流业服务不断发展延伸，它贯穿于林产品企业采购、生产和销售的整个过程中，能够将企业所需的原材料高效快速、保质保量的运送过来，为林产品企业的生产运营提供保障。同时，将林产品企业生产的产品安全的送达销售地，为其提供仓储配送服务，降低林产品企业的生产运营成本。因此，物流业发展所形成的物流网络，能够解决林产品企业在生产中面临的原材料、生产设备以及产品的调配问题，完成不同地区与不同产业之间的资源调配，实现资源互补，优化林产品行业的资源配置，从而推动林产品行业高质量的发展。

（二）物流业发展降低林产品行业的运营成本

林产品从原材料到生产加工成成品需要经过多个物流环节，其过程通常是从林地到林场，再由林场转到货运仓储中心，由货运中心运送到相应林产品企业的仓库，经过生产加工后成为半成品、成品，经配送送达销售地，交付的顾客手中。这一系列过程中有大量的运输以及转运，需要多种方式、多种工具进行运输，既产生了较高的物流成本，也降低了生产运营效率。物流业的发展将资源进行有效整合，发挥其最大作用，减少资源浪费，提高了生产效率，实现了成本的降低。物流业的发展降低物流运行成本的同时，也降低林产品的生产成本，推动林产品市场的发展；并促进产业结构的调整，从而带动地区经济增长，间接促进林产品行业的发展。

（三）物流业推动林产品行业的市场发展

物流业是社会分工和专业化高度发展的产物，为其他行业的有效运转提供高质量的服务。作为服务业，物流业的发展为林产品行业的生产运营降低成本，促进社会经济的发展，经济的发展又将会对林产品产生巨大的需求，从而为林产品行业的发展提供充足的动力，促使其市场的发展。此外，物流业的发展会提升林产品的流通性，减少配送时间，将林产品保质保量的送到各个地区，提升林产品行业的辐射范围，为林产品行业的扩展奠定基础，从而推动林产品行业市场的进一步发展。

任务三　林产品物流发展现状与趋势

一、我国林产品物流发展现状

（一）交通运输及设施设备方面

随着我国经济水平和国家技术水平的不断提高，现阶段我国已经建立了完善的运输体系，物流模式多样化，物流运输的覆盖面越来越广，城乡一体化的现代物流服务网络逐步建立，为我国现代农业、工业和服务业的发展提供了有效支持。但由于林产品的种类繁多，又各具特点，在储存、包装、运输、加工等各个物流环节，不同的林产品形态各异，其运输要求和所使用的设施设备就截然不同。木材、林化产品以及家具大多体积笨重，需要用大型车厢或船进行运输，花卉、种苗、森林食品药材等对温度和存储条件要求较高，这就对运输设备提出了较高要求。因此，在交通运输及设施设备方面林产品物流呈现出供需两端发展不均衡，物流运输成本较高等情况。

对于木材及其林化产品，如家具产业，东部沿海地区经济发达，交通便利，具有产业集群、产业供应链和品牌优势，出口企业和大型生产企业集中，是我国林产品供应和进出口的主要地区，该地区林化产品物流相对较发达，不仅能满足家居家具类消费品的物流需求，同时能结合互联网、个人定制化等消费模式，更好地提升服务水平，满足消费者对于装修精品的发货、配送及上门安装的一站式服务要求；而西部地区林产品资源丰富，为主要原料供应地，具有供应三级市场产品的优势，但交通、技术条件相对较欠缺，如大多数中小型木材加工企业交通运输基础设施薄弱，各种物流设施及装备的技术水平不高。

对于花卉行业，云南、山东、河南等省份作为我国花卉产业主产区，形成了以北京、上海、广州为中心的华北、华东、华南地区作为我国花卉产品主要销售和运输市场，同时日本、新加坡、俄罗斯及中亚地区也是我国花卉产品的主要出口国。由于花卉需要适宜的温度和湿度进行保存，高端花卉产业主要采用航空、公路运输的方式，市场竞争的激烈性使得要保证花卉产品的质量，运输成本占花卉总成本的比例很大。所以当部分从业人员对于物流更看重运输成本时，可能会选择牺牲产品的保鲜保质服务，从而导致物流服务质量下降。

（二）物流企业管理水平方面

从林产品的供需情况时期来看，大部分的林产品属于全年消费品且需求具有广泛性，而林产品的生长具有一定的地域性和时间性，这就导致林产品的供应时间和市场需求时间之间存在着错位，同时供应和需求具有明显空间距离，需要采用存储、运输等物流环节来缓解这时间错位带来的矛盾，同时需要采取相应的技术手段来针对诸如运输、存储、流通加工、包装和信息处理等各个物流环节进行合理的物流资源配置，解决空间距离问题，因此要保障林产品供需平衡，提供良好的物流服务水平，对林产品物流企业统筹管理能力、信息化管理能力要求比较高，应建立更加高效快捷的林产品物流体系。

现阶段我国大部分物流企业处于转型升级过程，企业管理水平和信息化程度逐步提高，众多大型物流企业不断接受物流管理新理念，利用物联网技术、大数据技术、人工智能技术等来改善物流管理，这些新技术可以帮助企业更好地掌握供应链中的每一个环节，并实现货物的可追溯性、高效运输和准确配送，物流企业也将在市场细分的基础上向专业化、差异化和科技化的方向发展。但林产品物流的发展滞后于其他工业产业，我国大部分林产品加工企业在产品生产环节的投入上全力以赴，但对林产品批发市场的建设、林产品仓储、交通运输条件和工具、信息网络平台、物流保鲜技术、物流流通加工等后续物流环节的投入略显不足，降低了林产品物流系统的运行效率，增大了林产品流通成本。因此随着林产品市场竞争的日益激烈，客户个性化需求的发展，林产品物流转型升级迫在眉睫。

目前，也存在一批领先物流企业引领林产品行业发展，借助"互联网＋"时代的东风，通过一体化的产销模式，将互联网融入企业运营中，把"供应商－生产商－经销商－消费者－售后服务"整个产业链的各个环节紧密连在一起，不断提高信息化水平，线上线下两种渠道推动企业发展。

（三）绿色物流水平方面

绿色物流是指以降低对环境的污染、减少资源消耗为目标，通过先进的物流技术，进行物流系统的规划，并使物流作业环节绿色化的控制与管理过程。结合经济社会的发展，绿色物流已成为林产品物流管理的重要发展趋势。把"绿色"或"环境意识"融入整个林产品供应链，以保护自然环境和节约自然资源消耗作为生态效益目标，其最终目标是保证林业企业和整个社会的健康持续发展。

随着绿色理念全面覆盖，我国也积极出台了绿色物流相关政策和制度，而林产品中的木材是当今世界四大材料（钢材、水泥、木材和塑料）中唯一可再循环利用的绿色材料，回收较为简便，重量轻、较清洁、易分拣，在前期的物流包装环节广泛使用。同时一些领先的林产品企业也通过使用新能源汽车运输配送降低碳排放，通过规划物流专线网络形成一体化服务，减少中转次数和装卸次数、降低货损成本，利用数字化赋能林产品物流运作、提高订单处理效率和信息化水平、实现降本增效。

但仍有不少中小型林产品生产企业绿色物流思想观念淡薄，在意企业利润而忽视对环境的影响，尤其体现在包装和运输方面。如部分商品存在过度包装，造成了巨大的环境污染；林产品物流运输方式往往偏向于传统公路货运，碳排放为整个物流过程中造成环境污染的最主要因素。另外对林产品物流行业内部的绿色物流技术掌握不够，整体的技术水平还达不到循环型物流的程度，对于一些新兴的物流技术也没有充分重视，因此林产品物流行业的绿色物流水平有待继续提升。

（四）标准化程度方面

由于林产品品种多，涵盖了原始的森林产品及其加工品，体积形状相差大，并且不同地区生产的林产品有差异，这些因素都使得林产品在质量、规格等方面存在很大不同。因此，林产品标准化方面有着先天不足，除了一些木材、人造板、纸和纸板等产品外，行业内没有统一的要求，导致林产品的质量规格不能统一，贸易流通受阻，自动化设备难以实施，运输设备的装载率、装卸工具的载荷率以及仓储场地的空间利用率难以达到最优。因此林产品物流标准化程度不高，需要发挥相关行业协会作用，对林产品包装、储存以及运输等方面进行标准化建设，对林产品实行通用标准以实现林产品标准化、品种规格通用化和系列化，从而有利于林产品的高效流通。

二、林产品物流发展的主要影响因素

（一）物流成本因素

林产品有些体积大，重量重，有些保质期短、损耗率高、不易储存，物流成本难以控制。林产品物流方式多样，品种繁多，数量有限，物流的经济规模很难实现，物流成本增加。物流成本是产品成本的一部分，产品成本决定产品的最终销售价格，因此，物流总成本增加的情况下，林产品企业只有扩大特定销售区域，增加林产品消费者的数量，以达到降低物流平均成本，从而实现降低林产品的价格，提高林产品的利润。同样，一个地区的库存控制也影响林产品物流成本，库存周转率高，物流成本低；库存周转率低，则物流成本高。除此之外，仓库数目、规模和基础设施使用情况等对林产品物流成本也有重要的影响。

（二）服务竞争因素

在竞争日益激烈的林产品消费市场中，消费者越来越重视消费体验，物流服务则成为企业占据市场的重要因素。通过提供高质量的物流服务，将林产品新鲜、快捷、安全地送达给客户，提供客户舒适、便捷、健康的消费体验，适应当地消费者的物流需求，成为地区林产品物流模式运营的一项重要指标，也是林产品物流企业高质量水准的统一标准。

（三）林产品物流模式

林产品物流主要模式

林产品物流模式与经济发展紧密相关，在经济发达的地区，完善科学的电子商务林产品物流能降低物流成本，优化资源配置，实现资源共享。同时，经济发达有利于形成区域林业产业集群，从而形成更丰富的物流系统，提升林业产业竞争力。反之，在经济相对欠发达的地区，物流系统发展的阻碍和制约因素较多，林产品物流的建设、发展靠企业自身推动困难，需要政府出台政策、提出可行的鼓励措施支持。

三、林产品物流发展趋势

（一）发展大数据思维

"业务数据化"要成为林产品物流企业的新目标。企业应该充分利用大数据和云计算的方法，挖掘隐藏的数据价值，通过物流云高效整合和管理资源，并为供应链的每个参与者提供信息技术服务，为制定更加精准有效的营销策略提供决策支持。

（二）推进协同共享

智慧物流的核心是"协同共享"，这是信息社会区别于传统社会，并将爆发出最大创新活力的理论源泉。通过协同共享理念，不同的企业之间分享使用权，但不占有所有权，脱离传统企业的边界，有利于企业之间的资源共享和技术共同创新，可提高资源利用效率，也可缓解林产品地区、部门之间发展不协调的问题。

（三）重视技术创新

林产品产业要在产业形成"科学技术是第一生产力"的创新观念。不管是关乎环境的绿色物流问题，还是关乎企业的物流成本问题，归根结底都需要新技术的发展。在从事核心业务和拓展新市场的过程中，要学习已有的优秀的产品、服务和流程创新。政府应该通过法律手段规范市场行为，引导流通产业市场的有效竞争，完善人才培养体系，加大对物流创新活动的科技及资金扶持力度，引导企业转变物流观念及物流运作机制。企业也应该不断转型升级，顺应时代的潮流改革物流制度和管理水平，创新物流技术和方法。

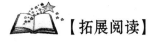 【拓展阅读】

大连林产品国际交易中心——从百亿级贸易额到千亿级产业集群

2020年10月20日召开的首届中国（大连）国际林产品高峰论坛上，中国林产工业协会和中国（辽宁）自由贸易试验区大连片区管委会分别同中林集团、大兴安岭林业集团、吉林森工集团、大亚圣象集团签订战略合作协议，共同建设林产品（大连）国际交易中心。

"3年内实现每年百亿元以上贸易额，5年内总产值向千亿元级产业集群看齐。"中国林产工业协会秘书长石峰介绍，交易中心一是搭建大宗进口木材、木制品、森林食品等林产品现货交易平台；二是在大商所木材期货上市业务正式开展后，同大商所联合开展期、现货联动交易，创新和增大"交易中心"的经营空间；三是在庄河港前区，建设同"交易中心"运营能力相匹配的"国内外木材加工贸易园区"；四是利用大连自贸片区的大窑湾港区和大窑湾综合保税区，发展集装箱运输方式下的高端家装木材进口业务，形成高端木材临港加工与贸易分拨中心。

林产品（大连）国际交易中心建设路径是：第一步，由中国林产工业协会牵头组建，由行业龙头吉林森工集团、民企巨头共同组建"林产品（大连）国际经贸中心"，在大连自贸片区落户运营，第一年完备"经贸中心"基础功能，3 年内实现每年百亿元以上贸易额；第二步，在"林产品（大连）国际经贸中心"稳定运营的基础上，争取获批转型升级为"林产品（大连）国际交易中心"；5 年内整合加工、贸易以及配套金融服务，总产值向千亿元级产业集群看齐；10 年内，力争在交易额、市场份额、综合服务业态、供给体系对国内外的适配性等方面，在东北亚乃至更大的世界区域，具有鲜明的引导支撑作用。

"就林业产业而言，大连背靠东北、内蒙古重点国有林区，辐射东北、华北林产品市场，对外与俄、日、韩木业深度合作，特别是作为世界前十位贸易大国的中日韩自贸区合作一旦确立后，将会形成一个超过 15 亿人口的大市场。"大连市副市长靳国卫表示，大连作为东北亚地区重要进出口贸易、转运与加工口岸，在发展林产品国际贸易上有着区位和口岸、产业基础、开放环境等优势。未来，大连将加快打造立足东北亚、辐射全球的林产品加工、贸易与服务体系。

（资料来源：公培佳. 从百亿级贸易额到千亿级产业集群！大连林产品国际交易中心路径浮现 [EB/OL]. https：//baijiahao. baidu. com/s? id = 1681337258447053096&wfr = spider&for = pc.)

练习与思考

1. 选择题

（1）下列选项不属于林产品的是（　　）。

A. 竹木　　　　　　B. 花卉　　　　　　C. 纯净水　　　　D. 坚果

（2）物流是指物资的物质实体由供应者到需求者的流动，以及（　　）。

A. 物资空间位置的变动和时间位置的变动

B. 物资空间位置的变动和形状性质的变动

C. 物资时间位置的变动和形状性质的变动

D. 物资空间位置的变动、时间位置的变动和形状性质的变动

（3）物流的概念最早出现在（　　）。

A. 美国　　　　　　B. 英国　　　　　　C. 中国　　　　　　D. 日本

（4）林产品物流的作用表现在（　　）。

A. 使林产品实现其价值和使用价值

B. 使林产品在物流过程中增值

C. 降低林产品生产与流通成本，提升林业生产的整体效益

D. 提高市场反应速度，提升消费者满意水平

2. 问答题

（1）什么是物流？物流有何作用？

（2）物流行业对林产品行业起着怎样的作用？

（3）林产品物流与普通商品物流相比较，具有怎样的特征？

实训任务

对您所在的区域进行调研并填写下表，了解当地有哪些特色林产品，主要采用怎样的物流渠道进行销售？

林产品物流调研表

调研区域：

调研时间：

调研人员：

企业名称	林产品类别	产品特点	主要物流渠道	物流要求（从运输、仓储、包装等方面简要分析）

林产品物流系统

【学习目标】

❖知识目标
1. 了解物流系统的概念和特点
2. 领会物流系统的构成要素与目标
3. 熟悉林产品物流系统构建的措施
4. 掌握林产品物流绩效评价体系

❖技能目标
1. 能够对林产品物流系统的构建提出合理的措施和建议
2. 能够构建林产品物流绩效评价指标体系，并对林产品物流企业进行绩效评价

❖素质目标
1. 培养全局意识、核心意识、看齐意识
2. 培养精益求精、不断创新的职业素养
3. 培养运用所学知识解决实际问题的能力

【本章导学】

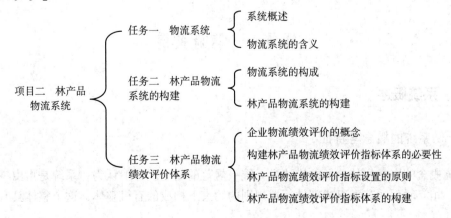

项目二 林产品物流系统

任务一 物流系统
- 系统概述
- 物流系统的含义

任务二 林产品物流系统的构建
- 物流系统的构成
- 林产品物流系统的构建

任务三 林产品物流绩效评价体系
- 企业物流绩效评价的概念
- 构建林产品物流绩效评价指标体系的必要性
- 林产品物流绩效评价指标设置的原则
- 林产品物流绩效评价指标体系的构建

木材运输技术的几种方法及其发展趋势

广西人工林面积、国家储备林建设规模、森林蓄积可采率均居全国首位，已建成中国最大的木材生产基地。作为中国南方重要生态屏障，十年来，广西连续每年植树造林300万亩，木材产量年均增长7.1%，约占全国5%的林地，生产出了占全国近半的木材。

木材在生产作业过程中，如何进行木材的运输是非常重要的，很多时候，木材的运输对木材的生产作业影响是非常大的。木材运输主要采用汽车运输、铁路运输、水路运输。

随着科学技术和信息技术的发展，木材运输在运输工艺与设备上呈现如下趋势。

一是运输工艺发展趋势。在木材运输组织与管理工作中，应用现代数学、电子计算机和无线电通信技术等现代科学技术，来实现木材运输组织管理现代化。近年来，国外采用网络分析技术和运筹方法，从整体上研究采运系统设计的优化问题，提出了具体的研究方法和数学模型，用于制定经济合理的采伐运输方案，为林区木材生产规划设计和伐区采运系统设计提供了实用的决策分析工具。运用线性规划方法，借助于电子计算机，合理组织木材运输生产，使其中的许多繁杂问题获得最优的解，从而提高管理效益，降低运材成本。合理运用现代的科学管理手段，可以使木材运输管理体制合理化；基础数据科学化；数据管理标准化；减少运材车辆的空驶和等待装卸时间，加速车辆周转；节约运力、能源和运输费用；减轻了调度员的工作强度，改善了工作环境，提高了职工的劳动生产率、运输服务质量和生产管理水平。

二是木材运输设备的发展趋势。各森工发达国家在集运材设备的研制方面作了许多努力，相继出现了许多新型集运材设备，如直升机、气球、汽艇、气垫车、滑道和摩托雪橇等。直升机集运木材在技术上完全可行，并且具有不需任何工程、不受地形限制，不破坏森林资源和作业速度快的优点，但起重量小，作业成本高，所以目前大多数用于集运优质木材或珍贵树种。

（资料来源：尹丕．木材运输技术的几种方法及其发展趋势 [J]．科技创新与应用，2013 (33)：277．）

[思考]

1. 物流系统由哪些子系统构成？木材运输子系统在木材物流系统中起到什么作用？
2. 如何降低木材等林产品的运输成本，提高木材等林产品运输效率？

任务一　物流系统

一、系统概述

（一）系统的概念与特征

系统概念的定义和其特征的描述尚无统一规范的定论。一般认为，系统是指由一系列相互影响、相互联系的若干组成部件，在规则的约束下构成的有机整体，这个整体具有其各个组成部件所没有的新的性质和功能，并可以和其他系统或者外部环境发生交互作用。系统在接受外部信息，并向系统外部输出信息或对外部环境发生作用的过程中所表现出来的效能或者特征，就是系统的功能。系统的各组成部分之间、组成部分与整体之间，以及整体与环境之间，存在一定的有机联系，从而在系统的内部和外部形成一定的结构和秩序。系统观念，是新时代中国特色社会主义思想的世界观和方法论。习近平总书记在中共二十大报告中明确提出，必须坚持系统观念。万事万物是相互联系、相互依存的。只有用普遍联系的、全面系统的、发展变化的观点观察事物，才能把握事物发展规律。

系统无论大小，都具有以下特征。

（1）由两个或两个以上的要素组成。

（2）与其他要素之间相互联系，使系统保持相对稳定。

（3）具有一定的结构，保持系统的有序性，从而使系统具有特定的功能。

> **想一想：**
> 你在哪里听到过系统这个词？你是如何理解系统的？

（二）系统的特征

一般而言，系统具有以下几个特点。

1. 目的性

定义一个系统、组成一个系统或者抽象出一个系统，都有明确的目标或者目的，目的性决定了系统的功能。

2. 可嵌套性

系统可以包括若干子系统，系统之间也能够耦合成一个更大的系统。换句话说，组成系统的部件也可以是系统。这个特点便于对系统进行分层、分部管理、研究或者建设。

系统的一般模式

3. 稳定性

系统的稳定性是指受规则的约束，系统的内部结构和秩序应是可以预见的；系统的状态以及演化路径有限并能被预测；系统的功能发生作用导致的后果也是可以预估的。稳定性强的系统使得系统在受到外部作用的同时，内部结构和秩序仍然能够保持。

4. 开放性

系统的开放性是指系统的可访问性。这个特性决定了系统可以被外部环境识别，外部环境或者其他系统可以按照预定的方法，使用系统的功能或者影响系统的行为。系统的开放性体现在系统有可以清晰描述并被准确识别、理解的所谓接口层面。

5. 脆弱性

这个特性与系统的稳定性相对应，即系统可能存在着丧失结构、功能、秩序的特性，这个特性往往是隐藏不易被外界感知的。脆弱性差的系统，一旦被侵入，整体性会被破坏，甚至面临崩溃，系统瓦解。

6. 健壮性

当系统面临干扰、输入错误、入侵等因素时，系统可能会出现非预期的状态而丧失原有功能、出现错误甚至表现出破坏功能。系统具有的能够抵御出现非预期状态的特性称为健壮性，也叫鲁棒性（robustness）。要求具有高可用性的信息系统，会采取冗余技术、容错技术、身份识别技术、可靠性技术等来抵御系统出现非预期的状态，保持系统的稳定性。

二、物流系统的含义

（一）物流系统的概念

根据国家标准《物流术语》中的定义，物流系统是指由两个或两个以上的物流功能单元构成，以完成物流服务为目的的有机集合体。物流系统的"输入"即指采购、运输、储存、流通加工、装卸、搬运、包装、销售、物流信息处理等物流环节所需的劳务、设备、材料、资源等要素，由外部环境向系统提供的过程。现代物流系统是指在一定的时间和空间里，由所需输送的物料和包括有关设备、输送工具、仓储设备、人员以及通信联系等若干相互制约的动态要素构成的具有特定功能的有机整体。物流系统模式如图 2 - 1 所示。

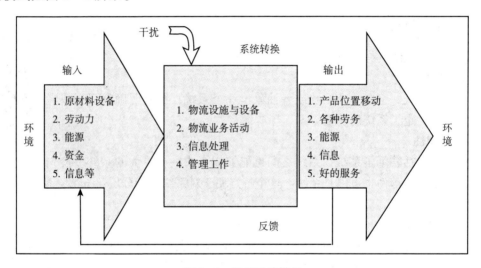

图 2 - 1　物流系统模式

物流是一种经济活动，物流系统是一个经济系统，是国民经济的一个子系统。物流系统的目的是实现物资的空间效益和时间效益——衔接各个物流环节，以便取得最佳的经济效益。物流系统的成功要素是使物流系统整体优化以及合理化，并服从或改善社会大系统的环境。企业物流系统如图 2 - 2 所示。

（二）物流系统的特征

1. 现代物流系统是一个"人—机系统"

人与物（设备、工具）相结合，发挥人的主观能动性，去改善运输设备、装卸搬运机械、仓库、港口、车站等设施作用于物资的一系列生产活动。

2. 现代物流系统是一个大跨度系统

现代物流系统的大跨度反映在两个方面：一是地域跨度大，二是时间跨度大。国际间物流的地域跨度之大不用说，即使是企业间物流，在现代经济社会中，跨越不同的地域也相当普遍。因此，物流系统管理难度大，对网络信息的依赖程度也高。

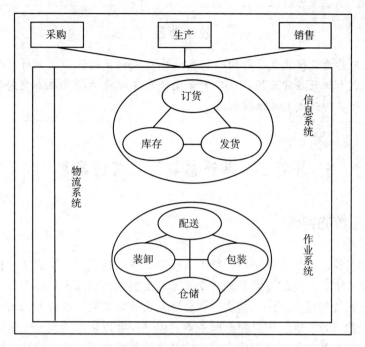

图 2 - 2　企业物流系统

3. 现代物流系统是一个可分系统

现代物流系统属于中间层次范畴，本身具有可分性，可以分解成若干个子系统。同时，它在整个社会再生产中又主要处于流通环节，因此必然要受到更大的系统如流通系统、社会经济系统制约。

4. 现代物流系统是一个动态系统

物流系统随着需求、供应、渠道、价格的变化，系统的要素和系统的运行经常会发生变化，生产状况、资源变化、企业间合作等因素都会影响物流。因此，物流也受到生产和社会需求的制约，企业对物流系统，也就要求它能适应社会需要，不断对它进行修改、完善。所以，物流系统要有一定的灵活性和可改变性。外界因素变化较大的情况下，还有可能要对物流系统重新设计重新改造。

5. 现代物流系统的复杂性

物流系统的要素本身就十分复杂，如它的运行对象（物）遍及全部社会物资资源，将全部国民经济的复杂性最后集于一身。范围横跨生产、流通、消费三大领域，物流组织系统相当困难，甚至随着技术的提高，范围还在不断地向外扩大。各要素之间的关系也不像生产系统那样简单。

6. 现代物流系统的效益背反性

人们希望对物流数量最大、物流时间最短、服务质量最好、物流成本最低。这些因素不能全面体现，就有了效益背反。效益背反是可以逆向考虑的。就是有目的地恶化其中一项，然后让其他项得到优化。

效益背反

　　效益背反又称为二律背反，即两个相互排斥而又相互被认为是同样正确的命题之间的矛盾。物流成本的效益背反规律或二律背反效应又被称为物流成本交替损益，是指在物流的各要素间，物流成本此消彼长。

任务二　林产品物流系统的构建

一、物流系统的构成

　　物流系统同其他的任何系统一样，是由人、财、物等相关要素构成的。首先，在物流系统的构成基本要素中，人员的要素是核心要素、首要要素，提高人员的素质是建立一个高效化、合理化物流系统的根本条件。其次，资金要素也非常重要，没有有力的资金支持，则无法保证物流过程的有效实现，同时物流服务本身也是需要以货币为媒介。最后，物的要素是物流系统目标实现的基础条件，现代化的运输是物流系统效率实现的保证。以上三个要素是物流系统的基本要素，在此基础上，物流系统的构成要素是物流系统的各个子系统，这些系统是物流系统中相互联系、相互作用的各个环节。按照它们各自的功能区域划分，可以分为以下七个子系统。

（一）运输子系统

　　运输子系统的主要功能就是把货物从某一地区运送到另一个地区，这是一个货物的在途系统。运输子系统通过运输解决物品在生产地点与消费地点之间的空间问题，创造商品的空间效用，实现商品的使用价值，满足社会需求。由此可见，运输子系统在物流系统中是一个极为重要的环节。运输子系统应根据其负担的业务范围，货运量的多少以及同其他各子系统的协调关系，注意考虑以下几个方面的问题。

　　（1）选择最佳的运输方式和最优化的运输路径，配备适当的运输工具，缩短运输时间，提高运输效率。

　　（2）制订有效的运输计划，减少运输环节，保证运输作业的连续性，节约运输费用。

　　（3）提高服务水平，保证运输安全与运输质量。

（二）仓储子系统

　　仓储子系统的主要功能是为货物进行暂时性或长期性的储存，以及为货物提供周转的场所。仓储子系统是实现物流的储存功能，通过仓储解决供应与需求在时间上的差异，保障物品不受损害，以创造物流的时间效益。仓库是物流的一个中心环节，是物流活动的基地。储存系统应根据仓库所在的地理位置，周围环境以及物流量的多少、进出库的频度，充分考虑以下几个方面的问题。

　　（1）仓库建设与布局要合理，有利于储存与运输。

（2）最大限度地利用仓库的容积，尽可能发挥其仓储效用。

（3）货物码放、保存一定要科学合理，既充分利用空间，又确保储存期间的物品的养护，保证质量不受损害。

（4）加强入库的验收和出库的审核工作，以保证入库物品的质量合格，出库物品与数量符合要求。

（5）进出库尽量方便，以缩短出入库时间，提高工作效率。

（6）加强库存管理，做到储存合理，防止缺货与积压。

（7）降低仓储费用，保证仓库安全。

（三）装卸搬运子系统

装卸搬运子系统主要的功能是把货物进行短距离的移动或者运输，一般都是在仓库里完成的，或者是库区之间进行货物的装卸搬运。装卸搬运是各项物流过程中不可缺少的业务活动。特别是在运输与仓储工作中，时刻离不开装卸搬运工作。在物流过程中，装卸本身虽然不能产生价值，但是货物装卸质量的高低直接影响到货物的使用价值，并能够对节省的物流费用造成很大的影响。所以装卸搬运系统应根据作业场所、使用机具以及货物流量多少，考虑注意以下几个方面的问题。

（1）选择最适用的装卸搬运机械器具，以保证装卸搬运的效率与质量。

（2）努力提高装卸搬运的机械化程度，减小劳动强度，使装卸搬运能更安全、更省时、省力。

（3）制定装卸搬运作业程序，协调与其他子系统的作业配合，节约费用。

（四）包装子系统

包装子系统的主要任务是对货物进行简易的包装，方便货物的运输和储存。包装在整个物流过程中是确保货物储运安全，并能够产生价值的一个重要环节。包装在物流中根据货物的不同可分为工业包装和商业包装。而在运输、配送过程中，为了保护商品，对商品进行拆包再包装和包装加固等业务活动也同样属于包装的业务范畴。包装系统应根据不同的货物，注意采用不同的包装机械，包装技术和包装方法，注意考虑到以下几个方面的问题。

（1）选择适用的包装机械，提高包装质量，使包装做到方便顾客使用。

（2）加强包装技术的研究与开发，改进包装方法，使包装标准化、系列化。

（3）注意节约包装材料，降低包装费用，提高包装效益。

（五）配送子系统

配送子系统主要是为货物或者商品进行配送的子系统模块，功能是将商品准时、准确、完好地送达到指定客户手中。配送子系统效率的高低，质量的好坏，都会对物流企业产生很重要的影响，配送与运输不同的地方在于，运输的距离多数较远，批量大、品类复杂，可以说是物品生产后的第一次运输。配送则属于物品的第二次运输，是物品的终端运输。配送系统应根据其配送的区域范围，服务对象以及物流量的大小，注意考虑以下几个方面的问题。

（1）选择最佳的配送中心地址，配送中心的作业区要布置合理，有利于收货验货、货物仓储以及加工包装、分拣选货和备货配送。

（2）配置各类需要的配送车辆和装卸搬运机械及辅助器具。

（3）规划出最优的配送路线，以提高服务水平，节省路上时间使配送及时。

（4）判定合理化配送作业流程，使配送作业更合理化，提高工作效率。

案例 2 - 1

高效的京东物流仓配系统

业内领先的大规模、高智能的物流仓配网是京东物流持续高质量发展的核心竞争力。京东物流建立了包含仓储网络、综合运输网络、配送网络、大件网络、冷链网络及跨境网络在内的高度协同的六大网络，具备数智化、广泛和灵活的特点，且服务范围覆盖了中国几乎所有地区、城镇和人口，由此成为可以实现多网、大规模一体化融合的供应链与物流服务提供商。京东物流的供应链物流网络具有"自营核心资源＋协同共生"的特点。截至 2021 年 6 月 30 日，京东物流已在全国运营约 1200 个仓库，其中 38 座大型智能仓库"亚洲一号"，还拥有约 20 万名配送人员。2017 年，京东物流创新推出"云仓"模式，将自身的管理系统、规划能力、运营标准、行业经验等用于第三方仓库。目前，京东运营的云仓数量已经超过 1400 个，自有仓库与云仓总运营管理面积达到 2300 万平方米左右。同时，京东物流还通过与国际及当地合作伙伴的合作，建立了覆盖超过 220 个国家及地区的国际线路，约 50 个保税仓库及海外仓库。

（资料来源：知识交易所．一体化供应链物流服务企业典型案例——以京东物流为例 [EB/OL]．http：//zhuanlan. zhihu. com/p/481459450? utm_id = 0.）

（六）流通加工子系统

流通加工子系统的主要任务是对货物进行简易的加工操作，方便货物的运输和储存。同时，也可以提高商品的附加值。在物流过程中，由于通过加工使物品更加适应消费者和使用者的需求，如大包装改小包装，大件物品改为小件物品，以及为满足客户需求，促进销售而进行的简单的组装、剪切、贴签、分装、打孔、检量等。流通加工子系统应根据加工物品、销售对象和运输作业的要求，注意考虑以下几个方面的问题。

（1）选定加工场所，配备相应的加工机械。

（2）制定加工作业流程，提高加工质量，降低加工成本费用。

（3）加强对加工技术的研究、开发，提高加工技术水平。

（4）及时注意加工产品适销情况的反馈，及时调整加工策略与加工作业中的问题。

（七）物流信息子系统

物流信息子系统主要是物流系统中的各个物流信息处理、物流信息收集、物流信息反馈等功能模块和软硬件设施设备。物流信息子系统在物流系统中与其他子系统有所不同，物流信息子系统既是一个独立的子系统，又是一个为物流系统整体服务的一个辅助系统。其功能贯穿于物流各子系统业务活动之中，物流系统的各个子系统都需要物流信息系统支持其各项业务活动。无论是运输、储存、包装，还是装卸、搬运、配送和流通加工，这些子系统的各项业务活动，都必须靠信息系统的各项信息来联系和引导，以做到协调一致，保证整个物流系统的高效运转，获得最佳的经济效益。物流信息系统也可从其作用上分出若干分支系统。如运输信息系统、储存信息系统、销售配送信息系统等。物流信息系统应根据物流系统的整体需要，注意考虑以下几个方面的问题。

（1）物流信息系统的内容。

（2）物流信息系统的作用。

（3）物流信息系统的特点。

为了组织好物流，信息系统是物流活动的基础，信息的处理是物流管理活动的基本内容。信息作为企业管理的重要组成部分，在物流系统中被喻为企业的神经系统。企业的经营管理活动都离不开信息的支持，而在物流系统中信息的作用更表现得极为重要。信息化是灵魂，没有物流信息子系统的有效运用，就谈不上物流的现代化。

案例 2 - 2

京东先进智能的信息系统

2022 年 "6·18"，京东拿下 3793 亿元的销售成绩，3793 亿元背后不仅是一双双点击鼠标踩下的手，还是数万个京东小哥跨越山海，只为快递速达的奔赴。"6·18" 期间有这样一个例子：王女士从支付护肤品尾款到收到快递，仅用了 4 分钟。在平台客单量如此大的 "6·18"，京东物流能做到分钟达，依靠的可不只是小哥的高效，还是先进智能的供应链信息系统。

2021 年，京东已经形成了销量预测系统、智能补货系统、仓网优化系统等 "代码战斗群"，通过 "通用模型" 的智能化学习，这些智能系统每天根据不同商品能做 40 多万次决策，提示品类负责人该进多少货，什么时候该补货，补多少货，事无巨细。通过智能供应链信息系统的运用，京东第一季度的库存周转天数降到了 31.2 天，而京东供应链成本也已降低到了 8%，相比起全国平均供应链费用的 18%，确实是取得了非常亮眼的成绩。

（资料来源：深圳商报官方账号. 3793 亿！2022 京东 618 创新高，深圳成交额居广东首位 ［EB/OL］. https：//new. qq. com/rain/a/20220619A05DM500. html. ）

二、林产品物流系统的构建

林产品与一般工业产品不同，是经由天然生长而逐渐形成的产品，具有特殊的物理性和生物性特征，这一特征决定了林产品的体积、重量等天然属性既不具有统一的标准，也体现出明显的不规则性，从而对后续的物流作业带来了很大的难度。例如，从生产季节的角度来看，南方的木材主要在冬季以及冬春交替时期形成，而北方的木材则主要在秋季和冬季时期形成，然而，从木材的消费周期来看，木材属于全年消费品，这就导致木材的供应时间和木材的市场需求时间存在着错位，林产品的现代物流管理能够对此体现出重要作用，例如，可以增加木材产品的仓储或运输等环节来缓解这一时间错位带来的矛盾。实际上，有必要采取相应的技术手段来针对诸如运输、存储、流通加工、包装和信息处理等各个物流环节进行合理的物流资源配置，构建合理的物流体系。林业企业在构建物流系统时可以采取如下措施。

（一）加强对管理和技术的重视

在构建林产品物流体系过程中，林业企业的作用是比较显著的。林业企业要根据以往的管理现状和技术投入情况，进一步加强对管理和技术的重视。在管理方面，主要包括基础设施管理和信息化管理。一方面，林业企业要重视物流的基础设施完善情况。在政府加大对林产品物流基础设施投入力度的基础上，林业企业需要投入一定的资金，与政府支持资金相结合，用于购买物流基础设施。使林产品物流体系在构建期间，有足够的物流基础工具和设施。另一方面，林业企业要重视物流信息化管理水平的提升。在企业内部建立信息管理系统，通过互联网技术实时掌握林产品物流的运输所在地，运输环节及具体情况。从而有效节约林业产品物流运输成本，提高物流运输效率。在技术方面，主要是重视 EDI 技术。从实际角度来说，将该技术应用于物流运输中，可以借助电子数据业务对集装箱运输进行信息管理，有效将林产品的各种运输应用系统加以连接，从而掌握林产品的运输综合状态。林业企业可以加大对技术方面的投入力度，设立技术发展基金，使物流运输 EDI 技术在充足的资金保障下得以创新和发展。

案例 2 – 3

云南晋宁国际花卉交易物流中心建设项目

昆明斗南花卉小镇花卉产业综合配套服务区的（一期）项目总投资 19.27 亿元，是花卉特色小镇建设重点推进项目，配套冷链物流及金融商务服务区。项目主要针对花卉电商迅猛发展和斗南花卉交易市场物流不畅、缺乏专业配套服务的瓶颈问题开展项目建设，总占地面积 6 公顷，规划建筑 8 栋，总建筑面积 282349.7 平方米，重点建设花卉冷链物流园、花卉电商物流产业园、电商交易及金融结算中心、数据中心、海关商检一站式服务中心、云花总部基地、花卉运营服务中心等功能模块。

项目建成后，可依托中老班列，将云南花卉以昆明为中心向周边国际区域推广发展，促进国际花卉交易，打造世界级花卉交易中心，推动花卉产业及旅游、文化、健康产业的集聚融合发展，提升云南省高原特色农业的核心竞争力，有效带动数十万花农和从业人员创业增收，助力昆明和云南省农村经济振兴。

整个项目建设完成后，包装和物流包括智能仓储、信息化体系全部达到国际一流水平，3000 个购买商会员全部进驻园区，全球排名前十的国家花卉公司也都在园区，届时，鲜花从基地到物流基地全部都是带水运输，分货和分流全部都是自动化，物流全程冷链运输，交易完后，通过干线物流直接到各个省的省会城市的分中心，就可以让目前鲜花交易的 15% 损耗，直接实现零损耗。

（资料来源：呈贡市委宣传部官方账号. 斗南花卉小镇花卉产业综合配套服务区（一期）将于 2023 年上半年投入使用 [EB/OL]. http://www.kmjn.gov.cn/c/2022 – 05 – 24/5968558.shtml.）

（二）转变以往的林产品营销模式

从某种角度而言，产品的销售模式，对于产品物流体系的构建，也具有重要影响。在构建林产品物流体系时，林业产业需要结合时代背景，转变以往的林产品营销模式。就我国林产品营销现状，多采用统一的营销模式。以木材为例我国的木材产品通常遵循这一流程：林场组织木材生产—倒材—进仓—出仓（木材销售）。然而，多数林场都位于郊区，林产品生产成本增加。为此，可以结合当前实际情况，转变林产品的营销模式。林业企业管理者可以通过招标的方式，将林业的采伐许可证与合同书等转让给林产品的购买者。林业木材的转让价格，一般是根据核定的木材采伐量或是市场价格决定。而购买者根据采伐许可证上的相关规定，合理采伐后自行对木材进行生产、运输或是销售。此种林产品营销模式的创新，使木材生产和销售形成一体，具有突出性的优势。一是减少木材生产成本。通过生产、销售等一体方式，可以减少将林产品运输的环节，减少林业木材的生产成本。二是促进绿色物流的发展。此种营销模式，木材购买者的主动性较强，会在极大程度上减少采伐区内的剩余物，对于绿色物流的发展，具有促进作用。

案例 2-4

A 县林业生态发展有限公司林木采伐销售招标公告

A 县林业生态发展有限公司为发展振兴产业需要决定将 A 县 B 乡 C 村某山场，县乡联营造林山场部分人工林林木面向社会进行公开招标采伐销售，现将有关事项公告如下。

第一，标段数为一个标段。

（1）采伐面积：319.65 亩。

（2）采伐木材数量：总计 609 立方米（其中：杉木 430 立方米；松木 179 立方米）。

（3）采伐地点：B 乡 C 村某山场（具体详见采伐设计书）。

第二，投标方式：投标采取书面报价方式（竞标时间另行电话通知）。

第三，报名时间地点：报名时间从 2021 年 11 月 9 日至 2021 年 11 月 11 日止；报名地点：A 县林业生态发展有限公司办公室（林业局 4 楼 419 室），在报名期间可自行到采伐山场实地查看情况，产生的相关费用及风险由报名人员自行承担。

第四，投标保证金：标段保证金 5 万元。中标后投标保证金自动转为合同履约金，不中标的，我公司将于开标后 5 个工作日内退还投标保证金（注：投标保证金和合同履约金均不计利息）。

第五，投标条件及方式。

（1）具有我省林业厅颁发的《木竹经营加工许可证》的企业（2020 年在 A 县工商局、A 县林业局已办理年检手续，且在 A 县国税局进行登记）。报名及投标时，企业法人或授权委托人均应携带投标企业营业执照、木材加工销售经营许可证、法人身份证、授权委托人身份证原件及复印件（授权委托人需有企业法人的授权书）；

（2）中标单位在签订合同前 5 个工作日之内一次性足额交纳中标价款，逾期不能交纳者作自动放弃中标处理，投标保证金一概不退；

（3）中标单位必须按照森林资源监测中心提供的采伐作业设计书中所规定的采伐地点、设计图纸、面积、数量及采伐方式进行采伐，严禁不按规定和越界采伐和乱砍滥伐、所有下山木材必须办理运输证、不准超载、违者按《森林法》相关规定处理。

（4）能接受本招标文件所有规定的。

第六，标段控制价及评标方式：杉木每立方米450元、松木每立方米230元（松木：鉴于我县属松线虫疫情县，其松木只限由我公司指定的疫木处理点销售），各投标企业报价均不得低于控制价，低于控制价为无效标书。本次采取最高价中标。

第七，有关采伐的松木，鉴于我县是松线虫疫情县，要严格按疫木管理要求必须全部送我县具有疫木加工能力和加工许可的公司进行加工处理。

第八，开标时间及地点：开标时间：2021年11月12日上午9：00（超过时间递交的标书均不受理），地点：A县林业局三楼会议室。

第九，采伐林木交地时间：根据中标林地面积大小，要求2021年11月30日前采伐完成，2022年2月底前销售完成。采伐完成后交出林地；

第十，保证金交纳方式：从企业基本账户转账方式。

转入账户名称：A县林业生态发展有限公司

开户银行：中国银行　　　账号：0000000000001

第十一，联系方式。

联系电话：13800000000　张先生　　13900000000　李先生

[思考]

案例中的林木采用了哪种营销模式？为什么要采用这种营销模式？

（三）构建科学合理的网络经营机制

在互联网技术快速更新和发展的时代下，京东、淘宝、天猫等网络平台都受到了人们的广泛关注。因此，在林产品物流体系构建期间，可以结合现阶段网络信息的发展，构建科学合理的网络经营机制。林业企业可以成立网络销售平台，在网络上实现对林产品的销售。在网络经营中，林业企业具有突出性优势。其中，主要以效率优势、沟通优势、信息优势和服务优势为主。通过对网络的利用，构建网络销售平台，使林业企业实现与消费者的及时沟通和交流，明确消费者的购买需求和要求，从而根据消费者的实际情况，为其提供更加有针对性和个性化的服务。此外，在构建合理的网络经营机制期间，林业企业管理者需要保证企业的前台用户与后台客户端有效的连接起来，在掌握客户基本需求后，合理地制订林产品生产计划与方案，减少林产品的库存量和生产经营中的总成本。

案例2-5

直播"促销"林特产品成"流行"

"这是鹤北的特产鸡腿菇，只生长在没有污染的原始森林里，产量十分稀少，口感脆爽、味道鲜美，无论炖汤还是清炒都非常好吃……"，在一间近2000人的直播间内，来自鹤北的主播苗女士，正在充满激情的为粉丝们介绍来自林区的特产。为了能增加销量，主播苗女士还现场展示烹饪方法，排骨蘑菇汤、蘑菇鸡蛋羹……不一会就呈现在粉丝们面前，引得粉丝垂涎欲滴。

近年来，为适应新形势下的市场经济体制，打开林产品销售新渠道，鹤北林业局有限公司踏准时代足音、抢抓战略机遇，积极推进林产品销售与"新媒体＋互联网"有机对接，利用直播、朋友圈、线上线下互动等网络电商销售手段，努力开创营销工作新局面。

鹤北林区有着丰富的林产品资源和优越的自然气候条件，林蛙、冷水鱼、木耳、蘑菇、沙棘、蜂蜜等各种产品应有尽有，林特产品商铺也遍布鹤北林区。随着新媒体行业的兴起，"平台直播""云带货"等新理念、新技术已经成为越来越多商家的共识，各大商铺也都开启了网红销售模式并不断发展壮大。

（资料来源：最美黑龙江官方账号. 直播"促销"林特产品成"流行"［EB/OL］. https：//new. qq. com/rain/a/20220228A07QIC00.）

（四）打造专业化的物流人才队伍

在构建物流体系中，专业化的物流人才队伍对于提升物流效率极为重要。在林产品物流体系构建期间，需要大量招揽专业化的物流人才，打造物流人才队伍。一方面，重视物流人才的专业性。在招聘物流人才时，要根据物流招聘岗位，制订合理的招聘计划。另一方面，重视物流人才的综合素质。物流派送人员的综合素质，对于消费者的满意度具有重要影响。所以，林业企业要定期对物流相关工作人员进行培训，使所有物流工作人员能够掌握物流各部门工作，在主管的指导下可以促使物流体系下各部门协调发展。此外，对物流人才的道德、责任感、素质等进行宣传教育，提高物流人才的综合素养水平。

任务三　林产品物流绩效评价体系

一、企业物流绩效评价的概念

企业物流绩效评价是指为达到降低企业物流成本的目的，运用特定的企业物流绩效评价指标、对照统一的物流评价标准，采取相应的评价模型和评价计算方法，对企业物流系统的投入和产效（产出和效益）所做出的客观、公正和准确的评判。对物流企业绩效评价进行研究，可以进一步丰富绩效评价理论，同时，绩效评价则是绩效管理的前提和基础。

物流绩效评价是对整个物流结构中特定过程进行的定量衡量，设计最佳的物流系统及其组成部分关键取决于进行绩效衡量的标准是什么。一个系统在这个标准下衡量很好，在另一个标准下衡量就不一定好。物流绩效评价设计的目标是设计一个系统使它在多数选择的评价标准中都能满足要求或超过期望要求。物流评价标准随系统定义范围（各种功能领域如：生产、分配、运输、保管和供货商的选择等）、不同领域的物流功能要求、定量评价及定义系统的能力的不同而不同。因此，设计评价标准的第一步是对需要评价的系统及其组成部分进行定义。第二步是确定性能要求和系统的预期目标。第三步是确定定量评价性能要求的准则。理解各评价准则之间的关系也是很重要的，因为某一个或多个准则都可能影响另一评价准则的性能，例如，铁路运输在按时送达货物方面的服务水平取决于火车按时到达或离开的时间、车站的服务时间等。

二、构建林产品物流绩效评价指标体系的必要性

随着物流理论的不断发展和物流实践的不断深入，客观上要求建立与之相适应的物流绩效评价方法，并确定相应的绩效评价指标体系，以科学、客观地反映林产品物流的运营情况。一个科学客观的林产品物流绩效评价指标体系，能帮助经营者明确企业的前进方向，为战略决策提供信息，创造有利的环境，促进团队协作，鼓励企业不断改进工作流程。

三、林产品物流绩效评价指标设置的原则

建立林产品物流运营的绩效评价指标，一般应遵循以下原则。

（1）目的性原则。设计林产品物流绩效评价指标体系的目的在于通过对林产品物流系统的综合评价，找出林产品物流发展的瓶颈，改善不足之处，从而实现林产品物流成本最小化和效益最大化。

（2）科学性原则。林产品物流绩效评价指标应该能够对林产品物流水平有一个客观的反映和评价。首先，指标的选取应具有科学的理论根据；其次，评价指标体系应能准确地反映实际情况，有利于各地区之间的横向比较，发现自身优势和不足之处，从而提高竞争力。

（3）系统性原则。随着物流的整合和各个阶段协调力度的加大，物流的绩效评价体系不应当只局限于对局部成本的考察和控制，还应当从整体上对物流管理的绩效进行评价。

（4）规范性和经济性原则。林产品物流绩效评价指标的设置要有明确的统计口径，并且要借鉴国际经验，便于国际比较。同时，指标应根据其重要性有针对性地选取，保证指标少而精。指标体系过小评价结果不全面，过大则会因所需要采集的数据过多而导致成本上升和操作过程的复杂结果得不偿失。

（5）量力性原则。一个良好的绩效评价体系，只有当人去使用它时才会有作用。如果一个评价体系不能为使用者所接受，在执行中就会大打折扣，评价的结论很可能不正确、不客观。因此，科学的绩效评价指标体系，必须建立在一般理性人可接受的基础上。

（6）定性与定量相结合的原则。在综合评价林产品物流水平时应综合考虑影响林产品物流水平的定量和定性指标。对定性指标要明确其含义，使其能恰如其分地反映指标的性质。定性和定量指标都要有清晰的概念和确切的计算方法。

（7）可操作性原则。建立的林产品物流指标评价体系力求达到层次清晰、指标精练、方法简洁，使之具有实际应用与推广价值。为此，选取的指标要具有可操作性，注意指标数据收集的可行性，指标设计应尽量实现与现有统计资料、财务报表的兼容同时注意指标含义的清晰度，尽量避免产生误解和歧义。另外还应考虑指标数量得当，指标间不出现交叉重复，以此来提高实际评估的可操作性。

四、林产品物流绩效评价指标体系的构建

林产品物流就是林产品的运输、储存、装卸、搬运、包装、流通加工、配送和信息处理等环节的有机组合。包括一系列物质运动过程，相关的技术信息组织和处理过程，以及各个环节上的物流管理活动。林产品现代物流从生产到消费包括从生产、采收、分类、包装、加工、储藏、运输到配送、销售等多个环节，根据所处阶段划分为供应物流、生产物流以及销售物流。林产品物流流程如图 2 - 3 所示。

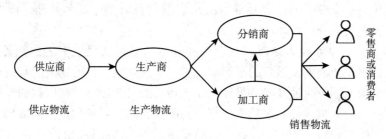

图 2 - 3　林产品物流流程

林产品物流绩效评价指标体系包括林产品供应物流、林产品加工企业内部物流以及林产品销售物流三个方面。林产品物流绩效评价指标体系共计 3 个一级指标，15 个二级指标（见表 2 - 1）。

表 2 - 1　　　　　　　　　　　林产品物流绩效评价指标体系

一级指标	二级指标
林产品供应物流绩效评价指标	服务质量
	服务能力
	信息技术能力
	成本评价
林产品加工企业内部物流绩效评价指标	内部物流成本控制能力
	库存物料管理能力
	内部物流布局能力
	加工企业内部物流生产率
林产品销售物流绩效评价指标	信息沟通能力
	库存合理程度
	销售分析
	市场占有率分析
	销售费用分析
	销售盈利能力分析
	林产品销售率

（一）林产品供应物流绩效评价指标

准确性、及时性、经济性及战略配合等方面是林产品加工企业对供应物流考核的重点，因此，林产品供应物流绩效评价指标一般应包括林产品供应商的服务质量、服务能力、信息技术能力、成本评价四个方面的评价指标。

（1）服务质量。服务质量是评价供应物流服务绩效的核心指标，它主要从林产品供应物流服务的正确程度来评价，包含7R（将适当数量、适当产品、适当的时间、适当的地点、适当的条件、适当的用户和适当的成本交付给客户）的全部内容，涵盖的子指标如仓储服务中的库存准确率、仓储残缺率，运输服务中的发货及时率、订单处理正确率、运输残缺率、货物分拣与包装的准确性等。

（2）服务能力。服务能力是反映供应商在基本的运行质量上对客户额外需求的关注，是指对林产品加工企业的物流服务的了解和控制需求的反应，包括物流流程的透明性、物流信息的共享、物流问题及时通知等。另外，还包括对加工企业需求和问题的反应，指供应商为客户提供快捷、有效响应的意愿程度，企业的服务导向，对变化莫测的市场需求的适应能力，物流服务的物质资料、工具、设备、人员及通信手段的准备情况等。

（3）信息技术能力。林产品加工企业在寻找供应商合作伙伴时，应该考虑其是否拥有可靠的计算机网络和物流信息管理系统，能否快速、正确地提供物流信息，能否高效地为物流作业提供及时有效地支持。包括物流信息基础设施水平、物流信息系统的应用能力和物流信息传递的效率。

（4）成本评价。成本一直是需要考虑的重要因素之一，客户对服务满意与否很大程度上取决于对所付出的服务成本和所获得的服务价值的对比。成本评价指标包括运作成本和结算方式。运作成本是指物流活动的日常成本，如运输服务中的单位公里运费、仓储服务中的单位立方米保管费等；结算方式包括在物流服务方面的结算难易程度，以及结算方式的合理性等。

（二）林产品加工企业内部物流绩效评价指标

林产品加工企业内部物流是指企业在生产工艺中的物流活动，也就是林产品加工企业的车间或工序之间，其原材料、零部件或半成品，按工艺流程的顺序依次流过，使其最终成为产成品，送达成品库暂存的过程。从流程结构的角度上看，内部物流主要包括：原材料、半成品和产成品的物流活动，即从供应仓库或者上游企业直接供应到生产线的物流活动；生产过程中的半成品从上一道工序到下一道工序的物流活动；生产出的成品或最终产品，从生产线到产成品仓库或者直接到下游企业的物流活动。

（1）内部物流成本控制能力。在加工企业中，物料的成本营运和成本资金控制是关系企业内部物流能否完成企业制定目标的关键。可通过成本营运和成本资金两方面来分析加工企业内部物流的成本浪费和节约的情况。

（2）库存控制能力。所有的企业都希望将库存降低到最低水平，同时又必须保留一定的安全库存，以保证快速的满足需求。可通过库存水平和反应能力来分析和评价加工企业内部库存物料管理的能力。

（3）内部物流布局能力。现代企业内部物流布局能力上的优势，主要通过内部物流的运输效能和运输效率来体现。运输效能反映的是企业的内部物流布局满足需要的能力，运输效率反映的是企业按时满足物料运输需求与所花费的时间、物资等资源的比例关系。

（4）加工企业内部物流生产率。一个企业如果没有生产率目标，就没有方向，如果没有生产率的衡量，就没有控制。林产品加工企业内部物流生产率可通过分析生产费用占产值的百分比、劳动生产率、在制品资金周转天数和生产资金占产值的百分比来分析和评价。

（三）林产品销售物流绩效评价指标

结合林产品物流的特点，林产品销售物流绩效评价指标体系可分为林产品销售物流内部运作绩效评价指标体系和林产品销售物流经济效益绩效评价指标。其中，内部运作指标包括信息沟通能力和库存合理程度，经济效益指标包括销售分析、市场占有率分析、销售费用分析、销售盈利能力分析和林产品销售率。

（1）信息沟通能力。快捷、准确的信息沟通是整个林产品销售物流运作的基础。林产品销售物流信息化的目的就是通过先进的信息化建设将销售终端和销售始端连接起来，使林产品加工企业及时准确地掌握市场的动态和消费者的购买倾向。

（2）库存合理程度。库存过多会导致资金积压，而库存过低又怕满足不了顾客的需求。因此，可通过咨询专家意见，协定一个稳定的库存范围为林产品销售物流库存的合理范围，以此为基准值，用实际库存值小于等于基准值的时间占总时间的比率来表示。

（3）林产品销售率。林产品销售率是指报告期产品销售量与产品生产量的比率，是反映报告期企业产品销售程度和反映产品生产、销售、流通及满足社会需要程度的指标。产销率越大，说明产品在生产领域和流通领域中存留的时间越少，资金周转越快。

（4）销售增长率分析。销售增长率分析是销售运行经济效果评价的重要内容，可通过网点平均销量和销售增长率来分析。网点平均销量，主要通过考察林产品单个网点的销售产出来衡量销售效率；销售增长率，是衡量销售成长情况和发展趋势的重要指标，是林产品加工企业所有林产品销售增长率的平均加权值，代表了林产品销售物流的整体平均销售增长率。

（5）市场占有率分析。企业的销售绩效并未反映出相对于竞争企业的经营状况如何，因为销售额的增加可能是由于企业所处的整个经济环境的发展，也可能是因为其市场营销工作较其竞争者有相对改善，市场占有率正是剔除了一般环境影响来考察销售渠道本身的经营工作状况。市场占有率分析的目的在于：一是通过市场占有率的严格定义，为决策者提供可供比较的市场占有率；二是通过对市场占有率的构成因素分析，找到市场占有率上升或下降的具体原因，并为企业改进其营销系统提供明确的建议。

（6）销售费用分析。销售费用直接影响到加工企业的利润。因此，对销售费用的有效控制，对加工企业来说就显得非常重要，可通过销售费用增长率和销售费用率来分析。销售费用增长率用总费用增长的幅度反映出对销售总费用的控制；销售费用率主要从成本利用情况来衡量林产品销售系统的运作效率。

（7）销售盈利能力分析。取得利润是最重要的目标之一，也是企业建设和运转的根本原因，可通过销售利润率和资产收益率两个指标来衡量。销售利润率在一定程度上影响到林产品经销商的销售积极性，进而影响到整个销售系统的稳定性，对林产品加工企业来说，销售利润率则影响到加工企业的持续发展能力；净资产收益率，是指在一定时期内的净利润同平均净资产的比率。

从我国林产品物流的发展进程来看，我国林产品物流的发展正处于起步阶段。随着外部环境的变化，企业的发展策略、方针都会发生变化，所以，林产品物流绩效评价指标体系也应随之不断变化。

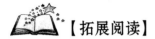【拓展阅读】

荷兰的花卉物流

荷兰的花卉70%用来出口，每年的出口量占世界的6%，鲜切花的运输损失率仅为2%左右。荷兰的花卉产品在拍卖后24小时内运到世界80多个国家，它是怎么做到的呢？

首先是高效的物流链。荷兰阿尔斯梅尔北荷兰省阿尔斯梅尔自治市有着"世界花卉之都"的美称。闻名于世的阿尔斯梅尔花卉拍卖市场就坐落在这里。阿尔斯梅尔花市一天的成交量相当大，拍卖行每天的鲜花销售量为1400万枝，绿色观叶植物50万盆，全年共售出鲜花35亿枝，植物3.7亿盆。鲜花和植物属于易损产品，因此如何将它们精心地包装并尽快运走显得尤为重要。购货商们一般都按国内外客户的要求来进行包装，配好的花束被装进纸箱或塑料箱里，运到拍卖行的发货中心。在4~6月，每天都会有三架装着郁金香等各类鲜花的波音707专机，飞往纽约、巴黎和伦敦，把它们运销世界125个国家。与此同时，每天还有冷藏车运往欧洲其他国家。阿尔斯梅尔拍卖行的一切工作都是为了实现一个目标，即每天清晨从这里售出的鲜花和植物，一定要在当天晚上或第二天出现在欧美、加拿大及世界各地的花店里。根据产品质量的变化机理以及外部环境的变化进行全程的温度控制，包括产地的采后冷藏、短途低温保温、长途可调冷藏运输、抵达市场后的短途保温运输以及终端消费地批发市场的冷藏等。

其次是完善的信息链。从种植者到拍卖中心再到购货商，完善的信息系统使得花卉的流通速度大大地增加。荷兰的种植者可以将电子控制系统引入温室，种植者可以根据客户的订单要求设置栽培植物。植物盆器中的芯片可以随时记录植物生长过程的状况和数据。每天在阿尔斯梅尔成交的鲜花总量不下1400万枝，装满鲜花的箱子源源不断地运进来，又从这里发往世界各地。整个流程都是在电脑的控制下自动进行的，而这完全得益于无线射频识别技术（RFID）的使用。花卉一经卖出，载花的推车便退出拍卖厅，经过大厅门外的一台带打印机的电脑。这时，打印机立即启动，为这批商品开出发货单，以便在场的工作人员能够凭此清点货物。在发货厅里停放着购货商人们的载花推车，车上标有该商人在拍卖行的注册编号。

最后是高科技包装。荷兰采用高科技新技术进行花卉包装，新发明的保温材料能够持续保温96小时，可用在宽体飞机底部货仓内的环保式集装箱上，大大降低了物流成本。运输单元台车代替了原来的纸箱，符合绿色物流的观点。丹麦CC出品的花车，独特的轮轴设计和质量，使用寿命非常长。每个花车配3层隔板，隔板高度可以任意调节，适用于产品周转和摆放，可以拆卸，方便运输和存放。台车层板的高低可以调节，有的台车层板转换之后就可以直接作为展示货架。

（资料来源：花卉物流案例分析［EB/OL］. https://www.xiexiebang.com/a13/201905155/8302191d0d281c52.html.）

练习与思考

1. 多项选择题

（1）系统具有（　　）、脆弱性、健壮性等性质。

A. 目的性　　　　　B. 可嵌套性　　　　C. 稳定性　　　　D. 开放性

（2）现代物流系统是指在一定的时间和空间里，由所需输送的物料和包括有关（　　）以及通信联系等若干相互制约的动态要素构成的具有特定功能的有机整体。

A. 设备　　　　　　B. 输送工具　　　　C. 仓储设备　　　　D. 人员

（3）物流系统的特征包括（　　）、现代物流系统的复杂性、现代物流系统的效益背反性。

A. 现代物流系统是一个"人—机系统"

B. 现代物流系统是一个大跨度系统

C. 现代物流系统是一个可分系统

D. 现代物流系统是一个动态系统

（4）林产品物流绩效评价指标设置的原则包括（　　）、可接受性原则、定性与定量相结合的原则、可操作性原则。

A. 目的性原则　　　　　　　　　B. 科学性原则

C. 系统性原则　　　　　　　　　D. 规范性和经济性原则

（5）林产品供应物流绩效评价指标主要包括（　　）。

A. 服务质量　　　　　　　　　　B. 服务能力

C. 信息技术能力　　　　　　　　D. 成本评价

2. 问答题

（1）什么是效益背反？

（2）物流系统包括哪些子系统？各子系统之间有什么关联？

（3）林产品物流系统的构建与一般物流系统构建相比有哪些特殊性？

实训任务

中国花卉产量占世界的1/3，而出口量仅占世界的2%。原因何在？物流系统如何帮助提高出口量？

要求：6~8人一组，以小组为单位进行市场调查找出影响花卉产品出口的跟物流有关的原因，并就如何构建花卉物流系统以提高企业效益进行研讨，提出建议。

林产品物流市场

【学习目标】

❖知识目标

1. 掌握物流需求、物流供给的内涵、特征与影响因素
2. 掌握林产品物流需求分析、林产品物流供给分析
3. 了解林产品物流需求指标的影响因素
4. 了解林产品物流需求预测的几种主要模型

❖技能目标

1. 能够分析各因素如何影响物流需求
2. 能够通过的林产品物流量分析物流需求
3. 能够运用灰色神经网络模型进行物流需求预测

❖素质目标

1. 培养学生辩证思维与严谨治学态度
2. 培养学生团结协作、互学互助的合作精神
3. 培养学生分析实际问题、解决现实问题的能力

【本章导学】

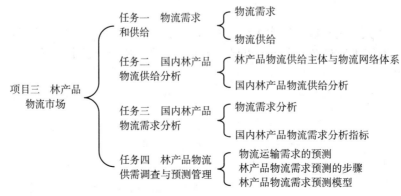

案例导读

经济林的物流"经济"吗?

我国是世界林产品生产、贸易、消费第一大国,我国也是迄今为止人造板和纸张最大的生产国和消费国、最大的工业原木、锯材和纤维配料进口国,是最大的人造板出口国。据国家林草局官网信息,2020 年我国林业产业总值达 7.55 万亿元,林产品进出口贸易额达 1600 亿美元,其中,经济林产品种植与采集已发展成为产值超过万亿元的支柱产业。经济林是以获得经济效益为主要目的的森林,以工业用木材的经济林为例,现阶段,经济林的全商业流程如下。

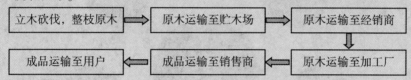

(1) 营林公司或农户自有林地的立木被砍伐后,通过整枝变成原木。

(2) 集材车将原木从山上林场运到山下的贮木场(贮木场或者由营林公司经营或者独立经营),原木在贮木场经过短暂的储存。

(3) 各地的木材经销商委托一些货运公司或私人车辆运到自己的货场。

(4) 各种木材加企业需要木材原料时,或者自己派车辆到木材经销商提货,或者委托运输公司将所需要的木材运至木材加工企业,或者由木材经销商派车将其所需要的木材送至企业(木材加工企业有很多种类型,如人造板厂、家具厂、造纸厂等,它们的规模大都很小,它们之间的联系也都比较少)。

(5) 木材加工企业生产出各种产品后,这些木材产品会进入销售市场。

(6) 各个销售商把产品销售并运送给消费者。

据相关权威数据显示,在木材产品的销售价格中,物流费用占总成本近 50%。

(资料来源:国家林业和草原局政府网,http://www.forestry.gov.cn.)

[思考]

(1) 现阶段,我国林产品中的物流费用占比如何?

(2) 通过价格理论分析,我国林产品物流是否存在供需矛盾?

任务一　物流需求与供给

一、物流需求

(一) 物流需求的内涵

物流需求是指社会经济活动在一定时期内对生产、流通、消费等环节中各种实体物品进行配置作用而引起的物质资料及商品在时间和空间上转移的需求,是由物流服务衍生出来的消费及流通方面的需求，产生于社会物质产品生产及再生产过程中。

（二）物流需求特征

物流需求是一种服务性需求，相较其他商品的需求而言，其有一定特殊性，这些特性如图 3-1 所示。

图 3-1 物流需求的特征

1. 派生性

派生性是物流需求最重要的一个特征。在经济活动中，如果某种商品或劳务的需求是由另一种或几种商品或劳务需求派生出来的，则称该商品或劳务的需求为派生性需求，把引起派生性需求的商品或劳务需求称为本源性需求。日常生活中，服装、食品、住房等都属于本源性需求，而物流需求在绝大多数情况下是一种派生性需求。之所以有物流需求，并非由于物流本身的缘故，人们对物流的追求并不是纯粹为了让"物"在空间上运动或储存。相反，物流的目的是满足人们生产、生活或其他目的的需要，完成空间位移和时间变化只是中间一个必不可少的环节，这是物流需求的本质所在。

2. 广泛性

物流需求具有广泛性。人类克服空间的障碍是一项无时无刻、无处不在的经常性活动，而这种努力是以人员、物资、资金、信息等交流为标志的，由此形成了物流普遍存在的客观基础。例如，从生产角度看，生产企业中物品从上一道工序向一下道工序转移、从上游车间向下游车间移动、从原材料仓库向原材料加工车间移动都会产生相应的物流需求。从流通角度看，物品从批发商到零售商、从零售商到消费者、从配送中心到连锁商店也都存在物流需求。如果从区域角度分析，一个区域，无论是大区域还是小区域，其空间经济组织如何完备，都不可能是一个完全封闭独立的空间，必然要与其他区域有物资、信息等方面的交流，只不过在空间范围和联系程度大小上有所不同。就物资而言，任何一个区域既可以是输出中心，又可以是输入中心。正是由于国民经济各区域间的相互制约、相互作用，使得物流在具有广泛性的同时，又日趋复杂。

3. 多样性

物流需求的多样性是基于主体的多样化和对象的多样化。不同类型的物流需求主体提出的物流需求无论是在形式方面还是在内容方面均存在差异，而物流的对象"原材料、零部件和产成品"由于在重量、体积、形状、性质上等各有不同，因而对运输、仓储、包装、流通加工等条件的要求也各不相同，从而使得物流需求呈现多样性。如石油、天然气等液体产品需用罐车或管道运输，生鲜产品需用冷藏车运输，化学品、危险品等都需要特殊的运输条件，且部分产品需要进一步包装或流通加工等，而林产品涵盖木材、花卉等诸多品种，物流运输条件也呈现出明显的多样性。

4. 不平衡性

物流需求在时间和空间上有一定的不平衡性。

物流需求的时间不平衡性，是指不同的经济发展阶段对物流需求量的影响是不一样的。例如，经济繁荣时期的物流需求要远远大于经济萧条时期的物流需求。

空间不平衡性，是指在同一时间内，不同区域物流需求的空间分布存在差异，主要是因为地理位置、资源要素、经济发展程度等因素的差异造成的。

5. 部分可替代性

一般而言，不同的物流需求之间是不能互相替代的。例如，水泥的物流需求不能替代水果的物流需求，因为这明显是两种不同的物流需求。但在某些情况下，人们却可以对某些不同的物流活动做出替代性的安排。例如，煤炭的物流需求可以被长距离高压输电线路替代；在生产领域，当原料产地和产品市场相分离时，人们可以通过评估生产位置的优劣，以确定在运送原料或是成品之间做出选择。

6. 空间特定性和时间特定性

物流需求与特定时间和特定空间密切相关。市场经济条件下，物流呈现一种灵活性和易变性，但在一定时期内，还具备空间特定性，具体表现为在某一空间范围内的特定流向，如煤炭企业的煤从产地向电力企业的所在地流动。而在企业内部，物流空间的特定性就更强了，具体表现为物流发生于企业内部，发生于企业内部各部门、各工序、各岗位之间，物流活动相对狭小和固定。时间特定性则表现为在一定范围内的定时运输、配送等。

7. 层次性

物流需求是有层次的，可分为基本物流需求和增值物流需求等。基本物流需求，主要包括对运输、仓储、配送、装卸搬运和包装等物流基本环节的需求。增值物流需求，主要对包括库存规划和管理、流通加工、采购、订单处理和信息系统、系统设计、设施选址和规划等具有增值活动的需求。基本物流需求一般是标准化服务需求，而增值物流需求则是过程化、系统化、个性化服务需求。

（三）物流需求的影响因素

物流需求受诸多因素的影响，具体包括以下几方面。

1. 价格

价格是影响物流需求量的一个重要影响因素。价格与物流需求量之间存在一种此消彼长的关系：物流服务价格上涨，物流需求量减少；物流服务价格下降，物流需求量上升。

2. 经济发展水平

物流作为一种现代服务方式，其发展与整个经济发展密切相关，是经济发展到一定阶段的产物。社会经济发展水平相对发达的地区，其物流需求水平相对也高一些，像一些进入后工业化时期的国家，对于多功能集成或一体化的物流需求就比较旺盛；社会经济发展水平相对落后的地区，其物流需求水平相对也低一些，分散、非系统化的物流需求则相对比较流行。

3. 市场环境

市场环境对物流需求有重要影响。市场的统一和市场范围的扩大可以促进物流活动范围的扩大，像经济全球化、一体化等市场环境的变化，使得物流需求的空间范围日益扩大。贸易的自由化和产品的地理分工推动着物流、资金流、信息流的迅速增长。此外，同业水平和市场的竞争程度也对物流需求有着直接的影响：竞争越激烈，企业越要加强物流服务能力建设，相应的物流需求越旺盛。

4. 物流供给

物流供给对于物流需求有实质性的影响。物流供给能力大的地区，其物流需求也高，主要是因为物流供给能力大的地区除了可以满足现有的物流需求，还可以使更多潜在的物流需求得到释放。

5. 空间经济布局

空间经济布局的不平衡（如自然资源禀赋、产业布局、生产力和消费群体等）导致"物"在空间和时间上发生状态改变，从而引起物流需求的变化。空间经济布局造成的产业间联系，会催生出相应的空间物流需求。

6. 地理因素

地理因素是影响物流需求的外生变量。很多地理因素是人类无法控制的，如可通航的水域等。不同地理的物流需求是有很大不同的，城市内的物流、城际间的物流就有很大区别；城市和农村的物流也有很大不同。例如，城市物流需求的强度和水平远高于农村物流需求的强度和水平。

7. 专业化分工

社会分工越细，对物流需求越大。区域间的专业化分工将会造成区域间的贸易，从而影响区域间的物流需求。即使所有地方的气候条件、土地状况、矿产资源及人口密度等各方面的情况都没有差别，但从长期看，也会存在区域之间的物流需求，这主要是由于生产的专业化可以获得更高的效率，每一种产品都有规模效应，生产规模越大，产品的单位成本越低，这就使得每个地区生产自己所需要的产品并非都合理，不同区域之间就需要交易各自具有成本优势的产品。这样，区域之间的贸易和物流活动就不可避免了。

8. 技术因素

技术进步能够使物流需求量增加或使潜在的物流需求得到释放，而技术落后则会抑制物流需求。例如，在欧美等发达国家，集装箱的使用极大地推动了多式联运的发展，其灵活快速、安全、低成本的优势很快吸引了众多客户的物流需求。又如，现代通信和信息技术的发展，加快了订货需求的传输速度、生产进度、装运进度以及海关清关速度等，使国际物流作业周期大为缩短，提高了国际物流作业的准确性，极大地刺激了全球货运的物流需求。

9. 制度因素

物流需求受到诸如一些非经济和非技术因素的影响，如制度方面的因素对物流需求的影响很大。在发展中国家，由于物流市场制度的不完善以及地区之间的市场分割和行业壁垒，使得人们降低了对物流需求的预期。又如，计划经济体制条件下和市场经济条件下的物流需求在形式、内涵、质量等方面都有很大区别。

10. 需求者观念和偏好

客户（最终消费者、中间消费者）对物流的认识程度也会影响物流需求的数量和质量。如国内许多企业存在着"大而全""小而全"的经营理念，因此很少接受物流业务外包，从而导致物流需求受到抑制。

11. 居民收入水平和消费结构

居民收入水平很大程度上决定了商品的购买数量，居民的消费结构很大程度上决定了商品结构，从而决定了物流中"物"的数量。可支配收入高的居民，他们的时间价值较高，因此对物品的时效性要求也高。

二、物流供给

（一）物流供给的内涵

物流供给是指物流服务生产者在一定时期内、在一定价格条件下能够而且愿意向市场提供物流服务的数量。对物流服务的供给，必须具备三个条件：第一，有愿意提供物流服务的主体或供应商；第二，物流服务生产者或供应商在一定价格水平下愿意出售；第三，物流服务生产者或供应商具备提供物流服务的实际能力，即物流能力。

物流服务供应商是指提供物流服务的企业或组织，包括运输、仓储企业，新型的第三方物流服务商和第四方物流服务商等。物流服务供应商是物流服务的供给主体，离开了物流服务供应商，物流市场供给也就不可能存在。

（二）物流供给的特征

物流供给需要对其特性有深入的了解，物流供给有以下特征。

1. 个性化

个性化是物流供给与传统物流服务如运输、仓储最显著的区别，因为后者大多体现的是一种标准化服务。但物流供给的个性化并不排斥标准化；相反，它是标准化基础上的个性化，即物流供给是整合运输、仓储等标准活动基础之上的个性化。具体表现为：物流服务供应商能够根据不同的需求提供"量身定做"的物流个性化服务，既可以提供从供应地到消费地的全程一体化服务，也可以提供环节性服务。

2. 完整性

物流供给是由一系列不同的功能活动（如运输、仓储、包装、流通加工等）有机协调，有效满足客户需要的服务。如果仅仅完成其中某一环节功能，那么这种不完整的服务，也不是完整意义的物流供给。

3. 节约性

物流供给的节约性表现为通过现代管理方式及各类技术手段，实现物品在时间和空间变化上的合理化，以达到对空间和时间的节约，寻求把正确的物品以正确的方式送到正确地点上的正确客户的手中。物流活动是一种降低总成本的活动，包括时间成本的降低、空间成本的降低以及交易成本的降低等。

4. 网络性

一次完整的物流过程是由许多运动过程和许多相对停顿过程组成的。一般情况下，两种不同形式的运动过程或相同形式的两次运动过程中都会存在暂时的停顿，而一次暂时的停顿也往往联结两次不同的运动。物流过程便是由多次的运动—停顿—运动—停顿所组成。因此，物流网络结构也是由运动的线路和停顿的结点两种基本元素所组成。

（三）物流供给的影响因素

1. 社会经济发展水平

物流是经济社会发展到一定阶段的产物，物流供给受社会经济发展水平的制约。例如，原始社会，经济发展水平很低，生产力低下，就不存在完整意义的物流服务供给。随着经济社会发展，贸易的扩大，分工的专业化，特别随着工业革命的发生和发展，现代物流供给才有可能大规模地发生和发展。

2. 价格

价格是影响物流市场上物流服务供给量的重要因素。在一定时期内，物流服务价格高，物流供给的总量就会增加；物流服务价格低，物流服务的供给总量就会下降。适当的物流服务价格是一个健康物流市场的前提条件。

3. 技术

物流技术和基础设施是物流供给的基础性条件。技术是物流供给的重要决定因素，物流技术与装备水平的提高，能对物流供给能力产生革命性的影响。特别是在工业革命后，蒸汽机的发明使得机械动力代替了自然动力（人力、风力、畜力等），人类扩展空间范围的能力得到极大提高；进入 20 世纪中期，计算机的发明、信息技术的应用，使得人们能够以更加精确、快捷的方式实现空间位移。正如美国著名经济史学家钱德勒在《企业规模经济和范围经济》一书中指出，"交通及通讯网络为分销过程中利用规模经济和范围经济奠定了技术基础和组织基础"。

4. 物流需求

物流需求规模的大小和变化方向决定了物流供给的可能空间和发展方向。物流需求乏力，物流供给则不足；物流需求旺盛，物流供给则充足。如果存在着巨大的、潜在的物流需求，则会激发未来物流供给的快速构建。

5. 工农业布局

工农业生产的布局对物流基础设施的建设和发展有决定性的影响。例如，我国的煤炭、铁矿资源主要分布在西部和北部，加工工业则集中在东部沿海地区，因而在我国西部、北部和东部沿海之间建设了铁路、海上货运航线，它们和长江、大运河等成为能力强大的运输干线。

6. 制度和政策

制度和政策是影响物流供给的重要因素。例如，市场准入的条件决定了物流企业进入市场的难易程度，严格的市场准入条件将会提高企业从事物流服务的门槛，从而影响市场物流供给的总量。故需进一步消除市场上的制度壁垒，如近年来在全球范围内放松各类的运输管制后，全球贸易和全球物流都获得极大的促进和发展。

7. 管理、知识和人力资源

为了实现对各种分散物流功能、环节和资源的有效整合，管理者需要提高自己的知识水平，牢牢把握物流行业的发展趋势，学习并掌握当前最前沿的物流技术和知识。要提升物流的整体效能，最重要的是要拥有现代化的物流人才，不管物流设备、系统如何先进，物流结点和物流网络如何发达，没有好的物流人才加以经营、管理、统筹、规划，就难以获得好的物流效率。

任务二 国内林产品物流供给分析

一、林产品物流供给主体与物流网络体系

林产品物流是基于各类林产品的一种具有特殊性的物流服务类型，作为林产品物流的供给方，形成有效的物流供给需取决于两个方面：一是林产品物流供给主体的能力与数量；二是完善的林产品物流网络体系。

（一）林产品物流供给主体

林产品物流供给主体主要是指提供林产品物流服务的企业和组织，包括运输、仓储企业、新型的第三方物流企业和第四方物流企业等。

根据林产品物流服务供给的主体不同，可以将林产品物流分为第一方物流、第二方物流、第三方物流、第四方物流和第五方物流。

1. 第一方物流（企业）

第一方物流是指林产品生产者或者林产品供应方组织的物流活动。此类组织的主要业务是生产和供应商林产品，但为了其自身生产和销售的需要而进行物流设备及网络的投资、经营与管理，如为了林产品正常生产而建设的生产物流设施，为了林产品正常销售而配备的销售物流设施。总的来说，第一方物流是林产品生产企业或供应企业自己进行物流的运作，不依靠社会化的物流服务，它实质上是林产品供应方物流，是林产品从供应方到用户的物流。

2. 第二方物流（企业）

第二方物流实际上是林产品需求方物流，或称林产品购进物流，如用户去林产品生产地购买并自行运输回林产品。其原理与林产品第一方物流的原理相同，唯一不同的只是概念。

3. 第三方物流（企业）

第三方物流是指通过与林产品供应方（第一方）或需求方（第二方）的合作来提供其专业化的物流服务。其特征为：企业以签订外包协议或合同的形式，将与林产品物流相关的活动外包给第三方物流企业，由专业化的第三方物流公司对所有物流活动进行全权负责并实施。企业与第三方物流为实现共赢往往会建立战略合作伙伴关系。

4. 第四方物流（企业）

第四方物流是1998年由美国埃森哲公司率先提出的，其专门为第一方物流、第二方物流和第三方物流提供物流规划、咨询、物流信息系统、供应链管理等服务。第四方物流并非提供具体的物流运作活动，它是依靠林产品第三方物流、技术供应商、管理咨询及其他增值服务商，通过整合资源，为林产品生产企业提供完善的供应链解决方案。

5. 第五方物流（企业）

关于第五方物流的提法目前还不多，尚未形成完整、系统的概念，有人认为它是从事物流人才培训的一方，也有人认为它是专门为其余物流四方提供信息支持的一方。

（二）林产品物流网络体系

物流网络体系指物流平台，物流平台资源既包括航空、铁路、公路、水运等物流线路与空港、车站、港口、码头、物流园区等结点，也包括与物流平台资源一体化的运输工具，以及虽然可以独立运行，但在系统上仍与物流平台一体的输送工具等装备，包括飞机、船舶、火车等工具装备及物流结点的公共设施。

1. 物流结点

物流结点是指物流网络中连接物流线路的结节之处。广义的物流结点是指所有进行物资中转、集散和储运的节点，包括港口、空港、火车货运站、公路枢纽、大型仓库及现代物流（配送）中心、物流园区等。狭义的物流结点仅指现代物流意义的物流（配送）中心、物流园区和配送网点。物流结点的主要功能如下。

衔接功能：物流结点将各个物流线路联结成一个系统，物流结点的衔接作用可以通过多种方法实现。

信息功能：物流结点是整个物流系统或与结点相接物流的信息传递、收集、处理、发送的集中地，是复杂物流储运单元能联结成有机整体的重要保证。

管理功能：物流系统的管理设施和指挥机构往往集中设置于物流结点之中，实际上，物流结点大多是集管理、指挥、调度、信息、衔接及货物处理于一体的物流综合设施。整个物流系统运转的有序化和正常化以及整个物流系统运行效率和水平都取决于物流结点的管理职能。

2. 物流路线

物流线路广义指所有可以行使和航行的陆上、水上、空中路线，狭义仅指已经开辟的、可以按规定进行物流经营的路线和航线。物流线路上的活动是靠结点组织和联系的，如果离了结点，物流线路上的运动则无法实现。

3. 物流网络

所谓物流网络，是指由执行物流运动使命的线路和执行物流停顿使命的结点两种基本元素所组成的网络结构。

当前，航空、铁路、水路和公路四大物流方式形成了我国林产品较为完善的物流网络。根据《2020年交通运输行业发展统计公报》，截至2020年底，国内已建成并投入运营民航机场241个，近5000条民用航空定期航班航线。我国高速公路和高速铁路里程分别达到16.1万公里和3.8万公里，双双位居世界第一。高速公路网连接了全国城镇人口超过20万人的中等及以上城市、重要交通枢纽和边境口岸，拉近了城市间距离，降低了通行成本；水运网络日益完善，2600 个万吨级及以上泊位，12.8 万公里内河航道通航里程，位居世界首位。

二、国内林产品物流供给分析

由于我国林产品资源分布不均、品种产地差异大，具有明显的地域性和季节性，同时林产品的生产者或供应者的规模较小且较为分散，导致我国林产品的物流模式有较大的差异，难以形成统一、集中的物流供给模式。

（一）专业的物流供给主体匮乏

现阶段，尽管我国的物流企业数量多，据天眼查数据显示，截至 2020 年，我国共有快递物流类企业约 150 万家，但绝大多数是以包裹为主要业务的小微企业（注册资本低于 100 万元）。

当前我国林产品物流仍以第一方物流企业或第二方物流企业模式（自营物流）为主，承接林产品物流业务的大部分都是私人车辆，尤其专业的林产品第三方物流企业（如林产品专业运输公司、林产品专业仓储公司等）仍比较匮乏。

（二）林产品交易模式落后，物流结点不受控

当前，我国林产品交易方式主要为对手交易、现货交易，尤其是初级林产品，需上市后以最短的时间全部出售，具有较强的时效性；同时，林产品没有实现标准化，无法进行公开、公正、公平的拍卖交易或线上交易，交易模式依旧分散、粗放、落后。

林产品自生产到加工，再到销售，整个链条基本被分割为两段：一是"生产流通"环节；二是"流通消费"环节，受传统"重生产、轻流通"思想的影响，在两个环节的结合处，由于各个主体只注重和追求自身利益，导致了诸多问题。如生产者是林产品物流的起点，但与物流供应主体、林产品经销商、林产品加工商等各方供应链主体有一定利益冲突，所以导致物流网络节点无法有效衔接，使得林产品供应链现在只是条断裂的链。

（三）信息不对称，高效的林产品物流供给体系较难构建

现阶段，我国林产品市场暂无统一规划、统一设计的信息系统，各林产品参与者之间的信息化程度差距较大，发展极不平衡，信息不对称会严重阻碍林产品参与者建立起互信关系，从而对协同关系的建立产生负面影响，因为缺乏有效的信息流通机制，林产品物流过程中的相关信息存在滞后、失真问题，故无法建立起环环相扣、各节点有效衔接的高效物流供给网络体系。

任务三　国内林产品物流需求分析

我国林业资源地域差别大，林产品供应存在集中性。林产品种类繁多，既包括原木、锯材、人造板、纤维材料以及各种纸制品，也包括家具、种苗、种子、花卉、林区土特产品、

林果类产品等，需求却存在普遍性，而不同的林产品储存、包装、运输、流通加工、信息处理等各个物流环节形态各异，因此林产品物流需求是复杂且多样化的，在现代林产品物流规划过程中，物流需求分析是必不可少的环节。

一、物流需求分析

（一）物流需求分析的内涵

物流需求分析是指将物流需求与生产需求的社会经济活动进行相关分析的过程。由于物流活动日益渗透到生产、流通、消费等整个社会经济活动过程之中，与社会经济的发展存在着密切的联系，是社会经济活动的重要组成部分，故物流需求与社会经济发展有密切的相关性，社会经济发展是影响物流需求的主要因素。

（二）物流需求分析的目的

物流需求分析的目的在于为社会物流活动提供物流能力供给不断满足物流需求的依据，以保证物流服务的供给与需求之间的相对平衡，使社会物流活动保持较高的效率与效益。借助于定性和定量的分析手段，了解社会经济活动对于物流能力供给的需求强度，进行有效的需求管理，引导社会投资有目的地进入物流服务领域，将有利于合理规划、建设物流基础设施，改进物流供给系统。

二、国内林产品物流需求分析指标

（一）林产品物流需求主要指标

在我国，由于林产品物流行业起步较晚、尚未完善，属于一个新兴行业，林产品物流需求量化的相关统计指标相对缺乏。一般情况下将其分为两类：一类是物流需求规模指标，物流需求规模指标是从数量上反映物流需求的指标，反映了物流服务的供应和物流业的发展，即物流需求上的水平和大小，也是企业决策者和政府必须首先掌握的数据。反映物流需求规模的指标有很多，有从物流量角度考虑的货运量，从物流费用考虑的社会运输总成本、运输成本占 GDP 的比重。另一类是反映物流需求结构的指标，该指标从质量上反映了运输的需求，一般用运输费用、物流运输时间和运输效率来衡量。

受我国物流统计系统以及数据的限制，物流需求指标数据的获取难度较大。结合实际，考虑到数据的来源以及可得性，以林产品货运量作为物流需求预测的量化指标，货运量分为林产品公路货运量、林产品铁路货运量、林产品水路货运量三种。其中，货运量是指各种运输方式在一定的时期内、一定的区域范围中所有运输的货物总量。

货运量

（二）林产品物流需求指标的影响因素

林产品物流需求的变化取决于对它产生影响的各主要因素的变化，而各个影响因素又十分复杂和广泛，现主要考虑以下几个影响因素。

（1）生产因素。林产品原材料种植面积的多少、品质优劣，林产品加工量的高低，将影响到林产品的价格和销量，影响到对某一市场占有份额，市场占有份额的增减，必然存在对其他地区、其他品种的相应的份额的调整，必然影响到物流需求；林业用地的相关基础设施的建设，林产品加工企业的加工水平、产品科技的投入等直接影响了林产品的产量，间接地影响到物流需求的变化，人均生产总值和林产品总产值属于生产因素中的指标。

（2）消费因素。消费理念和消费水平的变化也将影响物流需求。随着人们生活水平的提高，不同的消费习惯、消费结构、消费能力对林产品有不同数量、不同品种的需求。按照社会经济发展规律，随着地区社会经济的发展，林产品直接消费会有所减少，取而代之的是林产加工等间接消费的急剧增加，从而影响到物流需求及其结构，居民消费水平属于消费因素中的指标。

（3）市场因素。市场是非常重要的因素，林产品的产销由市场引导，产销的变化必然导致物流需求的变化。目前，林产品产区间竞争、国际竞争、林产品生产加工、销售主体之间的竞争激烈且复杂，林产品生产者需要按市场导向安排生产。市场林产品供不应求，价格相对高，必然引起生产投入的增加；反之，销路受阻，生产受到限制。市场驱动的结果，必然调节林产品的产销，导致物流需求的变化。

（4）运输基础设施。运输业的发展、运输网络的密集度和运输基础设施的水平对物流需求都具有影响作用。物流网络发达的地区，必然是林产品物流需求相对集中的地区。相反，如果物流业发展滞后，不但不能促使林产品物流需求的增加，反而对正常的林产品物流需求形成制约，从而影响林产品物流需求的增长。铁路里程、公路里程、水运里程属于物流基础设施中的指标。

（5）政策因素。国家经济及交通政策是影响林产品物流需求变化的一个重要因素。一方面，国家政策影响国民经济活动及其他经济行为，从而影响物流需求变动；另一方面，国家政策也影响物流业的发展，从而影响物流需求的变化。林业固定资产投资属于政策因素中的指标。

（6）自然因素。自然因素对林产品原材料产量具有直接的影响，自然灾害将导致受灾地区林产品的生产、消费，无论受灾区是林产品原材料产区、林产品加工制作区、林产品销售区，保证灾区的林产品供应，不可避免地引起林产品物流需求的变化。

通过对影响因素的分析，具体的影响因素指标体系可以总结为三类。

第一类，可量化的相关经济指标。经济的发展直接影响运输的需求。与物流相关的经济指标包括：人均生产总值、居民消费水平、林产品总产值、林业固定资产投资总额。

第二类，可量化的物流设施建设指标。物流方式主要包括：铁路、公路、水路。因此相关的物流指标包括：铁路里程、公路里程、水运里程。

第三类，不可量化的其他定性指标。与物流活动相关的其他因素还有很多，如宏观经济政策、林产品原材料的自然生长因素、技术的进步及物流服务水平的提高、管理体制的改革、整体市场及经济环境的变化。但由于此类指标是不可量化的，暂时不予考虑。

【拓展阅读】

当前我国林产品对于木材及其林化产品，类比家具产业，东部沿海地区经济发达，交通便利，具有产业集群、产业供应链和品牌优势，出口企业和大型生产企业集中，是我国林产品供应和进出口的主要地区。西部地区具有供应三级市场产品的优势，但交通、技术条件相对落后，主要负责国内产品的供应。

对于花卉行业，云南、山东、河南等省份作为我国花卉产业主产区，同时分别以北京、上海、广州为中心的华北、华东、华南地区，形成了花卉产品主要销售和运输市场，日本、新加坡、俄罗斯及中亚地区是我国花卉产品的主要出口国。由于花卉需要适宜的温度和湿度进行保存，高端花卉产业主要采用航空、公路运输的方式，市场竞争的激烈性使得运输成本占花卉总成本的比例很大，所以部分从业人员对于物流更看重运输成本，而较少考虑产品的保鲜保质，从而使得物流服务质量下降。

由于木材、林化产品以及家具大多体积笨重，需要用大型车厢或船进行运输，花卉、种苗、森林食品药材等对温度和存储条件要求较高，这就对运输设备提出了较高要求，而大多数中小型木材加工企业交通运输基础设施薄弱，各种物流设施及装备的技术水平落后，物流集散和储运设施较少，发展水平较低。再者，因企业生产原料的特殊性，使得这些物流设施及装备也不能得到充分的利用。

任务四　林产品物流供需调查与预测管理

一、物流运输需求的预测

预测是根据事物过去发展变动的客观过程和规律性，参照当前已经出现和正在出现的各种可能性，运用现代管理的、数学的和统计的方法，对事物未来可能出现的趋势和可能达到的水平作出的一种科学推测。

物流需求预测就是根据物流市场过去和现在的需求资料以及影响物流市场需求变化的因素，利用合适的技术方法、经验判断和预测模型，在统计资料和历史数据的基础上，得出某种规律性的发展趋势或者因素之间的内在联系而作出未来时期物流需求特征的实践活动，对有关反映市场需求发展趋势的指标进行预测，是对区域内尚未发生或者目前尚不明确的货物流量、来源、流向、流速、货物构成等内容进行预先的估计和推测，以便用来研究物流运输需求规模的大小和需求的层次结构，为区域物流规划提供决策和依据。物流需求预测应按计划、决策的要求，也即运输运筹的要求开展工作，它服从于计划、决策等更高管理活动层次的需要。

物流需求预测，直接关系到物流规划的科学性与合理性，关系到物流发展规划成功与否，同时也会影响到经济的发展速度。重视物流需求预测，能有效引导投资，避免物流运输设施建设及服务行为的一哄而上，对减少浪费现象，为物流的发展提供可靠依据，具有现实的指导意义。

二、林产品物流需求预测的步骤

1. 确定预测目的

明确预测的目标是进行有效预测的前提。有了明确的预测目标后，才能围绕着目标开展资料收集工作，否则就无法确定应该调查什么，向谁调查，也就更谈不上如何预测。同时，预测目标的确定尽量数量化、明细化，以方便预测工作的顺利开展。

2. 分析物流系统市场需求的影响因素

对系统中的可控因素和不可控因素的分析是至关重要的，对于不同的系统，可控和不可控因素是不同的，同样类型的系统因其所处的地理、社会和政治环境不同，其可控因素与不可控因素也不相同，往往有些因素在一个系统中是可控因素而在同样的另一个系统中它却是不可控因素。客观地、全面地分析林产品物流系统的主要要素和市场需求的主要影响因素，是进行准确的物流需求预测工作的基础。

3. 确定预测内容，收集资料进行初步分析

影响物流需求的因素，包括供给与消费因素、经济发展水平、交通运输业发展水平、政策因素等方面。作为预测者，必须清楚地认识到不同因素对物流需求所具有的潜在影响力，并能适当地进行评价并予以处理，对于特定项目具有重大意义的成分必须予以识别、进行分析并且与合适的预测技术进行结合。对于调研来的资料，要先进行相应的分析统计，找出其中的特征以及规律。通过分析统计资料了解所需要的资料是不是完整。然后，分析资料、数据的特性并对样本数据进行修正。样本数据的修正包含了两个方面，一个是对奇异数据进行修正，另一个是对空缺数据进行补充。

4. 选择预测方法并建立预测的数学模型

预测者经分析研究了解预测对象的特性，同时根据各种预测方法的性能和适用条件，选择合适的预测方法进行预测。预测方法选用是否得当，将直接影响到预测的可靠性和准确性。运用预测方法的核心，是建立描述、概括研究对象特征和变化规律的模型。进行定量预测分析的模型大多是用数学关系式所表示的数学模型。根据选择的预测模型，输入相关数据、资料，就可以得到初步的预测结果。

5. 分析评价

分析评价就是对预测结果的可靠性和准确性进行验证。预测结果受到预测人员的分析能力以及判断能力、资料的可靠性、预测方法的局限性等因素的影响，不一定能非常精确的估计预测对象的未来状态。此外，各种预测对象的外部影响因素在预测的期限内也可能会发生新的变化。因而要对影响预测精度的因素进行分析，研究这些因素的范围和影响程度，从而对预测误差的大小进行估计，对原来预测结果进行评价。

6. 用定量分析法得出预测结果

定量分析是指使用客观以及历史数据对预测目标未来的状况进行描述并且进行估计，预测结果科学。

三、林产品物流需求预测模型

对物流需求预测管理，一般的预测模型有时间序列预测法、弹性系数法、灰色预测法、神经网络法等，针对林产品物流需求预测，则主要对时间序列预测、灰色预测、BP 神经网络、灰色神经网络作阐述（见表 3 – 1）。

表 3 – 1　　　　　　　　　　　　物流需求预测模型种类

方法	原理	所需数据资料	特点	精度/准确度
时间序列预测法	根据时间序列中数据变化规律预测	数据指标单一，数据至少三年以上	简单易行，所需数据和信息量少	一般
弹性系数法	根据弹性系数和有关经济量变化率需求量	定量分析资料	易于进行类比操作	尚好
灰色预测法	根据少量、不完全的数据信息建立灰色模型	至少三年以上	小样本，贫信息	较好
神经网络法	对不确定问题，建立描述问题的网络结构	需大量数据来训练网络	非线性拟合能力强	较好
多元回归法	根据自变量和因变量之间的相关关系	定量分析资料，指数数据多元化，需要多年数据	多元性	较好
组合预测法	信息的最大化利用	结合所选方法而定	信息的最大化利用	较好

时间序列预测是一种定量分析方法，它是在时间序列变量分析的基础上，运用一定的数学方法建立预测模型，使时间趋势向外延伸，从而预测未来市场的发展变化趋势，确定变量预测值。其优点是预测数据处理较简单，预测结果较好；缺点是预测反映的是对象线性、单向的联系。时间序列分析预测法是根据市场过去的变化趋势预测未来的发展，除了时间因素没有考虑外界具体因素的影响。但时间序列预测只考虑时间因素对预测结果的影响，因此该预测方法不适用于受多种因素影响的林产品物流量的预测。

灰色预测指的是利用灰色模型对灰色系统进行定量的预测。灰色预测通过分析各系统因素之间的发展趋势，对原始数据进行处理，寻找系统的变化规律，然后生成有规律性的新数据序列，建立微分方程模型，从而对系统未来的发展趋势进行预测。灰色预测模型所需样本数据少，预测效果较好，但是不适合于对复杂的非线性函数进行逼近。

BP 神经网络作为人工神经网络的重要模型之一，是目前应用领域也最为广泛的神经网络模型，现在 80% ~ 90% 人工神经网络模型都是采用 BP 网络。含有隐含层的三层结构的网络是 BP 网络中的典型网络。BP 神经网络模型（见图 3 – 2）具有良好的非线性逼近能力，网络结构简单，可操作性强，但不适用于长期预测。

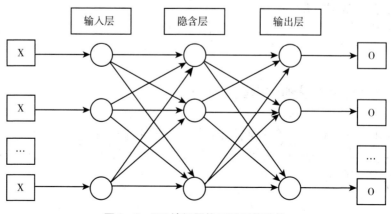

图 3 – 2　BP 神经网络三层网络结构

　　灰色预测与神经网络的组合（简称灰色神经网络）不仅可以弥补灰色预测不适合逼近复杂的非线性函数缺点，发挥两者的优点，还可以了解输入输出的变化趋势以及输入输出之间的权重关系。

　　综上所述，林产品物流需求预测采用灰色神经网络与实际情况较为接近，故本书重点进行阐述：（1）将历史数据作为模型的训练样本，拟合输入与输出的关系，确定灰色神经网络的权值；（2）用灰色预测模型预测神经网络将来的输入值；（3）把灰色预测模型预测的输出值输入灰色神经网络，得到将来的输出值，如图3-3所示。

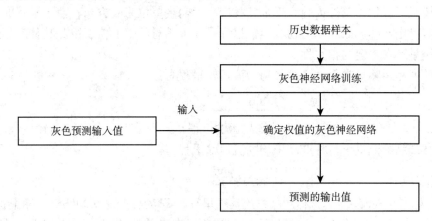

图3-3　灰色神经网络预测模型

　　灰色神经网络预测以某省林产品的公路运量、铁路运量和水路运量为指标。物流运输需求的影响因素指标分别是为某省的人均生产总值（元）用 X1 表示；居民消费水平（元）用 X2 表示；林产品总产值（亿元）用 X3 表示；对林业固定资产的投资（亿元）用 X4 表示；公路里程（千米）用 X5 表示；铁路营业里程（千米）用 X6 表示。Y1 为湖南省林产品公路运量（立方米），Y2 为铁路运量（立方米），Y3 为水路运量（立方米），如表3-2所示。

表3-2　　　　　　　　　　　　　　　　　　原始数据

年份	X1（元）	X2（元）	X3（亿元）	X4（亿元）	X5（千米）	X6（千米）	Y1（立方米）	Y2（立方米）	Y3（立方米）
2001	6054	3546	54.32	5.71	302516	2643	9126548	302516	685438
2002	6565	3817	63.21	6.34	352453	2654	9436578	352453	697943
2003	7247	4015	75.46	7.56	374630	2753	9543657	374630	718943
2004	9165	4355	91.31	8.04	403944	2774	9757586	403944	745568
2005	10562	4952	100.96	10.25	428134	2802	9804724	428134	769568
2006	12139	5508	112.45	14.53	442149	2806	10764841	442149	794232
2007	14869	6254	144.12	15.68	473439	2799	11383109	473439	838987
2008	18147	7152	155.44	16.64	483533	2795	11959608	483533	860154
2009	20428	7929	174.18	22.73	506317	3693	15499290	506317	916407
2010	24719	8922	207.43	31.65	528605	3695	15648929	528605	942414

续表

年份	X1（元）	X2（元）	X3（亿元）	X4（亿元）	X5（千米）	X6（千米）	Y1（立方米）	Y2（立方米）	Y3（立方米）
2011	29880	10547	239.11	47.54	566152	3693	16564886	566152	978637
2012	33480	11740	259.97	65.66	595235	3825	18558007	595235	1194717
2013	36763	13274	304.15	74.06	618160	4155	20407000	618160	1245871

通常情况下，物流单位为吨·千米，林产品运输量单位为立方米；由于某省的林产品消费结构相对稳定，林产品的平均物流运输里程是一个相对固定的值，因此其林产品运输量与林产品物流量存在一定的相关性。

根据林产品运输量求得林产品平均物流运输里程为：

$$\sum x_j s_j / \sum x_j = \bar{s} \tag{3-1}$$

其中，x_j 为林产品运输量，s_j 为林产品运输里程，$\bar{s}$ 林产品平均物流运输里程。

根据林产品物流量求得林产品平均物流运输里程为：

$$\sum y_j s_j / \sum y_j = \bar{s} \tag{3-2}$$

其中，y_j 为林产品物流量，s_j 为林产品物流运输里程，$\bar{s}$ 为林产品平均物流运输里程。

从式（3-1）和式（3-2）可以看出，林产品物流量与林产品运输量存在着显著的相关性，因此使用林产品运输量对林产品物流量进行预测。

灰色神经网络模型应用有效性验证如下。

（1）BP神经网络训练。选取2001~2010年的某省公路运量及其影响因素指标的原始数据作为训练样本，2011~2013年的某省公路运量原始数据作为检验样本。训练前对训练样本数据进行归一化处理，将所有数据统一至［-1，1］的区间内。MATLAB是提供对矩阵进行归一化处理的函数，选择2001~2010年作为训练数据，其归一化处理数据如下。

Columns 1　through 4

$-1.0000e+000$　$-9.0493e-001$　　$8.7210e-001 - 8.0650e-001$

Columns 5　through 8

$-7.9205e-001\ 4.9764e-001 - 3.0806e-001 - 1.3128e-001$

Columns 9　through 10

$9.5412e-001\ \ 1.0000e+000$

对数据归一化处理后开始进行神经网络的训练。根据前十组数据训练神经网络，取2001~2010年的数据，缔造统计量 sse、mse 对训练误差进行衡量，sse 是均方误差和，mse 是均方误差，训练模拟曲线如图 3-4 所示。

当隐层神经元个数设置为 8 个时，迭代的次数和运算的精确程度降到最低，通过 899 次迭代，拟合的误差已经缩小到了 0.001，因此可以看作神经网络基本拟合之前输入的 10 组数据。误差统计量为：

$M = 0.0099989733626303$；

$N = 0.00099989733626303$。

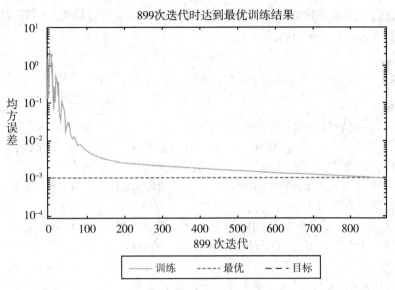

图 3 - 4　训练模拟曲线

（2）灰色神经网络的有效性验证。根据训练好的神经网络，将 2001～2010 年某省林产品公路运量各个影响因素指标原始数据与上文预测的 2011～2013 年影响因素指标数值（见表 3 - 3）进行归一化并输入灰神经网络，以此来预测 2011～2013 年某省林产品公路运量，用输出的 2011～2013 年预测值对比 2011～2013 年的实际值进行验证。

表 3 - 3　　　　　　　　　2011～2013 年某省林产品公路运量影响因素指标预测值

年份	人均生产总值（元）	居民消费水平（元）	林产品总产值（亿元）	林业固定资产投资（亿元）	公路里程（千米）
2011	29141	10897	212. 1	46. 45	560135
2012	34337	11665	246. 26	66. 76	595267
2013	37549	13596	313. 37	73. 84	505172

经过灰色神经网络计算得到 2011～2013 年某省林产品公路物流为：

a_2 = 1646878618244107 19897262

根据预测结果，与实际的公路物流运量进行对比，2011～2013 年的林产品公路物流运输量为：

［16564886，18558007，20407000］

将预测结果与实际数据进行对比，误差结果为：

［0.5%，1.6%，2.4%］

2013 年误差最大为 2.4%，2011 年误差最小为 0.5%，误差都在可接受范围之内。可以看出，灰色神经网络适用于短期内的预测，预测时间周期越长，误差越大。以上测试证明，此灰色神经网络对林产品物流运量的预测是有效的，可以根据此模型对未来的数据进行预测，但是预测的时间周期越短，其预测就越准确。

通过上述实证分析，灰色神经预测最大的优点就是可以建立自变量与因变量的非线性关系，并且这种方法在经济预测等方面取得了成功的应用，通过建立基于灰色预测和神经网络预测模型的方法利用更多的信息来对林产品物流运输需求量进行预测，结果说明，灰色神经预测优于其他方法，方法是可行的。

练习与思考

1. 选择题

（1）（　　）是物流需求一个最重要的特性。

A. 广泛性　　　　　B. 多样性　　　　　C. 派生性　　　　D. 不平衡性

（2）现阶段，林产品物流选择（　　）较有优势。

A. 第一方物流　　　B. 第二方物流　　　C. 第四方物流　　D. 第三方物流

（3）物流节点不含以下（　　）。

A. 衔接功能　　　　B. 信息功能　　　　C. 管理功能　　　D. 反馈功能

（4）物流需求分析的重点在于对物流（　　）的分析。

A. 需求量　　　　　B. 需求结构　　　　C. 需求种类　　　D. 需求地点

（5）物流需求结构的指标从质量上反映了运输的需求，不包含下列指标（　　）。

A. 物流费用　　　　B. 物流时间　　　　C. 物流效率　　　D. 物流量

（6）以我国为例，林产品物流需求预测运用（　　）预测与实际情况最为接近。

A. 时间序列预测法　B. BP 神经网络　　C. 灰色预测　　　D. 灰色神经网络

2. 简答题

（1）物流需求、物流供给的含义？

（2）物流需求的影响因素有哪些？

（3）林产品物流需求指标影响因素有哪些？

实训任务

林产品物流市场需求调查与分析。

1. 实训目的

（1）了解所在区域主要林产品的物流运行状态；

（2）掌握林产品物流供需分析及需求预测方法；

（3）锻炼协作能力、自我组织能力。

2. 实训方式

实地调研、网络渠道查询、集体讨论。

3. 实训内容

（1）确定调查主题：所在区域主要林产品的物流需求。

（2）制定调查方案。包括调查目的、调查方法、调查时间与地点、调查内容。

（3）收集所在区域、主要林产品物流相关的数据。

（4）预测分析未来 2 ~ 5 年所在区域林产品物流需求情况，至少使用一种方法（如灰色神经网络等）。

（5）进行市场分析，提出所在区域林产品物流投资方向、网点布局等。

4. 实训要求

（1）每 5 个人为一个小组进行合作，分工收集实训相关数据。

（2）以小组为单位提交实训报告 1 份（实训主要内容、收获、体会）。

项目
四

林产品运输管理

【学习目标】

❖知识目标
1. 掌握运输的概念及功能
2. 掌握物流运输方式的分类
3. 掌握运输管理的基本理念
4. 掌握林产品运输技术
5. 掌握林产品运输合理化的方法

❖技能目标
1. 能够区分不同运输方式的特点
2. 能够分析林产品不同运输方式的适应性
3. 能够选择合理的林产品运输方式

❖素质目标
1. 培养学生站在企业的角度节约控制成本的理念
2. 培养学生分析思考能力，运输规划设计的能力
3. 培养学生为国家林业经济发展做贡献的精神

【本章导学】

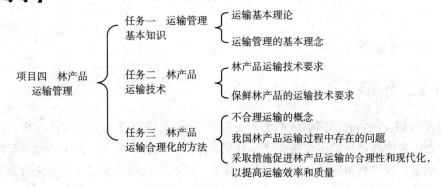

案例导读

2021 年首趟"林果快车"发运

　　2021 年 1 月，新疆果业集团有限公司推出了首趟"林果快车"集装箱，装载 1100 吨的核桃和核桃仁，经过乌鲁木齐国际陆港区的集装箱集散中心，最终抵达哈萨克斯坦库斯塔奈。1 月 8 日，这趟集装箱的首次使用，标志着新疆果业集团有限公司在国际贸易领域取得了重大突破。新疆果业集团特别授权新疆中欧联合物流有限公司，为本次出口的 46 个集装箱提供优质的新疆核桃及其制品，这些产品均源于南疆，具有良好的质量保证。

　　新疆果业集团副 CEO 翟开元指出，由于全球新冠病毒的蔓延，航空公司的航班数量急剧下降，航空费用不断攀升，而且航班的及时性和准确性都存在严峻的挑战。但是，在各界的共同努力下，新疆的果蔬产品终于可以通过特殊的航班进入国外，这给南疆的农民带来了一条可观的致富之路。通过维护市场供求平衡，我们可以促进本土核桃产业的高质量和高效率。

　　新疆的核桃目前在 18 个不同的国家中都有销售，其中俄罗斯和土耳其的份额最高。与传统的汽车运输方法相比，采用集装箱班车的运输方法能够降低 30% 的费用，并且具有较高的效率、较长的周期以及较小的损坏率。新疆的果树种植公司正在努力推广"林果快车"班车，以缩小农产品的流通时间，并扩展其海外市场。

　　2018 年 5 月，乌鲁木齐果业集团公司积极推进"两张网"和"两张网"的建设工程，以及南疆环塔里木河流域的和田县、叶城县、阿克苏市、温宿县、新和县的核桃产业，在全疆范围内开展了大规模的核桃采摘和深度开发，并在 12 个地区建立了 12 个核桃采摘和深度开发的集散中心，以期更好地推动乌鲁木齐的农村产业化进度。2020 年，新疆果业集团积极发展，采购和销售的农产品数量突破 200 万吨，为 75.2 万农民创造了可观的经济效益。

　　（资料来源：石鑫. 2021 年首趟"林果快车"发运［EB/OL］. https：//www. xjtvs. com. cn/hy/xw/xcts/29205056. shtml.）

　　［思考］

林果运输有哪些运输方式？这些运输方式各有什么特点？

任 务 一　运 输 管 理 基 本 知 识

一、运输基础理论

（一）运输的概念

　　依据《中华人民共和国国家标准物流术语》，运输是指用设备和工具，将物品从一地点向另一地点运送的物流活动，包括集货、分配、搬运、中转、装入、卸下、分散等一系列操作。具体地说，运输就是通过火车、汽车、轮船、飞机等交通工具将货物从一处运送到另一处在空间上发生位置移动的活动。

运输可以被视为物流体系的重要组成部分，包括生产领域的运输和流通领域的运输。对于制造业而言，货物的运送更多地体现了其重要性，即厂内货物的运送，这种方式可以有效地解决顾客的需要，从而提升整条物流供应链的效率。该过程涵盖了从原料到最终生产的各环节，从零部件到最终输出的全部过程，通常被称作物料搬运。

流通领域的运输是一个重要的环节，它不仅涉及商品的销售，还涉及将商品送到客户手中，实现商品价值和客户满意度。它既包括物品从生产所在地直接向消费所在地的移动，也包括物品从生产所在地向物流网点和从物流网点向消费（用户）所在地的移动。为了区别长途运输，往往把从物流网点到用户的运输活动称为"发送"或"配送"。本章所讲的运输，着重于流通领域的运输。

当我们探讨"输送"这一概念的含义时，我们可以将其与"输送"中描述的物流系统的作用进行比较。"输送"指的是一种以交通工具、信息传递、服务提供等方式，将不同的行业、不同的社会、不同的领域、不同的资源、不同的环境、不同的需求，以及不同的社会阶层，组成一个完整的、互相依存的社会体系。作为国家重要的基础设施，交通网络为国家的经济增长提供了重要的支撑。如果缺乏交通网络的支撑，将导致全球的经济失衡，影响到全球的竞争力，阻碍着全球的可持续性和可持续性。因此，我们必须加强交通网络的建设，建立完善的交通网络，为全球的可持续性和可持续性的发展提供强劲的支撑，使得全球的贸易和投资得到更好的保障。通过改善物流环境，实现更大的经济利益。

（二）运输的功能

通过创造出更多更优秀、更加便捷、更加高效、更加环保、更加节约资源的运输方式，这些都成了当今社会不断发展壮大所必须追求的。从经济学的视角来看，这些物质产品既拥有自身的价值，也拥有被更多人所接受、利用、分享、改善等多种功能，但其真正的价值仅仅存在于其被更多人所利用时。随着社会主义市场经济的持续进步，物资的供应来源与需求的流向已大大减少，使得这些资源的分布更加均衡，而且这种分布也更加接近，没有明显的时空差异。

为了确保物质产品的准确性和可靠性，必须将其及时、高效地传递给客户，以便他们可以获取所需的信息。这样，不仅可以避免物质产品的时空距离，还可以提升其利用率，以及更好地适应社会的多样化需求。显然，货币的流通作为一个重要的工具，不仅有助于提升货币的利用率，而且还有助于减少货币的流通距离，从而提升货币的使用价值，并且有助于适应人们的多样化需求。

1. 产品的转移

运输的主要目的就是以最短的时间、最低的成本将物品转移到规定地点。运输的主要功能就是产品在价值链中实现位移，创造空间效用。物品无论处于哪种形式，是材料、零部件、装配件、在制品，还是制成品，也不管它是在制造过程中，还是在流通过程中，运输都是必不可少的环节。运输的主要功能就是产品在价值链中的空间位移。

2. 产品的储存

将运输车辆临时用于储存设施虽然费用昂贵，但在考虑到物流成本和储存能力的限制时，这种做法仍然是可行的，甚至可以说是必要的。这种做法不仅可以满足日常的运输需求，而且还可以提高物流效率，提升整体的物流效果。

（三）运输的原理

1. 规模经济原理

这是指装运规模的增长，会使每单位重量的运输成本下降。比如，采取整车运输的货物比采取零担运输每单位的价格更为实惠。此外，由于水路或者铁路的载货能力更强，比起载货量较小的汽车及飞机，每单位货运运费价格更低。由于规模经济的出现，由于每次运输的货量越大，分摊到每单位货物上的固定成本越小，从而降低使得每单位的运输总价格降低。

我国林产品生产所需要的林木资源主要集在中西部地区，林业产品需求主要在东南地区，林业资源的集中与林产品需求区域不同，这就导致了森林产品的供应链出现了巨大的差异，从而形成了一种巨大的矛盾。因此，为了满足森林产品的需求，必须加强森林资源的整合，拓宽森林产品的供应链，以满足不断变化的市场需求。为了满足林产品供应链的需求，我们必须在中西部地区寻找丰富的原材料，并在技术和经济更发达的地区进行研发和销售。为了实现这一目标，我们需要与森林企业、采伐公司、物流公司、研发公司和经销商进行广泛的区域合作。由于林业产业链的分散性，使得它们无法形成规模效应。为了解决这一问题，林产品的区域协调主要依赖于运输和存储，但是，由于林产品本身的特性，它们容易受到自然环境的影响，并且容易受到病虫害的侵害，因此它们的货损率很高。由于原木体积较大，使得运输变得更加困难，这就要求林产品供应链必须满足更高的物流和仓储标准，从而使得成本也更加昂贵。

2. 距离经济原理

这是指每单位距离的运输成本随运输距离的增加而减少。这是因为货物提取与交付有关的固定费用，随运输距离增加，分摊到单位运输距离上的固定费用会降低。根据距离经济原理，长途运输的单位运距成本低，短途运输的单位运距成本高。

（四）运输方式的分类

1. 按运输设备及运输工具分类

（1）铁路运输。铁路运输具有许多优势，其中最显著的是，它可以以相对较低的价格完成大批量货物的长途运输，特别是那些需要准时到达的大宗、笨重的货物，以及那些容易受损、变质的活物和鲜货。随着全球化的发展，铁路已成为货物运输的重要渠道，在城市之间的运量和利润都极为可观。尤其在中国，由于其地域辽阔，几乎所有的大城市都可以直接使用铁路，使得铁路在国际运输中的市场份额更加可观。

铁路拥有极其宽泛的服务范围，适应性强，可全天候地不停运营，并且拥有极佳的持久性、稳健性以及安全性。然而，由于受到铁轨、车站数量的局限，其运行的灵活性并不够。通常情况下，铁路会根据发布的时刻表来进行运行服务，而且其发送的速度也会远远落后于其他交通方式。

（2）公路运输。公路交通的优势显而易见：它的移动性、灵活性、便捷性、安全性等优势使它成为"门到门"运输，较适合运输中短途货物，并且公路运输具有速度较快、可靠性高和对产品损伤较小的特点。汽车承运人具有很强的灵活性，他们能够在各种类型的公路上进行运输，不像铁路那样受到铁轨和站点的限制，所以公路比其他运输方式的市场覆盖面都要广。公路运输的特点使其特别适合于配送短距离、高价值的产品。公路运输不仅可进行直达运输，而且是其他运输方式的接运工具，可减少运输过程中的中转环节及装卸次数。由于运送的灵活性，公路运输在中间产品和轻工产品的运输方面也有较大的竞争优势。总的来说，公路运输在物流运输活动中起着骨干作用。

（3）水路运输。水运作为最古老的交通工具之一，远洋运输已经成为国际货物运输的重要组成部分，其独特的优势在于运输量大、运输成本低。水路运输在许多方面都有优势，例如谷物、钢铁矿石、煤炭、石油等货物的大批量运输。水路运输的主要缺点是运营范围和运输速度受到限制。另外，水路运输的可靠性与可接近性较差，除非其起始地和目的地都接近水道，否则必须将铁路和公路运输作为补充运。水路运输的最大优势是低成本，因此，水路是大宗货物、长距离运输的理想选择。

（4）管道运输。与其他所有的运输方式相比，管道运输比较特别。管道运输受气候条件的影响很小，可以每天24小时运营，便于长期稳定运输，可靠性高，且能源消耗需求低，运输效率高。但是，其缺点也很明显，管道运输受到运输管道铺设的限制，所以不够灵活，同时管道建设时间长，建设投资大，使管道运输不可能快速的发展。管道运输可运的货物范围较窄，只能运送气体、液体和浆状产品等，主要为原油、天然气、煤浆和流体的化学物品等货物。限于这些特点，管道运输的可替代性不强。

（5）航空运输。航空运输的最大优点在于运输速度快，对于易腐烂、变质货物等是一种必要的运输方式。但货运的高成本使得空运并不适用于大众化的产品，通常航空用来运输高价值产品或时间要求比成本更为重要的产品，如贵重的、需求数量大的货物，大城市和国际的快速客运，报刊、邮件运输等。另外，航运运输由于受天气影响较大，使得其可靠性降低。

2. 按运输的范围分类

按运输范围分为干线运输、支线运输、二次运输、厂内运输。

3. 按运输的协作程度分类

按运输的协作程度分为一般运输、联合运输、多式联运。

4. 按运输中途是否换载分类

按运输中途是否换载分为直达运输、中转运输。

（1）直达运输：利用一种运输工具从起运站、港一直到到达站、港，中途不经换载，中途不入库储存的运输形式。

（2）中转运输：在组织货物运输时，在货物运往目的地的过程中，在途中的车站、港口、仓库进行转运换装，称为中转运输。

5. 按运输过程有无运输媒介分类

按运输过程有无运输媒介分为散装运输、托盘运输、集装箱运输。

（1）散装运输：指产品不带包装的运输，是用专用设备将产品直接由生产厂方送至用户使用的运输方式。

（2）托盘运输：指货物按一定的要求成组装在一个标准托盘上组合成为一个运输单位的一种运输方式。

（3）集装箱运输：是利用集装箱运输货物的方式，是一种既方便又灵活的运输措施。集装箱运输的发展是交通运输现代化的重要标志之一。过去，林产品的运输主要靠杂货船，可是目前另一种运输方式也逐渐受到林产品托运人的青睐，这就是集装箱运输。通常在集装箱与杂货船两者之间，林产品的托运人必须考虑船舶的大小、可装载性以及货物的起运地。但大多数托运人表示，价格还是最主要的驱动因素。一些杂货船主曾不无感慨地说，集装箱运价下降之后，我们的确无法与之竞争。但也有一些托运人表示，他们之所以选择集装箱，只是为了满足顾客对货物运输时间上的要求。显然，集装箱运输要比杂货船快得多。

（五）林产品物流运输发展促进林业的发展

现代物流运输业的发展，在国民经济建设发展中的作用越来越显著。现代物流运输业高效率、高质量地运行，能够很好地服务于其他行业的经营发展，对于林产品的发展也是如此。通过推动森林产品的物流运输，我们不仅能为森林的生产和经营带来更多的便利，还能极大地提升森林的运营效率，实现森林的长期繁荣。现代物流运输业作为生产性服务业不断向其他领域进行拓展和延伸，尤其是对于林产品的生产制造业，所起的作用越来越重要。林产品物流的发展能够促进林业产业结构的调整，促进林业健康合理的发展。

经过多年的发展，我国的物流运输业取得了快速的发展，经营绩效显著。物流运输业整体经营质量和服务水平显著提高。现代物流业的发展，为其他行业提供物流服务，实现物流服务外包，提高效率的同时，可以降低经营成本。国家对现代物流业的发展特别重视，我国重点发展的领域里就包括现代物流业的发展，特别是现代服务业中要大力加快发展的重点领域之一。现代物流业将成为服务业主导产业和新的经济增长点，促进经济和社会发展。因此，林业的发展离不开林产品物流运输发展。

发展林区道路的必要性

二、运输管理的基本理念

运输管理是指产品从生产者手中到中间商手中再至消费者手中的运送过程的管理。它包括运输方式选择、时间与路线的确定及费用的节约。其实质是对铁路、公路、水运、空运、管道五种运输方式的运行、发展和变化进行有目的、有意识的控制与协调，实现运输目标的过程。

（一）运输管理的意义

1. 通过有效的运输管理，可以确保工作流畅，大大提升工作效率

当一个规模庞大的物流企业由数百甚至数千名员工组成时，他们必须要通过相互合作，来实现高效的生产。每个员工的职责范围和任务量会因其能力和技能的差异而影响工作效率，但只要他们能够充分发挥自身的潜力，并且能够将每个步骤的任务落实到位，他们的合作关系将会变得更加紧密。

因此，在社会劳动中，管理的作用显得尤其重要，只有通过合理的指导，才能够确保社会劳动的高效运转，从而实现社会的发展和繁荣。管理协作劳动就像"一支乐团就必须有一支乐队指挥"那样重要。

管理物流企业活动，包括协调并有效地利用所有相关资源，对运输过程的各个环节——运输计划、发运、接运、中转等活动中的人力、运力、财力和运输设备，进行合理组织，统一使用，调节平衡，监督完成。通过使用相似的工作量（包括体力和脑力），我们可以更有效地运送更多的货物，从而获得更优的经济收益。

2. 运输中运输费所占比重大，是影响物流费用的重要因素

在物流业务活动过程中，直接耗费的活劳动和物化劳动，它所支付的直接费用主要有：运输费、保管费在物流业务活动过程中，直接耗费的活劳动和物化劳动，它所支付的直接费用主要有：运输费、保管费包装费、装卸搬运费、运输损耗费等。而其中运输费所占的比重最大，是影响物流费用的一项主要因素。特别在当前我国交通运输很不发达的情况下，更是如此。由中国物流与采购联合会公布的 2022 年物流运行数据来看：2022 年社会物流总费用 17.8 万亿元，从结构看，运输费用 9.55 万亿元，管费用 5.95 万亿元，管理费用 2.26 万亿元。可见运输费在物流费中所占的比重最大。因此，在物流各环节中，如何搞好运输工作，积极开展合理运输，不仅关系到物流时间问题，也影响到物流费用问题。物流企业只有千方百计节约运输费用，才能降低物流费用以及整个商品流通费用，提高企业经济效益，增加利润。

（二）运输管理工作的原则

就物流而言，组织运输工作，应贯彻执行"及时、准确、经济、安全"的原则。

（1）及时。就是按照产、供、运、销情况，及时把货物从产地运到销地，尽量缩短货物在途时间，及时供应工农业生产和人民生活的需要。

（2）准确。就是在货物运输过程中，切实防止各种差错事故，做到不错不乱，准确无误地完成运输任务。

（3）经济。就是采取最经济、最合理的运输方案，有效地利用各种运输工具和运输设施，节约人力、物力和动力，提高运输经济效益，降低货物运输费用。

（4）安全。就是货物在运输过程中，不发生霉烂、残损、丢失、燃烧、爆炸等事故，保证货物安全地运达目的地。

"及时、准确、经济、安全"也称物流运输的四原则，这四个方面是辩证的统一，必须进行综合考虑，忽视或片面强调任何一方面都是不行的。

我国是一个林业生产和消费大国，林产品的有效流通会影响到国民经济运行效率和质量，涉及林业现代化，涉及相关林业企业和林区群众的根本利益。经济的增长和人们生活水平的提高带来对林产品需求的急剧增加，统计还显示在林产品的销售价格中物流费用占总成本 30%~49%，这也说明林产品物流在整个林产品生产、流通中的重要性。在经济全球化加速发展的今天，竞争越来越激烈，而且在经历了两次工业化革命以后，在短期内生产和制造技术上的增长空间有限，所以必须在流通领域寻找新的经济增长点。利用现代物流技术改进林产品企业的物流运作，从而增强企业的市场竞争力也就成为了林产品企业必然的选择。

任务二　林产品运输技术

一、林产品运输技术要求

目前，运输方式主要包括铁路运输、公路运输、水路运输、航空运输、管道运输五种。

而林产品物流运输主要包括公路、铁路、水路三种运输方式。

（一）林产品铁路运输技术

在木材的生产过程中，使用林区的铁路来进行运输是非常普遍的，在林区中，铁路运输是重要的交通运输工具。在林区使用铁路运输时，通常使用的都是林区的窄轨铁路，这样运输的方式在运输的时候可以更易增减运量，同时能够完成高计划性的运输工作。铁路运输有更好的速度和安全，运输成本较低、运输过程中的木材损失率小，不会受到气候条件过多影响，能够更好地保证企业常年的运输，同时保证企业运输生产力的稳定性。使用铁路进行运输也有一定的弊端，在运输以前要进行铁轨的建设，建设的期间花费巨大，同时为了保证运输不受到影响，要进行必要的维护工作，维护费用也是非常大的。使用铁路进行运输只能按照相同的路线来进行，这样就使得铁路运输在机动性和灵活性方面较差。在木材运输使用了汽车运输方式以后，铁路运输已经越来越少了，一些地区的铁路轨道已经被拆除，进行了公路的建设。

深山茶叶搭上快递专车

（二）林产品公路运输技术

汽车作为运输林产品的主要工具，其特点是强度高、运输稳定、耐磨，并且可以轻松维护和修理，因此，它已经成为运输林产品的首选。在林产品运输过程中，挂车在这当中发挥着重要作用，它可以有效地保护木材的规格，并确保运输的安全性。挂车具有出色的牵引力、制动力、动力作用以及对道路的适应性，而且操作简单，自身重量轻，承载能力强。

各类挂车为满足相应木材规格的要求；应具有足够的强度，良好的稳定性，较高的耐磨性，修理的方便性，良好的传递牵引力和制动力的性能，良好的道路通过性能，与运材汽车的匹配性，对道路最小的动力作用和对各类运材道路的适应性，对载运挂车回空的方便性并具有自重轻、载重大、阻力小的结构性能等。

在林产品汽车列车运输中，为了确保安全、可靠、便捷的运输，汽车与挂车的连接必须采取双重措施：一是采用专门的连接装置，以确保汽车在起动时能够稳定地将牵引力传递给挂车；二是采用木材本身连接，以确保汽车在行驶过程中能够有效地传递动力，同时也能够抵抗行驶过程中可能产生的冲击。

确定货物的运输量对于降低运输成本、提升企业投资效益至关重要，而确定车辆数量则受到多种因素的影响，一般取年运量，通常以吨或立方米来表示。

运输经济效益可以通过衡量一个运输企业的效益来衡量。这种效益可以通过降低运输费用、提升运输效率、改善运输安全性、提升运输效果以及提升运输效益等因素得以体现。运输经济效益的优劣取决于劳动消耗（单位运材成本）、生产效率（车吨产量）和运输质量。通过对三个关键因素的分析，结合运输企业的实际情况，我们可以有效地改善汽车零部件的经营成果。

（三）林产品水路运输技术

利用林区的河流和湖泊来进行林木运输就是林木产品的水路运输。水上货物的运输通常包括：单漂流运输，木材运输，袋形运输以及船运。但是单漂流运输的效率相对较低，尤其是对于那些需要绕过许多弯路、路面狭窄的情况。为了解决这个问题，通常会选择使用木排流送。这种航线通常是通过人力控制方向，并能够顺畅地通过。在中国的南部，这种方式非常常见。木排运输作为木材水路运输的主要形式，通过采取特殊措施，如采取绳索、绳索绑架等把木材编扎在一起，在水路中从上利用水流方向从上游流放到下游，或者利用船舶来进行拖运来实现木材的快速运输短途运输。船舶作为一种运输木材的重要的交通工具，具有安全性强、周期短、机械性能较好的优点，大密度木材、珍贵木材、木材的半成品等都可用驳船或货船来运输。由于船舶能够沿河流上下运输，而且木材的运输过程没有任何的腐烂、变质、降级的风险。因此，随着未来船舶技术的持续改善，木材的航运也将迎来新的发展趋势。

二、保鲜林产品的运输技术要求

（一）保鲜林产品运输技术特点

保鲜林产品是指时对效性要求高，容易腐蚀，需要特殊保存的林产品。主要包括花卉、林区林下产品等。其中，花卉物流需求量更大，对运输条件要求较高，物流运输体系更为完善。保鲜林产品物流是连接产地与销售地的重要环节，其时间占比最大，直接影响保鲜林产品的最终价值。

保鲜林产品较脆弱，易腐蚀，对运输环境要求较高，需要低温、高湿的运输环境，并与运输时长呈负相关关系，即运输时间越长，保鲜林产品的价值量越低。故为了尽可能降低保鲜林产品的在途损耗，需要缩短物流时间与简化物流环节。保鲜林产品的物流环节属于保鲜林产品的供应链中的增值环节，其物流质量的好坏直接影响整个供应链的收益。但由于物流环节涉及环节较多，具有一定的不确定性，一旦出现问题，将会导致保鲜林产品的价值受损，甚至使其失去所有价值。保鲜林产品本身极为脆弱，对环境条件十分敏感，不适合长时间运输，对物流技术要求较高，故保鲜林产品物流具有以下特点。

1. 保鲜林产品的物流时效性较高

由于保鲜林产品属于鲜活产品，容易变质，所以它们的储藏期限很短。一旦运输时长超过保鲜林产品的保鲜时长，它们就可能受到破坏，丧失原本的价值。因此，对于保鲜林产品最有利的就是要尽快送达目的地。

2. 保鲜林产品的物流技术水平要求较高

由于保鲜林产品的脆弱性，为了确保其运输质量，物流技术水平必须达到极高的标准，因此，必须采用全程冷链运输，以确保运输环境的低温高湿，并且需要专业的第三方物流公司来管理整个物流过程，以确保林产品的安全性和可靠性。相比之下，物流成本要比其他商品更高。

3. 保鲜林产品的物流需求量大

随着时代的发展，我国保鲜林产品的种植面积和种类数量都在不断增加，而且随着消费者对保鲜林产品的认知和理解也在发生变化，这些产品正在迅速地进入消费市场，这就带动了物流需求的增长，而传统的空运运力已经无法满足当前的物流需求。

4. 保鲜林产品的物流较分散

由于每一个保鲜林产品对其生长环境要求都不同，所以产地分面较广，而且由于每个省份和城镇之间存在着多个销售渠道，因此，这些保鲜林产品在运输过程中存在着明显的区域化，从而使得它们在运输过程中更加灵活多变。

（二）保鲜林产品运输方式

在我国保鲜林产品的实际运输中，主要的运输工具为飞机、汽车、铁路。花卉是最为常见的一种保鲜林产品，且保鲜林产品的损耗率与物流配送时间成正比，故为了尽可能保障保鲜林产品的品质，长途运输对飞机的依赖性很高，市场占比70%以上。由于空运无法全程冷链（客机腹舱内无专业冷藏设备，机场检验时间较长，不具备良好的冷链环境），其损耗率也有15%。汽车运输一般应用于短途运输（省内运输），其运输时间、地点较为灵活，可运送到户，能实现全程冷链，在保鲜林产品运输高峰期时，也作为长途运输。铁路运输占比较少，其最大的优势是运力较大，可以实现冷链运输，其缺点是属于定点运输，运输时间地点固定，一般适用于长途运输，运输时间较长。

1. 公路运输方式分析

公路运输是保鲜林产品短途运输的主力军，在长途运输中，其市场占有率高达20%以上。总的来说，汽运的短途运输优势十分显著，却不适合长途运输。其主要原因是货车运载量较低，其最大运载量也不超过300吨，低于铁路，但其运输阻力较大，耗油量与运输距离正相关，运输费用高昂。尽管其运输速度相较航空，铁路来说，速度慢，但汽车运输时间和地点十分灵活，在很多较为偏僻或者省内短途运输中，公路运输更加方便快捷。另外，公路运输的初期投资较低，资金周转率较高，据获悉，汽运的资金周转速度是铁路运输的三倍左右。对于保鲜林产品运输来说，公路运输可以做到全程冷链，即从保鲜林产品的产地直接到消费者手中，途中不需要多次中转搬运，实现"门对门"运输，极大降低了保鲜林产品的运输损耗量。

2. 航空运输方式分析

省外运输的保鲜林产品的主要运输方式为航空运输。航空运输的优点是运输速度较快，适合附加值较高，时效性较强的货物。其缺点是运输成本高昂，适合运输的产品种类较少，整个运输流程冗长，运输量不稳定，易受气候条件影响，准时率较低。就花卉而言，其航空运输主要依靠客机腹舱，运载量十分有限，特别在节假日前后，花卉需求量剧增，航空运输也出现客运高峰，客机的行李腹舱没有闲余，大量的花卉运不出去，导致花卉市场上花卉供不应求，花卉价格疯涨。节后，航空运力不紧张时，恰逢花市冷淡，保鲜林产品花卉运输需求较低。基于上述情况，保鲜林产品物流的发展需要一个与航空运输较为类似的运输工具，以增大运力。

3. 铁路运输方式分析

铁路运输运送量大，速度快，成本较低，一般不受气候条件限制，适合于大宗、笨重货物的长途运输，是较为经济的运输工具，但是也存在很多缺点。第一，铁路的运输速度较慢，长途运输基本为次日达，对于保鲜林产品这类时效性较强的货物，运输时间不满足运输时限要求。第二，铁路运输的规定较多，机动性较差。对于保鲜林产品来说，铁路运力较大，运输范围较广，能做到冷链运输，不过不能实现全程冷链，还是需要借助公路运输以实现"门到门"运输。若运输距离较长，能满足保鲜林产品在途时间的线路较少，铁路运输还是不能满足某些地区的保鲜林产品运输需求。

总而言之，我国保鲜林产品的运输存在两大挑战：一是传统的航空运输无法满足当今人们对花卉的需求，因此需要更加先进的技术和更高效的管理手段来提供更好的服务。二是作为航空运输替代的公路运输，运输速度较慢，冷链物流技术要求较高，符合要求的运输车队较少，且交通事故发生率较高，耗油量大，严重破坏了环境。因此，现有运输工具严重制约了我国保鲜林产品产业的发展。高铁货物运输正在迅速发展，它具有运力强劲、线路众多、速度迅速等优势，几乎覆盖了全国90%以上的城市，而且还具备了冷链运输的条件。因此，利用高铁设备运输保鲜林产品，不仅可以缩短运输时间，而且还可以在有限的路程内到达更多的城市，同时，如果采用合格的冷链技术，还可以大大提高运输范围，并且有效降低运输损耗率。

任务三　林产品运输合理化的方法

一、不合理运输的概念

不合理运输是指在组织货物运输过程中，违反货物流通规律，不按经济区域和货物自然流向组织货物调运，忽视运输工具的充分利用和合理分工，装载量低，流转环节多从而浪费运力和加大运输费用的现象。

运输在整个物流中占有很重要的地位，运输对物流总成本的节约具有举足轻重的作用。以下分别从方向、距离、运量、运力选择等方面分析归纳了几种不合理运输的形式，避免不合理，从而节约物流成本。物流是指原材料、产成品从起点至终点及相关信息有效流动的全过程。它根据客户的需要，将运输、仓储、装卸、流通加工和包装、配送、信息处理等方面有机结合，以最经济的费用，形成完整的供应链，为用户提供多功能、一体化的综合性服务。运输在整个物流中占有很重要的地位，总成本占物流总成本的35%~50%，占商品价格的4%~10%，有的商品更高。运输对物流总成本的节约具有举足轻重的作用。在货物运输过程中，一定要追求运输的合理化，避免不合理运输的发生。不合理运输的主要运输形式有：返程或起程空驶、对流运输、迂回运输、重复运输、倒流运输、过远运输、运力选择不当、托运方式选择不当。不合理运输的描述，主要就形式本身而言，是主要从微观观察得出的结论。不合理运输有以下几种表现形式。

（一）与运输方向有关的不合理运输

1. 对流运输

对流运输也称"相向运输""交错运输"，指同一种货物，或彼此间可以互相代用而又不影响管理、技术及效益的货物，在同一线路上或平行线路上作相对方向的运送，而与对方运程的全部或一部分发生重叠交错的运输称对流运输。已经制定了合理流向图的产品，一般必须按合理流向的方向运输，如果与合理流向图指定的方向相反，也属对流运输。

在判断对流运输时需注意的是，有的对流运输是不很明显的隐蔽对流，例如不同时间的相向运输，从发生运输的那个时间看，并无出现对流，可能做出错误的判断，所以要注意隐蔽的对流运输。

2. 倒流运输

倒流运输是指货物从销地或中转地向产地或起运地回流的一种运输现象。其不合理程度要甚于对流运输，其原因在于，往返两程的运输都是不必要的，形成了双程的浪费。倒流运输也可以看成隐蔽对流的一种特殊形式。

（二）与运输距离有关的不合理运输

1. 迂回运输

迂回运输是舍近取远的一种运输。可以选取短距离进行运输而不选，却选择路程较长路线进行运输的一种不合理形式。迂回运输有一定复杂性，不能简单处之，只有当计划不周、地理不熟、组织不当而发生的迂回，才属于不合理运输，如果最短距离有交通阻塞、道路情况不好或有对噪声、排气等特殊限制而不能使用时发生的迂回，就不能称作不合理运输。

2. 过远运输

过远运输是指调运物资舍近求远，近处有资源不调而从远处调，这就造成可采取近程运输而未采取，拉长了货物运距的浪费现象。过远运输占用运力时间长、运输工具周转慢、物资，占压资金时间长，远距离自然条件相差大。又易出现货损，增加了费用支出。

（三）与运量有关的不合理运输

1. 重复运输

本来可以直接将货物运到目的地，但是在未达目的地之处，或目的地之外的其他场所将货卸下，再重复装运送达目的地，这是重复运输的一种形式。另一种形式是，同品种货物在同一地点一面运进，同时又向外运出。重复运输的最大毛病是增加了非必要的中间环节，这就延缓了流通速度，增加了费用，增大了货损。

2. 无效运输

无效运输指凡装运的物资中有无使用价值的杂质（如煤炭中的矸石、原油中的水分、矿石中的泥土和沙石）含量过多或含量超过规定的标准的运输。

3. 返程或起程空驶

空车无货载行驶，可以说是不合理运输的最严重形式。在实际运输组织中，有时候必须调运空车，从管理上不能将其看成不合理运输。但是，因调运不当，货源计划不周，不采用运输社会化而形成的空驶，是不合理运输的表现。造成空驶的不合理运输主要有以下几种原因。

（1）能利用社会化的运输体系而不利用，却依靠自备车送货提货，这往往出现单程重车，单程空驶的不合理运输。

（2）由于工作失误或计划不周，造成货源不实，车辆空去空回，形成双程空驶。

（3）由于车辆过分专用，无法搭运回程货，只能单程实车，单程回空周转。

（四）与运力有关的不合理运输

1. 弃水走陆

在同时可以利用水运及陆运时，不利用成本较低的水运或水陆联运，而选择成本较高的铁路运输或汽车运输，使水运优势不能发挥。

2. 铁路、大型船舶的过近运输

不是铁路及大型船舶的经济运行里程却利用这些运力进行运输的不合理做法。主要不合理之处在于火车及大型船舶起运及到达目的地的准备、装卸时间长，且机动灵活性不足，在过近距离中利用，发挥不了运速快的优势。相反，由于装卸时间长，反而会延长运输时间。另外，和小型运输设备比较，火车及大型船舶装卸难度大、费用也较高。

3. 运输工具承载能力选择不当

不根据承运货物数量及重量选择，而盲目决定运输工具，造成过分超载、损坏车辆及货物不满载、浪费运力的现象。尤其是"大马拉小车"现象发生较多。由于装货量小，单位货物运输成本必然增加。

不合理运输是物流上的弊端，改善是必需的，要使总的物流成本降低，就要运输合理化。各种不合理运输形式都是在特定条件下表现出来，在进行判断时必须注意其不合理的前提条件，否则就容易出现判断的失误。例如，如果同一种产品，商标不同，价格不同，所发生的对流，不能绝对看成不合理，因为其中存在着市场机制引导的竞争，优胜劣汰，如果强调因为表面的对流而不允许运输，就会起到保护落后、阻碍竞争甚至助长地区封锁的作用。

以上对不合理运输的描述，主要就形式本身而言，是主要从微观观察得出的结论。在实践中，必须将其放在物流系统中做综合判断，在不做系统分析和综合判断时，很可能出现"效益背反"现象。单从一种情况来看，避免了不合理，做到了合理，但它的合理却使其他部分出现不合理。只有从系统角度，综合进行判断才能有效避免"效益背反"现象，从而优化全系统。

二、我国林产品运输过程中存在的问题

（一）不合理运输

运输林产品时，返程空驶、对流运输、迂回运输、重复运输、过远运输、运力选择不当等不合理运输现象非常常见，比如运输时没有考虑到林产品的实际需求，导致运输负荷过大、车辆受到破坏，或者装车不满以至于运输效率低下，甚至造成运输资源的浪费。"大马拉小车"现象也经常出现，许多林产品装运量不足，从而导致运输成本的不断攀升，同时也带来了运力浪费、运输时间增加、运输成本超支等问题。而且，随着森林覆盖率的提高，不同的森林类型也会出现不同的特点，拥有良好的自然条件、低人口密度的地区林产品资源丰富。中国现有的三大林区，即以国有林为主的东北林区和西南林区，以集体林为主的南方集体林区。这三大林区有林地面积占全国有林地面积的84.3%，森林蓄积量占全国的88.7%。由于森林资源的分布具有一定的集中特征，而对于林产品的需求量却呈现出一定的分散特征，从而给当地的经济发展和社会进步提出了更高的要求，因此，企业必须准确地掌握市场的需求，并且合理地安排运输路线和运输方式，从而迅速有效地满足市场的需求。

（二）交通运输技术及相关设备落后

在当今全球范围内，以东部沿海为代表的森林资源开采与加工行业，由于拥有完善

的产业结构、先进的技术水平、完善的市场营销体系以及强劲的品牌影响力，使得这一行业成为全球森林资源开采与加工的重点。在中国，西部地区拥有丰富的林产品资源，能够满足三级市场的需求。然而，由于当地的交通和科学技术水平较低，只能以国内林产品的供应为主。

云南、山东、河南这些地区在全国的花卉产业发展上占据着重要的地位，而北京、上海、广州则构筑起华北、华东、华南地区的重要交易枢纽，使得这些地区的花卉产品在全球范围内得到广泛的流通，日本、新加坡、俄罗斯、中亚地区也都有着重要的出口地位。随着科技的发展，高端花卉的生长受到了极大的促进，但是，为了确保其能够在最佳的运输环境条件下运送货物，许多企业仍然依赖传统的航空、公路运输，这种做法的缺陷在于会导致运费的增加，一些企业把精力放在了提升物流服务的效率上，却忽略了花卉的保鲜保质因素，降低了运输质量。

（三）运输企业规模不大、人才缺乏

目前我国运输企业所提供的运输服务，多数以家用电器、电子产品、重型机械及纺织服装行业为主，由于木材、林化产品以及家具大多体积笨重，需要用大型车厢或船进行运输，花卉、种苗、森林食品药材等对温度和存储条件要求较高，这就对运输设备提出了较高要求，而大多数中小型木材加工企业交通运输基础设施薄弱，各种物流设施及装备的技术水平落后，物流集散和储运设施较少，发展水平较低。再者，因企业生产原料的特殊性，使得这些物流设施及装备也不能得到充分的利用。与此同时，林产品运输所需的专业人员、技术人员缺乏，许多人员对运输现代化的技术了解、掌握不够，不会使用现代化的技术，严重制约着林产品运输合理化和现代化的实现。

（四）企业物流管理水平

目前，我国大部分林产品加工企业管理水平落后，业务流程总体布局缺乏合理的物流规划设计，信息化程度低，加上林产品的获得过程比较困难，常常涉及多个林区，交通不便且搬运困难，因而导致了物流环节除了停滞之外，经常处于交叉和拥挤状态。大多企业的管理水平仍停留在传统物流的层面，物流水平不专业，基础设施落后、物流成本高。一些高端林产品配送之后的服务水平较低，比如有些家具公司不提供上楼、安装等服务。大部分中小型林产品物流企业，对企业物流管理的重要性认识不足，仍专注于获得或掌控资产的能力，采用"小而全"的物流运作方式，忽视产品的质量，导致整体的服务质量降低，阻碍企业长远发展不过，也存在一批领先物流企业引领林产品行业发展，借助"互联网＋"时代的东风，通过一体化的产销模式，将互联网融入企业运营中，把"供应商—生产商—经销商—消费者—售后服务"整个产业链的各个环节紧密连在一起，不断提高信息化水平，线上线下两种渠道加快企业发展。

（五）绿色物流水平

"绿色物流"旨在实施一种更加可持续的发展模式，即采用最新的物流技术，实施全面的物流系统设计，实施全面的绿色操作，从根本上解决环境问题。尽管中国的森林产品的绿色物流发展还有待加强，但大多数企业已经开始重视可持续发展，重视保护自身

的生态，重视环保，特别关注包装及货物的安全性。中共二十大报告明确提出，加快发展方式绿色转型。推动经济社会发展绿色化、低碳化是实现高质量发展的关键环节。加快推动产业结构、能源结构、交通运输结构等调整优化。实施全面节约战略，推进各类资源节约集约利用，加快构建废弃物循环利用体系。由于许多林产品的物流运输采用的是公路运输，这种行为导致的碳排放是全球物流系统的重灾区。尽管近年来我国在绿色物流方面取得一定的进步，但仍存在一些问题，例如，一些地方的政府尚未建立起完善的绿色物流理念，缺乏有针对性的政策法规，从而阻碍了该领域的快速发展。此外，由于缺乏足够的科学研究，以及缺乏对一些新兴的物流技术的认识，使得该领域的绿色物流水平仍然处在较低的阶段。

三、采取措施促进林产品运输的合理性和现代化，以提高运输效率和质量

我国林产品物流运输需求近几年增长速度很快，这就对林产品物流运输有了更高的发展要求。

（一）关注政府政策引导，拓宽融资渠道

在社会主义初级阶段，市场机制和政府的调控是促进一个产业发展的重要因素。如湖南省作为重点林产区，有丰富的竹资源，市场的发展潜力巨大，竹木资源优势明显，木材加工产业已初具规模。对于湖南省发展农村经济的支柱产业，如林产品的生产、加工、贸易等。国家、湖南省市政府十分重视，出台了一系列优惠政策，对税费政策进行调整，培养龙头企业，积极扩大融资渠道，如进行林产品的申请国家基金，争取仓单质押等。对林产品企业的发展给予政策上的支持。政府可牵头投资建设大型的林产品贸易物流中心，提供更加方便的交易平台，促进当地林产品的快速发展。

（二）加快标准化的建设，大力发展电子商务平台

随着全球信息化浪潮的到来，在信息交流与共享方面人们逐渐摆脱了时空上的束缚，传统的林业企业在管理模式上受到了非常大的冲击和挑战，林业企业在各个方面的改革创新必须加快步伐，以便掌握电子商务时代市场的主动权，提高企业在市场上的竞争力。林产品在电子商务领域的应用和发展相对处于比较落后的位置。

针对上述问题可以从以下三个方面进行改进：一是电子商务在对市场产品的规格上要求产品的标准化，而林产品作为一种个性消费产品具有种类繁多，大小不一，在质量和性能方面都有着差异，这种差异性严重地影响了林产品的网络运作以及物流配送。解决这一难题需要建立相应的产业协会，对林产品的规格、质量、性能、大小、运储以及配送方面建立统一的标准，这样不仅可以使林产品适应当下的电子商务还可以降低林产品的生产成本。二是电子商务实行的是网络洽谈，网上支付以及物流配送，而目前抑制林产品在电子商务市场发展的主要因素就是物流配送。由于林产品自身的特点，如大小、规格以及质量不尽相同，使得对林产品的配送非常困难，如何建立适合市场的物流配送中心是促进林产品电商发展的重要一环。三是实施网络定制，满足市场对个性化的需求。随着时代的发展，个性化的需求日益增长，电子商务平台为消费者提供个性化服务已成为

林产品行业的一个重要机遇。

（三）重视物流品牌效应，创建林产品物流服务品牌

在林产品物流迅速发展的过程中，林产品物流企业之间的竞争不仅是物流服务的竞争，更是物流企业之间品牌市场占有率的竞争。要想加速现代林产品物流的发展，就离不开林产品物流服务品牌的创建，通过品牌效应而获得服务增值。首先，我们应该加强对林产品物流服务品牌的认知，并以此为基础，不断推动林产品物流品牌的发展，以满足当下时代的需求，这将成为企业创建品牌的指南。其次，品牌定位离不开个性化。品牌形象的关键就是品牌定位，林产品物流企业需要对市场进行细分，在遵循消费者的差异性和个性化的基础上，选择林产品物流的目标市场，最后做出明确的定位。再次，重视专业的林产品物流人才。通过对专业物流人才的引进、培训，使其掌握高质量的物流技术，为企业的品牌和服务理念打下坚实的基础。最后，加强林产品物流的供应链管理。利用高质量的供应链管理，优化了林产品物流的资源配置，提高物流服务水平，降低林产品各项物流成本，提高了林产品物流企业的品牌价值。

（四）强化资源整合，重视林产品产业集群化发展

传统物流企业的管理模式为企业独立运作，各自为政，相互之间的横向联系并不多。许多中大型森工公司都拥有各种各样的物流系统，包括储存区、仓储区、交通枢纽、运输工具、装载和搬迁人员、港口和铁路专用线等。然而，由于这些企业都是独立进行规划和建造的，因此它们的数量往往超过了需求，而其质量往往无法达到市场的要求。这对政府进行"资源节约型、环境友好型"社会的建立起到了阻碍作用。针对以上情况，政府应致力于将林产品做大做强，做出品牌，以品牌来带动产业链的发展，或者把部分林产品企业作为我省的优势产业集群进行发展，集中发展核心力量，加大对林产品的建设力度。

（五）注重回收物流，建立绿色供应链

以供应链基本原理为基础，可持续发展为战略思想，从供应商到客户，将整个产业链的上下游企业作为一个整体，加强林产品的回收物流，建立相应的绿色供应链网络。通过建立良好的沟通机制，使得物流活动的各个环节能够紧密结合，实现共同的目标，并且能够实现信息的共享，从而大大提升林产品物流的服务质量和效率，并且降低物流成本。

 【拓展阅读】

新疆为解决林果产销难题"出新招"

随着新疆各地新鲜瓜果的集中上市，由于受到疫情的严重影响，这给"客商难来、工人紧缺、瓜果难运"带来了巨大的挑战。为此，各地政府部门、驻村干部以及志愿者纷纷出动，担任采摘工、销售员，为农民带来丰厚的收益。新疆采取了多种措施，包括加强水果出口，提供政府补贴，以及采取其他有效措施，以期解决林果产品的运输和销售问题。

新疆哈密市伊吾县淖毛湖镇是中国晚熟哈密瓜的主要产区，近日，5 万亩哈密瓜正式开

始收获，超过 1000 名采摘工人正忙碌于瓜园，他们把哈密瓜精挑细选，按照规定的品质、数量和质量，精确的打包、精致的装箱，使得瓜农们终于可以安心采摘。由于新冠肺炎的影响，哈密瓜在成熟之际遭遇了没有人来采摘和销售的窘境。为了应对这一挑战，当地政府在需要大量劳动力的农场里，积极安排了大量外来务工者，以缓解这一状况。政府成立接送组，首先检测他们的核酸报告、检查行程码，然后再进行测温，给他们分发口罩，然后依次上车。采摘人员由政府安排在宾馆住、吃，20 多个人，一天一个人可以打两三千件货。

近年来，哈密瓜的产量和质量得到显著提升，其中，1400 多名采摘工人被安排在指定的位置，972 辆哈密瓜货运车被安排在指定的位置，这大大缓解了哈密瓜的供需状况。此外，哈密瓜的销路也得到改善，该市政府利用网络平台和实体店，积极招揽甘肃、河南、广东、江苏等省份的客户，建立起 470 千米的哈密瓜出口绿色通道。我们已经建立起一条从淖毛湖站到哈密总站的高铁运输绿色路线，这条路线连接兰新铁路。

近日，乌鲁木齐伊犁谷地的晚熟水果如杏、油桃、苹果、树莓、西瓜等已经全面收获，迫切需要大批的收割工。为此，当地的乡镇领导、共产党员以及志愿者们积极参与到收获的行列中，担负着至关重要的收获任务。莎车县和伽师县的西梅正以 60 班 120 架次的高效、安全的"西梅号"客改货包机，从喀什地区飞向西安，为了帮助他们摆脱困境，喀什地区政府特别推出了补贴政策，并联合"瓜果季货邮运输保障"航班，为他们提供了更多的便利，以期能够取得更大的成功。截至 8 月 21 日，我们共完成了 10 架飞机的飞行，总共运送了超过 150 吨的西梅。

（资料来源：客商难来、瓜果难运？新疆为解决林果产销难题"出新招"[EB/OL]. http://m. news. cctv. com/2020/08/22/ARTIiCRzvJ94v37EsOrlApeW200822. shtml? tdsourcetag = s_pctim_aiomsg. ）

练习与思考

1. 选择题

（1）运输的功能包括：（　　）。

A. 产品的销售 　　 B. 产品的转移 　　 C. 产品的生产 　　 D. 产品的储存

（2）（　　）是指装运规模的增长，会使每单位重量的运输成本下降。

A. 运输经济原理 　　 B. 距离经济原理 　　 C. 运输成本原理 　　 D. 规模经济原理

（3）主要特点是机动、灵活，可实现"门到门"运输的是（　　）。

A. 公路运输 　　 B. 铁路运输 　　 C. 水中运输 　　 D. 航空运输

（4）林产品在国内运输方式中使用率最高的是（　　）。

A. 公路运输 　　 B. 铁路运输 　　 C. 水中运输 　　 D. 航空运输

2. 问答题

（1）保鲜林产品对运输技术有哪些要求？

（2）我国林产品运输过程中存在哪些问题？

实训任务

为以下货物选择适宜运输方式，说明理由。

序号	货物的流量、流向和运距	要求	公路	铁路	海运	河运	航空	运输方式选择的理由
1	从太原运 200 吨煤炭到武汉	走近路，较低运费						
2	从天津到上海运 10000 吨海盐	选择最经济的办法						
3	2 吨黄金乌鲁木齐—上海	无特别要求						
4	3 吨活蟹郊区水库—市区	保持成活						
5	10000 吨海盐天津—上海	选择最经济的办法						
6	2500 吨煤炭大同—南昌	选择最经济的办法						
7	5000 吨小麦重庆—上海	选择最经济的办法						
8	100000 吨原油科威特—美国	选择最经济的办法						

林产品仓储管理

【学习目标】

❖知识目标
1. 掌握仓储的含义、类型
2. 掌握仓储管理的含义、内容、特点和功能
3. 掌握林产品入库作业、在库作业、出库作业管理
4. 了解林产品仓储管理的现状及发展趋势

❖技能目标
1. 能够进行林产品入库作业管理
2. 能够进行林产品在库作业管理
3. 能够进行林产品出库作业管理

❖素质目标
1. 培养热爱物流行业的品质
2. 培养爱岗敬业、吃苦耐劳的职业素养
3. 培养思考问题、分析问题的能力

【本章导学】

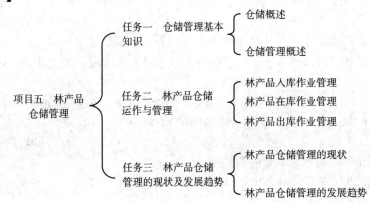

金花林场茶厂的仓储管理

金花林场茶厂建立于 1958 年，建立至今已有 50 多年历史，茶叶园占地 5000 多亩。该厂现有员工 80～100 人，该厂有 4 个车间，2 条最新的流水线设备和 2 条专用流水线设备。该厂拥有 5 个仓库：其中一个是冷冻仓库，其他几个均为普通仓库。近几年，该厂通过一系列的管理措施，使其年平均生产量达到 9 万吨，使其成为金花林场的支柱产业之一。而且该厂凭借先进的生产设备和人工精捡，使产品质量更加优异，并且坚持以"诚信、求精"的企业精神，把维护客户的利益放在首位作为企业经营作风，赢得了良好的市场信誉。

茶叶的采摘，分春茶、夏茶和秋茶。采茶十分讲究时节。春茶一般在抽出一芽四叶或一芽五叶时采制。夏茶待抽出一芽三叶或一芽四叶时采制。秋茶在抽出一芽二叶或一芽三叶时采收。该厂的产品分三大类：第一类，名优茶：龙井茶、白茶、白片、毛峰、蒸清；第二类，精致茶：高绿、炒青、烘干青；第三类，粗制茶：霉茶（红茶）、制饮料的茶、花茶。

该厂茶叶的仓储管理由以下三部分组成。

（1）入库管理。入库管理主要是仓库管理员做好林产品的质量检验并做好进库的记录，同时还要做好林产品进库分类存放工作，并将该数据记录在库，以便作为企业年产量的数据调查与分析。该厂采用 ABC 分析法对茶叶进行分类管理，一等的名优茶进行重点管理并将其存放在重要的仓库内，二等的精致茶进行较重视的管理，三等的粗制茶也是这样进行分类存放和管理。

（2）在库管理。因为该厂的库存管理对象是茶叶，所以根据其产品特点的在库管理主要是做好茶叶的贮藏保鲜工作，尽可能地减少一些内外因素对茶叶品质的影响，以延长茶叶的饮用价值。所以要防止茶叶在储藏过程中陈化变质，要注意以下几个方面：a. 茶叶必须干燥；b. 低温贮藏；c. 低湿环境；d. 低氧环境；e. 避光保存；f. 容器卫生无异味。

茶叶的存放对温度的要求很高，存放的温度一般在 5～10℃，因该厂有四个普通仓库，一个冷冻仓库。所以根据室外温度的变化对这五个仓库的存放量和存放品种进行合理的管理和存放。对库存进行定期的盘点，提高对库存的管理质量。

（3）出库管理。主要是根据客户的产品需要做好林产品的发放工作，及时正确地将商品发放到客户的手中，同时做好出库记录，以便企业对其产品销售进行进一步的了解和分析。所以该厂与需求方建立良好的合作伙伴关系：该厂与多家知名茶饮料公司建立了良好长久的合作伙伴关系，为其提供优质的原料。

该企业还对员工的工作业绩进行了评价考核，对仓库管理员进行培训，以提高员工的工作效率，同时也使企业的经济效益提高。

（资料来源：原创力文档. 浙江省南湖林场茶厂的仓储管理与库存管理的案例分析 [EB/OL]. https：//max.book118.com/html/2018/1120/7163054002001161.shtm.）

[思考]
（1）金花林场茶厂是如何进行仓储管理的？
（2）要防止茶叶在储藏过程中陈化变质，应注意些什么？

任务一　仓储管理基本知识

一、仓储概述

仓储的起源

（一）仓储的含义

仓储是指利用仓库及相关设施设备进行物品的入库、储存、出库的活动。其中，"仓"也称为仓库，是存放物品的建筑物和场地，它既可以是房屋建筑、大型容器，也可以是洞穴或者特定的场地等，一般具有存放和保护物品的功能；而"储"则用来表示收存以备使用，具有收存、保管、交付使用的功能。

现代仓储活动分为两类：一类是"静态"的仓储，是指通过仓库等场所实现对在库物品的储存与保管，可将其比喻为蓄水池；另一类是"动态"的仓储，是指在货物储存过程中所进行的装卸搬运、分拣组合、包装刷唛，流通加工等活动，可将其比喻为河流。

（二）仓储在物流中的作用

仓储作为物流系统中物资供应的一个重要组成部分，是各种物资周转、储备的关键环节，担负着物资管理的多项业务职能。仓储活动随着物资储存的产生而产生，又随着生产力的发展而发展。仓储既是货物流通的重要环节之一，也是物流活动的重要支柱之一。在社会分工和专业化生产的条件下，为保证社会再生产过程的顺利进行。必须储存一定的量的物资，因此科学合理地开展仓储活动已经成为社会生产和消费的需求。

1. 仓储是物流过程中的重要环节

物流过程主要包括运输和仓储两种运作方式，运输和仓储用"移动"和"静止"来实现"供给"和"需求"之间的连接。运输是靠货物的位置移动来实现其增加价值的功能，而传统的仓储是靠改变货品的时间来实现其增加价值的功能。现代仓储是指货物在流通过程中处于"停歇"或"静止"状态的物流形式。

> 说一说：
> 从社会生产和消费需求两个方面讨论仓储活动的重要性。

2. 仓储可保证社会再生产过程顺利进行

货物的仓储过程不仅是货物流通的必要保证，也是社会再生产过程得以进行的必要条件。货物的生产过程需要原材料、零件、配件的准备和供给，货物生产的链条中缺少了仓储过程，生产就难以实现，货物的再生产过程也将停止。

3. 仓储可优化货物流通，节约流通费用

物流过程中的仓储环节是货物流通网络中的一个节点，通过仓储作业，可以使货物流通顺畅，加快货物流通的速度，降低货物流通总体成本。仓储通过储存、分拣等过程使货物的流通过程中单位货物流通距离缩短，时间减少，从而降低货物流通的综合成本。

4. 仓储可保证货物在流通过程中的质量

通过仓储环节，对流通货物进行检验，加强货物进入市场前的质量检查工作，可以最大限度地防止不合格货物流入市场。因此，做好货物进出库的检验工作，并管理好货物的在库质量是仓储管理的重要任务。

5. 为货物进入市场做好准备

在仓储作业环节，可以进行货物的整理、包装、质检、分拣、贴标签、再加工等工作。在销售末端环节运营成本越来越高的情况下，尽可能地利用仓库集中作业的低成本和有效性，可以为下一个流通环节提供方便，创造价值。

6. 为生产提供方便

为优化生产和流通环节，使生产过程品种简化，流通环节减少存货品种，在仓储环节可以实现部分的后续生产过程，以达到减少生产或储存成本的目的。比如调色、配色、组配等工可以在流通环节的库房中来实现，以快速应对客户对产品的特殊要求，并减少生产和存货的品种数量。

✎ **做一做：**

为什么需要仓储活动？调查不同的企业类型，分别举例说明原因并对仓储活动存在的原因进行分析。

企业类型	企业名称（举例）	仓储活动存在的原因
生产企业		
零售企业		
批发企业		
仓储式超市		
物流中心		

（三）仓储的类型

仓储是利用仓库储存、保管物品的行为。现代科学技术和生产力的发展，以及市场经营的多方面需要，决定了仓储活动不能只有单一的主体和功能，不能只采用一种经营方式、存储一类物品，而是必须以多种类型满足不同的社会需求。因此，仓储活动可以从不同角度区分为多种类型，不同的仓储类型又具有不同的特性。

1. 按仓储经营主体分类

（1）自营仓储。自营仓储主要包括生产企业自营仓储和流通企业自营仓储。生产企业为保障原材料供应、半成品及成品保管的需要而进行仓储保管，其储存的对象较为单一，以满足生产为原则。流通企业自营仓储则为流通企业所经营的货物进行仓储保管，其目的是支持销售。

自营仓储不具有经营独立性，仅仅是为企业的产品生产或货物经营活动服务。相对来说，它规模小、数量多、专业性强、仓储专业化程度低、设施简单。

（2）营业仓储。营业仓储是仓储经营人以其拥有的仓储设施向社会提供仓储服务。仓储经营人与存货人通过订立仓储合同的方式建立仓储关系，并且依据合同约定提供仓储服务并收取仓储费。营业仓储面向社会，以经营为手段，实现经营利润最大化。与自营仓储相比，营业仓储的仓库使用效率较高。

（3）公共仓储。公共仓储是公用事业的配套服务设施，为车站、码头等提供仓储配套服务，其运作的主要目的是保证车站、码头等的货物作业和运输，具有内部服务的性质，处于从属地位。对于存货人而言，公共仓储有经营性质，但不独立经营，不单独签订仓储合同，而是将仓储关系列在作业合同、运输合同之中。

（4）战略储备仓储。战略储备仓储是国家根据国防安全、社会稳定的需要，对战略物资进行储备。战略储备仓储特别重视储备品的安全性，且储备时间较长，所储备的物资主要有粮食、油料、有色金属等。

2. 按仓储功能分类

（1）储存仓储。储存仓储是为物资提供较长时期储存和保管的仓储。储存的物资较为单一，品种少，但存量较大。这种仓库一般选在较为偏远的地区，存储费用较低。由于物资存放时间长，储存仓储特别注重对物资质量的维护。

（2）物流中心仓储。物流中心仓储是以物流管理为目的的仓储活动，是为了实现有效的物流管理，对物流的过程、数量、方向进行控制的环节，是实现物流的时间价值的环节。一般在一定经济地区的中心、交通较为便利、储存成本较低处进行。物流中心仓储品种较少，通常以较大批量进库，一定批量分批出库，整体上吞吐能力强。

（3）中转仓储。中转仓储是衔接不同运输方式的仓储，主要设在生产地和消费地之间的交通枢纽地，如港口、车站等。中转仓储是为了保证不同运输方式之间的高效衔接，同时减少运输工具的装卸和停留时间。中转仓储具有货物大进大出的特性，储存期限短，注重货物的周转作业效率和周转率。

（4）配送仓储。配送仓储也称配送中心仓储，是货物在配送交付给消费者之前所进行的短期仓储，是货物在销售或者供生产使用前的最后储存，是货物保管和加工相结合的仓储活动。配送仓储一般在货物的消费经济区间内进行，主要职能是根据市场需要，对货物进行拆包、分拣、组配等流通加工活动，并迅速送达消费者和零售商。配送仓储物品品种繁多、批量少，需要一定量进货、分批少量出库操作，主要目的是支持销售，注重对物品存量的控制。

（5）保税仓储。保税仓储所储存的对象是暂时进境并且还需要复运出境的货物，或者是海关批准暂缓纳税的进口货物保税仓储受到海关的直接监控，虽然所储存的货物由存货人委托保管，但保管人要对海关负责，入库或出库单据均需要由海关签署。保税仓储一般在进出境口岸附近进行。

3. 按仓储的保管条件分类

（1）普通物品仓储。普通物品仓储是指不需要特殊条件的物品存储，其设备和库房建造都比较简单，使用范围较广。这类仓储只需要一般性的保管场所和设施，常温保管，自然通风。

（2）特殊物品仓储。特殊物品仓储是指保管时有特殊要求或需要满足特殊存储条件的物品存储，如危险品、粮食、冷藏物品存储等。这类仓储必须按照物品的物理、化学、生物特性及相关法规进行仓库建设和管理，需要配备防火、防爆、防虫等专门设备。特殊物品仓储一般为专用仓储，即专门用来储存某一类（种）物品。

二、仓储管理概述

(一) 仓储管理的含义

仓储管理是对仓储及相关作业进行的计划、组织、协调与控制，也就是对仓库及仓库内的物质所进行的管理，是仓储机构为了充分利用自己所具有的仓储资源提供高效的仓储服务所进行的计划、组织、控制和协调的过程。具体来说，仓储管理包括仓储资源的获得、经营决策、商务管理、作业管理、仓储保管、安全管理、人事劳动管理、经济管理等一系列管理工作。其目标是实现仓储合理化。

(二) 仓储管理的内容

仓储管理工作包括以下几个方面的内容。

1. 仓库的选址与建设

包括仓库的选址原则，仓库建筑面积的确定，库内运输道路与作业的布置等问题。仓库的选址和建设问题是仓库管理战略层面所研究的问题，它涉及公司长期战略与市场环境相关联的问题的研究，对仓库长期经营过程中的服务水平和综合成本产生非常大的影响，所以必须提到战略层面来对待和处理。

2. 仓库机械作业的选择与配置

包括如何根据仓库作业特点和储存货物的种类及其理化特性，选择机械装备以及应配备的数量，如何对这些机械进行管理等。现代仓库离不开仓库所配备的机械设施和设备，如叉车、货架、托盘和各种辅助设备等。恰当地选择适用于不同作业类型的仓库设施和设备将大大降低仓库作业中的人工作业劳动量，并提高货品流通的顺畅性和保障货品在流通过程中的质量。

3. 仓库作业组织和流程

包括设置什么样的组织结构，各岗位的责任分工如何，仓储过程中如何处理信息组织作业流程等。仓库的作业组织和流程随着作业范围的扩大和功能的增加而变得复杂，现代大型的物流中心要比以前的储存型仓库组织机构大得多，流程也复杂得多。设计合理的组织结构和分工的明确是仓储管理的目标得以实现的基本保证。合理的信息流程和作业流程使仓储管理高效、顺畅，并达到客户满意的要求。

4. 仓库管理技术的应用

现代仓储管理离不开现代管理技术与管理手段，例如，选择合适的编码系统，安装仓储管理系统，实行 JIT 管理等先进的管理方法。现代物流越来越依靠现代信息和现代管理技术，这也是现代物流区别于传统物流的主要特点之一。货物的编码技术和仓储管理系统极大地改善了货物流通过程中的识别和信息传递与处理过程，使得货物的仓储信息更准确、快捷，成本也更低。

5. 仓库的作业管理

仓库作业管理是仓储管理日常所面对的最基本的管理内容。例如，如何组织货物入库前的验收，如何安排库位存放入库货物，如何对在库货物进行合理保存和发放出库等。仓库的作业管理是仓库日常所面对的大量和复杂的管理工作，只有认真做好仓库作业中每一个环节的工作，才能保证仓储整体作业的良好运行。

6. 仓储综合成本控制

成本控制是任何一个企业管理者的重要工作目标，仓库管理也不例外。仓储的综合成本控制不但要考虑库房内仓储运作过程中各环节的相互协调关系，还要考虑物流过程各功能间的背反效应，以平衡局部的利益和总体利益最大化的关系。选择适用的成本控制方法和手段，对仓储过程每一个环节的作业表现和成本加以控制是实现仓储管理目标的要求。

（三）仓储管理的特点

现代仓储管理的特点是由仓储管理的内容决定的。随着社会的发展，科学的进步，仓储管理具有经济性、技术性和综合性的特点。

1. 经济性

仓储活动是社会化大生产的重要组成部分，并且仓储活动也是生产性的。仓储活动和其他物质生产活动一样，具有生产力三要素，即劳动力、劳动工具和劳动对象。仓储活动和其他物质生产活动一样，创造货物价值，并且随着仓储活动内容的增加，实现货物价值的范围也在逐渐扩大，例如，延迟生产、再包装等作业过程在仓储过程中完成。

2. 技术性

随着科学技术的进步，现代仓储管理中应用了大量的电子信息技术，仓储作业机械化程度也不断提高，特别是自动化立体仓库的建立，其科技含量有了进一步的提高，这对仓储管理提出了更高的要求。在现代化的仓储管理中，仓储作业的机械化、仓储管理的信息化已是发展趋势，各种新技术得以运用等，这些充分体现了仓储管理技术性的特点。

3. 综合性

物流作为跨行业的、跨产业的服务功能与各行各业的运作特点紧密联系在一起。仓储管理是社会经济中一个不可缺少的部分，是各生产企业能保持正常生产的重要环节，是调节社会需求的重要手段。在整个仓储管理过程中，要综合利用各学科理论，进行货物管理，进行库存控制，保证货物的正常生产和流通，降低成本。现代仓储管理包含了新技术、新设备、新的管理理念与方法，涉及行业广泛。仓储管理具有综合性的特点。

（四）仓储服务的功能

1. 储存功能

储存是仓储的基本功能，对于生产过程来讲，适当的原材料和半成品的储存，可以防止因缺货造成的生产停顿。而对于销售过程来讲，储存尤其是季节性储存可以为企业的市场营销创造良机。因为适当的储存为市场营销中特别的货物需求提供了缓冲和有力的支持。

2. 组合功能

货物的装运组合是仓储活动的一个经济功能。通过这种安排，仓库可以接收来自多个制造企业的产品或原材料，然后把它们整合成单一的一票装运，以达到降低运输成本的目的，也可以为客户减少多个供应商供货所带来的接货成本。连锁企业建立的配送中心、物流中心是货物组合功能的最好体现。在城市周边发展起来的配载中心、集货中心、零担转运站也体现了货物流通链中仓储活动所发挥的货物的组合功能。

3. 分类和转运功能

在仓库中，来自不同供应商的货品可以进行分类，可以进行不同运输工具间的调配。例如，铁路运输的大批货物，通过仓库中的分类、加工、整理，按不同的用途和渠道用卡车运送到不同的地点。仓库和供应商从仓储过程中的分类和转运功能中都得到了各自的经济利益。同时，由于货物不需要在仓库内长时间储存，因而降低了仓库的搬运费用，最大限度地发挥了仓库装卸设施的利用率。

4. 其他增值服务功能

在仓储环节还可以为供应商和销售商提供有价值的增值服务项目，包括贴标签、再包装、称重、组装、组配、简单加工等工作。随着供应渠道的多样化，仓库作为支撑流通的重要环节将发挥越来越重要的作用。

任务二　林产品仓储运作与管理

一、林产品入库作业管理

（一）入库作业的概念

入库作业是指物资进入仓库储存时所进行的检验和接收等一系列技术作业过程。包括物资的接收、装卸、验收、搬运、堆码和办理入仓手续等技术作业，是仓储业务管理的开始。入库工作的好坏将直接影响物资的保管和销售。

入库作业是仓储业务的头道工序，抓好这一环节能区分货损责任，作好储存计划，为在库存储打下良好的基础。

（二）入库作业流程

1. 制订入库计划

存货人在储存林产品之前，会以仓储合同或保管合同的形式将其存放林产品的种类、规格、数量、性质、入库时间、保管时间、保管条件等信息明确的告知仓储部门。这时，仓库计划人员就可以对其进行分析，编制具体的入库作业计划，说明作业程序与内容，并及时通知各部门做好相应的准备工作，以保证入库的顺利进行。通常，入库作业计划包括以下内容。

（1）了解林产品入库的时间、数量、包装形式、规格。

（2）计划林产品所需占用的仓容大小。

（3）预测车辆到达的时间及送货车型。

（4）为了方便装卸搬运，计划车辆的停放位置。

（5）计划林产品的临时存放地点。

（6）确定入库作业的相关部门。

可以看出，计划人员负责将信息进行分解，把相应信息下发到各个部门，再由各部门做好入库的具体准备内容。入库作业流程如图 5－1 所示。

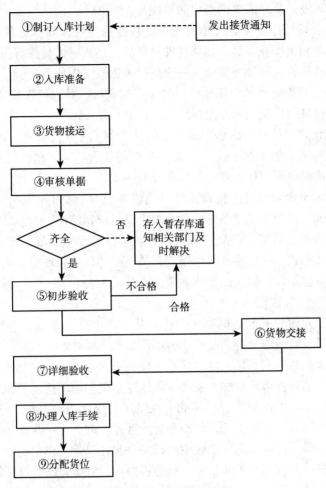

图 5-1　入库作业流程

2. 入库准备

仓库各部门根据入库计划及时地做好入库前的准备工作，是确保林产品准确迅速入库的重要环节，也是避免差错、减少浪费的有效措施，这需要由仓库各业务部门、管理部门、设备部门分工协作，相互配合，做好以下工作内容。

入库准备

（1）信息准备。在接到入库作业计划后，仓库业务员要及时获得林产品信息，包括发货时间、发货地点、运输方式、在途天数、预计到货时间、到货地点、联系电话、林产品名称、规格、数量、包装、形状、单件体积、理化性质、保管要求、自提还是送货上门、是否需要与货站结算货款等内容，必要时要向存货人进行询问核实，确保准确无误，便于后续工作的顺利开展。

（2）场地准备。根据林产品的入库时间、数量、性质、保管要求等信息，结合林产品的堆码要求，计算货位面积，确定所需的存储空间和仓库条件，并对该仓库进行清查，整理剩余林产品，腾出仓容，清扫消毒，准备好存货场所。

（3）设备准备。在林产品到库之前，根据其种类、包装、规格、数量等情况，确定装卸搬运及检验的方法，并准备相应的车辆、检验器材度量衡、秤、尺、移动照明、撬棍、锤子、堆码的工具，以及危险品需要的必要防护用品。

（4）人员准备。根据作业量的大小及专业化程度的高低，安排数量相符、技能娴熟的搬运、堆码、检验等相关作业人员，如遇特殊林产品，还须对人员进行作业前培训及安全教育，保证林产品到达后，人员及时到位，安全高效地完成工作任务。

（5）货位准备。根据货位的使用原则，妥善安排货位，并进行彻底清扫，清除残留物，检查照明、通风等设备，发现问题及时解决。

（6）作业工艺设定。综合考虑林产品、货位、设备、人员、场地、时间等多方面因素，科学合理地确定装卸搬运的工艺方案，尤其是对于超长、超宽、超高、不能拆分的大型物件，在保证安全型的前提下，尽可能地提高作业效率。

（7）单证准备。仓库管理员需根据入库计划将作业时所需的入库记录单、验收单、货卡等各种单据、凭证、报表事先准备好，并预填妥善，以备使用。

（8）苫垫用品准备。根据林产品的性质、数量、保管要求、堆码形式、储存场所等因素，确定货垛的苫垫形式，并准确计算出所需苫垫材料的数量和种类，预先准备充足，做到堆码的同时就完成苫垫工作，以提高工作效率，降低成本。

3. 林产品接运

林产品的接运是入库业务流程的第一道作业环节，也是仓库直接与外部发生的经济联系。它的主要任务是及时而准确地向交通运输部门提取入库林产品，要求手续清楚，责任分明，为仓库验收工作创造有利条件。因为接运工作是仓库业务活动的开始，如果接收了损坏的或错误的林产品，那将直接导致林产品出库装运时出现差错。接运工作完成的质量直接影响林产品的验收和入库后的保管保养。因此，在接运由交通运输部门（包括铁路）转运的林产品时，必须认真检查，分清责任，取得必要的证件，避免将一些在运输过程中或运输前就已经损坏的林产品带入仓库，造成验收中责任难分和在保管工作中的困难或损失。

随着第三方物流业务范围的不断扩展，已经很少有供货商自己开展运输将林产品送到仓库，绝大多数都是将这一部分业务转交给专门从事运输业务的物流公司完成，这样既可以将企业的精力都集中到核心竞争力上去，又可以充分利用运输的规模经济原理来降低运输成本。

做好林产品接运业务管理的主要意义在于，防止把在运输过程中或运输之前已经发生的林产品损害和各种差错带入仓库，减少或避免经济损失，为验收和保管、保养创造良好的条件。

林产品接运可以在车站、码头、专用线或仓库进行，因此可以分为到货和提货两种。

（1）到货。到货是指仓库不需要自己组织车辆开展库外运输，而使用供货单位直接将林产品送到仓库的一种形式。在这种形式下，又可以分为供货单位直接送货到库和铁路专用线到货接运两种形式。

第一，供货单位直接送货到库接货。这种接货方式通常是托运单位与仓库在同一城市或附近地区，不需要长途运输时被采用。其作业内容和程序是，当托运方送货到仓库后，根据托运单（需要现场办理托运手续先办理托运手续）当场办理接货验收手续，检查外包装，清点数量，做好验收记录。如果在以上工序中无异常情况出现，收货人员在送货回单上盖章表示林产品收讫。若发现有异常情况，必须在送货单上详细注明并由送货人员签字，或由送货人员出具差错、异常情况记录等书面材料，作为事后处理的依据。

第二，铁路专用线到货接运。这是指仓库备有铁路专用线，大批整车或零担到货接运的形式。一般铁路专线都与公路干线联合。在这种联合运输形式下，铁路承担主干线长距离的林产品运输，汽车承担直线部分的直接面向收货方的短距离的运输。

接到专用线到货通知后，应立即确定卸货货位，力求缩短场内搬运距离；组织好卸车所需要的机械、人员以及有关资料，做好卸车准备。

车皮到达后，引导对位，进行检查。看车皮封闭情况是否良好（即卡车、车窗、铅封、苫布等有无异状）；根据运单和有关资料核对到货品名、规格、标志和清点件数；检查包装是否有损坏或有无散包；检查是否有进水、受潮或其他损坏现象。在检查中发现异常情况，应请铁路部门派员复查，做出普通或商务记录，记录内容应与实际情况相符，以便交涉。

卸车时要注意为林产品验收和入库保管提供便利条件，分清车号、品名、规格，不混不乱；保证包装完好，不碰坏，不压伤，更不得自行打开包装。应根据林产品的性质合理堆放，以免混淆。卸车后在林产品上应标明车号和卸车日期。

编制卸车记录，记明卸车货位规格、数量，连同有关证件和资料，尽快向保管员交代清楚，办好内部交接手续。

（2）提货。提货是指由仓库组织车辆、选择路线，自行将林产品运回的一种接货形式，在回库途中，尤其要注意运输安全。提货接运可以分为到车站、码头提货接运和到供货单位提货接运两种形式。

第一，到车站、码头提货。这是由外地托运单位委托铁路、水运、民航等运输部门或邮局代运或邮递林产品到达本埠车站、码头、民航站、邮局后，仓库依据林产品通知单派车提运林产品的作业活动。此外，在接受货主的委托，代理完成提货、末端送货的活动的情况下也会发生到车站、码头提货的作业活动。这种到货提运形式大多是零担托运、到货批量较小的林产品。

提货人员对所提取的林产品应了解其品名、型号、特性和一般保管知识以及装卸搬运注意事项等，在提货前应做好接运林产品的准备工作，例如装卸运输工具，腾出存放林产品的场地等。提货人员在到货前，应主动了解到货时间和交货情况，根据到货多少，组织装卸人员、机具和车辆，按时前往提货。

提货时应根据运单以及有关资料详细核对品名、规格、数量，并要注意林产品外观，查看包装、封印是否完好，有无玷污、受潮、水渍、油渍等异状。若有疑点或不符，应当场要求运输部门检查。对短缺损坏情况，凡属铁路方面责任的，应做出商务记录，属于其他方面责任需要铁路部门证明的应做出普通记录，由铁路运输员签字。注意记录内容与实际情况要相符。

在短途运输中，要做到不混不乱，避免碰坏损失。危险品应按照危险品搬运规定办理。

林产品到库后，提货员应与保管员密切配合，尽量做到提货、运输、验收、入库、堆码成一条龙作业，从而缩短入库验收时间，并办理内部交接手续。

第二，到供货单位提货。这是仓库受托运方的委托，直接到供货单位提货的一种形式。其作业内容和程序主要是当货栈接到托运通知单后，做好一切提货准备，并将提货与物资的初步验收工作结合在一起进行。最好在供货人员在场的情况下，当场进行验收。因此，接运人员要按照验收注意事项提货，必要时可由验收人员参与提货。

4. 审核单证

林产品到库后，首先要核对入库凭证，其次要核查供货单位提供的发票、产品说明书、质量合格证书、装箱单、磅码单、发货明细等，最后还要核查承运部门提供的运单。如果在入库时林产品已经发生货损货差现象，还须索取货运记录或普通记录。在核对证件时，要注意检查它们的真实性、合法性、有效性以及是否与实物相符。

> **小贴士：**
>
> 货运记录是指由承运部门负责装、运、施封、卸载，发生问题由承运部门负责赔偿的林产品运输事故记录。它是作为分析责任和请求赔偿的一种基本文件。凡在运输过程中发生以下事故时，运输部门应及时查明原因，按批编制货运记录：（1）林产品的实际品名、件数、质量与林产品运单记录不符。（2）林产品被盗、丢失或损坏。（3）有林产品票或有票无货。（4）发货件数短少、玷污、进水、变质、霉变、货损货差。记录必须反映事故的隐患的真实情况，书写清楚。字体清晰，如有涂改正式项由记录编制人在改正处盖章。
>
> 通记录是指已由托运方自装施封，承运部门承运，图中车船施封完好，到港站卸货时发现异状，需收货人向发货人办理交涉而承运部门出具的货状记录。它是一般的证明文件，不作为赔偿依据。在遇到下列问题时运输部门于当日编制普通记录：（1）铅封破损、失效、不符、印文不清或没按规定施封。（2）施封的货车门窗关闭不严、发现林产品损坏。（3）苫盖林产品的篷布顶部有异味或苫盖不良，有漏水。（4）林产品在运输途中发现包装损坏，但林产品未发生损失。（5）事故的责任判明由供方负责，普通记录除应按照规定的各栏逐一填记清楚外，特别要注意详细记载发生问题的时间、地点和情况。

5. 初步验收

单证审核完毕后，林产品交接前需要对其进行初步验收，主要是进行数量检验和包装检验。这时的数量检验属于大数验收，只清点林产品大包装的数量是否与单证相符，一般采用逐渐清点或是堆码点数的方法。在清点数量时，还须检查林产品的外包装是否出现破损、浸湿、油污、渗漏、变形等异常情况。如发现异常情况，须做出相应记录，再打开林产品的外包装，检查林产品是否发生破损。在验收无误的情况下，再与仓库业务人员办理林产品的交接手续。

6. 林产品交接

完成以上各项作业内容后，就可以办理林产品的交接手续。收货人员以送货单为依据，接受数量相符、质量合格的林产品，同时接受送货人送交的林产品资料、运输的货运记录、普通记录等，以及随货同行的相应证明文件。最后由双方在送货单、交接清单上签署和批注，并留存相应凭证。

7. 林产品验收

办理完交接手续后，需要对林产品进行详细的验收才能办理入库手续。通过初步验收确定的只是大件林产品的数量和包装状况，要想确认林产品的具体数量、质量是否合乎标准还须进一步验收。在入库作业流程中，林产品验收不仅是严格控制入库林产品质量的关键，还是决定入库作业效率的重要环节。验收工作要求及时、准确，在规定的验收期限内完成，并且采用科学的验收方法，合理的验收工具，认真仔细的完成。如果在验收时发现数量短少、质量却显得异常问题，要及时填写验收报告，划分清楚责任归属，妥善处理。

林产品的验收主要包括数量验收、质量验收和包装验收，其中包装验收的目的是通过检查包装的异常状况来判断内部林产品是否发生破损丢失，因此，林产品验收工作实际上就是"数量的清点"和"质量的检验"两项任务。在实际工作时，一种做法是数量清点无误后，通知检验部门进行质量检验；另一种做法是先由检验部门检查完质量，认为完全合格后，再通知仓库作业部门办理接收手续，填写收货单。

（1）林产品验收的内容和标准。林产品验收的内容包括数量检验、质量检验和包装检验。

数量检验：根据供货单位规定的计量方法进行数量检验，或过磅，或检尺换算，以准确地测定出全部数量。数量检验除规格整齐划一、包装完整者可抽验 10%～20% 者外，其他应采取全验的方法，以确保入库物资数量的准确。

质量检验：仓库一般只作物资的外观形状和外观质量的检验。进口物资或国内产品需要进行物理、化学、机械性能等内在质量检验时，应请专业检验部门进行化验和测定，并做出记录。

包装检验：是在初步验收时进行的，主要查看包装有无浸湿、油污、破损、变形等异常情况。其次是查看包装是否符合相关标准要求，包括选用的材料、规格、制作工艺、标志、填充方式等。另外，对于包装物的干湿度也要检验，以免由于过干或过潮对林产品造成影响。包装物安全含水量如表 5－1 所示。当需要开箱拆包检验时，应由两人以上在场同时操作，以明确责任。

表 5－1　　　　　　　　　　　装物安全含水量

包装材料	含水量（%）	说明
木箱（外包装）	18～20	内装易霉、易锈货物
	18～23	内装一般货物
纸箱	12～14	五层瓦楞纸的外包装及纸板衬垫
	10～12	三层瓦楞纸的包装及纸板衬垫
胶合板箱	15～16	
布包	9～10	

了确保入库林产品的质量，在验收前需要对验收的标准予以确认。通常根据以下几项标准进行检验：一是依据采购合同或订购单所规定的条件进行验收；二是以比价或议价时的合格样品作为验收的标准；三是依据采购合同中的规格或图纸作为验收标准；四是根据各种产品的国家质量标准作为验收标准。

（2）林产品验收的方式。由于林产品的种类、性质、价值等因素各不相同，在入库验收时可以结合需求选用全检或抽检的方式。

第一，全检。即全部检验，主要是针对于数量验收，或是对于批量小、种类杂、型号多、价值高的林产品所采用的验收方法。全检是一项耗费人力、物力、财力、时间的作业，在组织时要注意做好充分的准备以及各环节的比例性和均衡性。

第二，抽检。即抽样检验，是借助于统计学的原理。从总体中抽选出一定量的样本作为检验的对象，并以样本的检验结果作为评价总体质量水平的依据。抽检结果会受到选取样本的直接影响，在确定抽样方法和抽样数量时，首先要结合林产品的性质、特点、价值、生产条件、包装情况、运输工作、气候条件等综合因素的具体情况，利用统计学假设检验的方法确定在不同期望水平下缩影抽取样本的数量和方法。其次在检验时，还要避免出现"弃真"和"取伪"的现象。弃真是指本来林产品的质量达到了验收标准，但由于随机选取样本的质量偏低，没有达到标准，就拒绝接收全部林产品；取伪是指本来林产品总体的质量是不合格的，但由于随机抽取的样本质量合格就认为林产品全部合格，同意接收。

（3）验收的方法。

第一，视觉检验。在充足的光线下，利用视力观察林产品的状态、颜色、结构等表面状况，检查有无变形、破损、脱落、变色、结块等损害情况以判定质量。

第二，听觉检验。通过摇动、搬运操作、轻度敲击，听取声音，以判定林产品的质量。

第三，触觉检验。利用手感鉴定林产品的细度、光滑度、黏度、柔软程度等，判定质量。

第四，嗅觉、味觉检验。通过林产品所特有的气味、滋味测定，判定质量，或者感觉到串味损害。

第五，测试仪器检验。利用各种专用测试仪器进行林产品性质测定。如含水量、密度、黏度、成分、光谱等测试。

第六，运行检验。对林产品进行运行操作，如电器、车辆等，检查操作功能是否正常。

（4）验收结果的处理。

第一，合格林产品的处理。验收合格的林产品，应在外包装上贴"合格"标签，以示区别，仓库业务人员可根据林产品标识办理合格品入库定位手续，并在每日工作结束时，对处理的林产品数量进行汇总记录。

第二，不合格林产品的处理。不符合验收标准的林产品，应在外包装上贴"不合格"标签，并在验收报告上注明不良原因，报相关主管请示处理方法，妥善处置。

第三，数量超额的处理。经验收，若发现交货数量超过"订购量"部分，原则上应予以退回。但对于以重量或长度计算的林产品，其超交量在3%以下时，可在验收单上备注栏内注明超交数量，经请示相关负责人同意后予以接收。

第四，数量短缺的处理。经验收，若发现数量未达到"订购量"时，原则上应要求供应商予以补足，经采购部门负责人同意后，可采用财务方式解决。

对于验收不合格的林产品，可能采取退货、维修或折扣的方式予以处理，为了方便迅速做出处理决定，可以参见表5-2进行决策。

表 5 - 2　　　　　　　　　　　　　货品验收处理程序

货物验收的情况		a. 货物数量正确吗?	b. 能够维修吗?	c. 供应商愿意付维修费吗?	d. 物流中心急需这批货吗?	决策的类别	e. 退回这批货物	f. 使用这些货物，但寻找新供应商	g. 维修缺陷并接收	h. 寻找紧急供应商
问题形态	1	○	○	○	○	决策选择			√	
	2	○	○	○	●				√	
	3	○	●		●		√			
	4	○	●		●		√			
	5	○			●		√			
	6	○			●		√			
	7	○			●		√			√
	8	○			●		√			
	9	●			●				√	
	10	●			●		√			
	11	●	●		●		√			
	12	●	●		●		√			
	13	●	●		○				√	
	14	●			●		√			

注：○为是；●为否；√为采取此项行动。

8. 办理入库手续

验收无误后，就可以办理入库手续。包括入库林产品的信息录入、建立物料明细卡、林产品登账、建立仓库工作档案和签单。信息录入是将入库林产品的相关数据通过手工或条码扫描的形式录入仓储管理系统中，以便查询、管理。根据入库通知单所列的内容填写物料明细卡，要反映出该多林产品的品名、型号、规格、数量、单位及进出动态和积存数，要做到入库后立即建卡，一垛一卡。然后在仓库实务保管明细账上登记林产品的入库、出库、结存等详细情况，并要经常核对，保证账、卡、货相符。建立仓库工作档案的目的是便于林产品管理和客户联系，作为发生争议时的凭证，同时也有助于总结和积累仓储管理的经验，更好地提供仓储服务。在林产品验收入库后，还要按照仓库林产品验收记录的要求准确签回单据，以便向供货单位表明收到林产品的情况。

9. 分配货位

根据仓库内货位的分配原则和林产品的属性特征，为其安排合理的存放位置。在安排货位时，还要考虑林产品的储入库频率、搬运的省力性、操作的安全性、管理的方便性、养护的简便性。设备的可操作性、空间的利用率等多方面因素。

合理地分配和使用货位可以减少林产品搬运的成本，降低林产品在存储过程及搬运过程中的损耗，从而降低物流业务本身的成本，提高收益。这也是仓储企业工作的重点。货位分配包含有两层意义：一是为入库的林产品分配最佳货位，因为在仓库内可能同时存在多个空闲的货位，即入库货位分配；二是要选择待出库林产品的货位，因为同种林产品可能同时存放在多个货位里。

货位分配考虑的原则有很多，主要包括以下几个方面。

（1）货架受力均匀，上轻下重。重的物品存在下面的货位，较轻的物品存放在高处的货位，使货架受力稳定。若是以人手进行搬运作业时，从人类工效学的角度考虑，人之腰部以下的高度用于保管重物或大型物品，而腰部以上的高度则用来保管重量轻的物品或小型物品。在搬动过程中，此原则有利于保证货架之安全性及人手搬运之作业安全性，避免对货架的损坏和对操作人员的伤害。分散存放，物料分散存放在仓库的不同位置。避免因集中存放造成货架受力不均匀。

（2）加快周转，先入先出。同种物料出库时，先入库者，先提取出库。以加快物料周转。避免因物料长期积压产生锈蚀、变形、变质及其他损坏造成的损失。

（3）提高可靠性，分巷道存放。仓库有多个巷道时，同种物品分散在不同的巷道进行存放。以防止因某巷道堵塞影响某种物料的出库，造成生产中断。

（4）提高效率，就近进出库。为保证快速响应出库请求，一般将物料就近放置在出库台附近。

以上环节是入库作业的基本作业内容，在实际中，由于储存场所的条件不同，仓库的性质不同，林产品的种类特性不同，以及储存的时间不同，会增加或减少一些其他的作业内容，比如有的仓库需要对林产品在入库时进行拆包，将大包装变为小包装，就会增加流通加工这一环节；再如危险品或是紧急物资，在入库时就会尽量减少环节，缩短作业时间。因此，做组织林产品入库时，需要结合实际的作业特点，设计合理的入库流程。

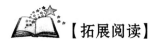【拓展阅读】

木材的入库管理

1. 木材的入库验收

木材进入贮木场验收后，即认为是木材入库。为了正确掌握木材的入库及库存产品的数量和质量，做到账库相符、心中有数，首先要做好木材的验收工作。

进场的木材必须逐根复检，按实验收，并填写验收检尺野账，作为缴库入账的依据。验收入库的木材数量、质量、规格与原码单的木材数量、质量、规格相比，查看误差情况。误差过大的要通知原检单位或原检人员，并查明原因。检查印号是否与实际相符，如有出入应及时更正。为了防止木材在集材运输过程中丢失，确保从伐区运回的林产品能及时、安全达到贮木场，贮木场的管理人员应随时与生产单位核实木材的调入数量，或定期与生产单位对账，如有出入应查明原因，进行处理。

2. 木材的归楞

木材入库后应对木材按照不同的树种、材种、长度、等级进行归楞。也就是分类归楞。分类和归楞同步进行，做到分类合理，归楞整齐，井然有序。

3. 建立入库台账

每个区都应设有专门的记账人员，木材归楞后对每堆木材进行编号，每日登记入库台账，登记木材的入库数量、规格、质量情况。木材入库后，要建立相应的入库台账，以楞为库作为一个具体管理单位。

入库台账包括如下内容：生产单位（调入单位）、树材种、规格、数量等级、入库日期、堆放地点、采伐地点等。做到日清月结，账货相符，同时要做好各类报表。

4. 及时入库木材

木材运到贮木场后，应及时入库，分类归楞，并尽快调出。特别是一些易开裂或不宜长期存放的树种，更应迅速调出，避免木材材质降低，影响其使用价值。因此，对这类木材的尽快入库是入库管理工作的重要内容。

5. 木材的材积检验误差率的计算

木材的材积检验误差率，是指木材的复检材积与原检材积的比率，用百分率来表示。复检可以对木材全部进行重新检量，也可以按照原木批量检查抽样、判定方法标准规定的方案进行抽样检量。全部复检计算结果比较准确，但工作量大，只适合数量较少的木材。木材数量较多时则应采用抽检的方法。可以实行不定期随机抽检，并统计月偏差率和年偏差率。偏差率是指各批样本误差率的绝对值的加权平均数。月偏差率和年偏差率是衡量一个生产单位或一个检验员检验准确度的重要指标。

10. 入库单证

入库作业的很多环节都需要填写相应的单据和凭证，下面给出各环节中的一些基本的单证格式作为参考。

（1）林产品接运。到货交接单如表 5-3 所示。

表 5-3　　　　　　　　　　　　　到货交接单

编号：　　　　　　　　　　　　日期：　年　月　日

收货人	发站	发货人	货物名称	标志标记	单位	件数	重量	货物存放处	车号	运单号	提料单号
备注											

提货人：　　　　　　　　经办人：　　　　　　　接收人：

（2）林产品验收。货物验收单、入库检验表、入库验收报告单分别如表 5-4、表 5-5、表 5-6 所示。

表 5-4　　　　　　　　　　　　　货物验收单

编号：　　　　　　　　　验收单编号：　　　　　　　　　填写日期：

货物编号	品名	订单数量	规格符合		单位	实收数量	单价	总金额
			是	否				
是否分批交货	□是 □否	检查	抽样___%不良		验收结果	1. 2.		验收主管	验收员
总经理		财务部				仓储部		
	主管		核算员		主管		收货员	

表 5-5　　　　　　　　　　　　　　　　入库检验表　　　　　　　　　　　　　　　编号：

货物名称		型号/规格	
供　　方		进货日期	
进货数量		验证数量	
验证方式			
验证项目	标准要求	验证结果	是否合格
检验结论	□合格		□不合格
复检记录	1. 2.		
检验主管		检验员	日期
不合格品 处置方法	□拒收	□让步接收	□全检
	批准		日期
备注	对于顾客的货品，其不合格品处置由顾客批准		

表 5-6　　　　　　　　　　　　　　　　入库验收报告单

编号：　　　　　　　　　　　填写日期：　　年　月　日

入库名称		数量	
验收部门		验收人员	
验收 记录		验收 结果	□合　格 □不合格
入库 记录	入库单位		入库部门	
	主管经办		验收主管	验收专员

（3）入库手续。物品入库日报表、入库通知表分别如表 5-7、表 5-8 所示。

表 5-7　　　　　　　　　　　　　　　　物品入库日报表　　　　　　　　　入库日期：　　年　月　日

物品检验人			物品入库记录人			
物品名称	生产厂家	规格	入库数量	单价	总金额	仓库位置

表 5-8		入库通知表						通知日期：　　　年　　月　　日		

日期	到货日期		供货单位					收货人		
	入库日期		合同单号					储位		
	验收日期		运单号					入库单号		

物料入库详细信息

物料编号	物料名称	计量单位	数量					质量	价格		说明
			交货	多交	短交	退货	实收		购入	基本	

二、林产品在库作业管理

（一）货位管理

现代仓储中，分拣、配送功能所发挥的作用越来越重要，为了配合配送时效及市场少量多样的需求，林产品的周转将变得快速且复杂，在储存作业中就会因周转频率及种类的增加而难以控制。要如何有效地管理林产品之呢？当然，最有效的方法就是通过对于林产品存放位置的管理来掌握林产品的数量及周转情况，同时可以利用目视管理的方法更直观地掌控林产品的变动，安排出入库方案。

商品在库保
管和养护

不同类型的仓储企业对储存作业的功能要求各不相同，主要分为三类：第一类是调节生产制造与需求的功能，局部附属于生产企业的仓库通常位于工厂附近，除需要具备林产品配送的功能外，还要具备一般仓库调节生产过剩或缺乏的功能，因此需要有大量的储存区域以供使用；第二类是取得采购优惠的功能，还有局部附属于零售商或批发商的仓库，为了采购时能取得较优惠的折扣，常一次订购所谓经济批量的林产品，所以储存区域也要考虑订购批量的大小；第三类是补充拣货作业区林产品存量功能，前两项都包含在传统仓库的储存作业功能之中，而仓库内储存作业最重要的功能，就在于补充拣货作业区的林产品存量，尤其是对于配送中心，有时在一个配送中心根本找不到真正的储存区域，因为其储存作业已包含在拣货作业区中。

对于入库林产品，合理的货位不仅可以方便存取林产品，而且有利于对库存林产品的管理及养护，提高货位的利用率。不同类型的仓库，不同种类的林产品，采取的货位分配策略也是不同的。在分区分类策略下，货位分配主要遵循以下几种原则。

1. 以周转率为根底法则

即将货品按周转率由大到小排序，再将此排序分为若干段（通常分为三~五段），同属于一段中的货品列为同一级，依照定位或分类存储法的原则，指定存储区域给每一级货品，周转率越高应离出入口越近。

2. 产品相关性法则

即使关联性比较大的林产品的货位相邻。这样可以减短提取路程，减少工作人员疲劳，简化清点工作。产品的相关性大小可以利用历史订单数据做分析。沃尔玛超市"啤酒"与"尿布"的经典案例正是利用这一原则。

> 🔵 **小贴士：**
>
> 　　在美国沃尔玛的一个超级市场的货架上，尿布和啤酒赫然地摆在一起出售，一个是日用品，一个是食品，两个风马牛不相及的物品摆在一起的结果是尿布和啤酒的销量双双激增。沃尔玛超市为什么要将这两个林产品摆在一起？摆在一起的结果为什么会使销量激增？原来，沃尔玛超市对一年多的原始销售交易数据进行详细分析，发现在美国有孩子的家庭中，太太经常嘱咐他们的丈夫下班以后要为孩子买尿布，而丈夫们在买完尿布以后又顺手带回了自己爱喝的啤酒，因此啤酒和尿布一起购置的时机是最多的。
>
> 　　（资料来源：在库作业与盘点［EB/OL］. https：//www. mayiwenku.com/p – 28760396. html. ）

3. 产品同一性法则

所谓同一性的原则，指把同一种林产品储放于同一保管位置的原则。这样作业人员对于货品保管位置能熟知，并且对同一种林产品的存取花费最少搬运时间，提高物流中心作业生产力。否则当同一种林产品放置于仓库内多个位置时，物品在存放取出等作业时不方便，对盘点以及作业人员对货架物品掌握程度都可能造成困难。

4. 产品类似性法则

所谓类似性的原则，是指将类似品存放在相邻货位保管的原则，此原则与同一性原则原理相同。

5. 产品互补性原则

替代性高的林产品也应存放于邻近位置，以便缺货时可迅速以另一种林产品替代。

6. 产品相容性法则

相容性低的产品不可放置在一起，以免损害品质。

7. 先入先出的法则

所谓先入先出，是指先保管的物品先出库，这一原则一般适用于寿命周期短的林产品，如感光纸、软片、食品等。

作为库存管理的手段来考虑时，先入先出是必需的，但是如果在产品型号变更少、寿命周期长、不易损耗等情况时，那么要考虑先入先出的管理费用及采用先入先出所得到的利益，将两者之间的优劣点比拟后，再来决定是否要采用先入先出的原则。

8. 叠高的法则

所谓叠高的原则，即像堆积木般将物品叠高。以物流中心整体有效保管的观点来看，提高保管效率是必要的，而利用托盘等工具来将物品堆码成一定的高度后，仓库利用率要比平置方式高许多。值得注意的是，如果在先入先出等库存管理限制条件很严时，一味地往上叠并非最正确的选择，应要考虑使用适宜的货架或积层架等保管设备，以使叠高原则不至影响出货效率。

9. 面对通道的法则

所谓面对通道法则，即物品面对通道来保管，将可识别的标号、名称让作业人员容易简单地识别。为了使物品的储存、取出能够容易且有效率地进行，物品就必须要面对通道来保管，这也是使物流中心内能流畅进行及活性化的根本原则。

10. 产品尺寸法则

在仓库布置时，应同时考虑物品单位大小以及由于相同的一群物品所造成的整批形状，以便能供给适当的空间满足某一特定要求。所以在存储物品时，必须要有不同大小位置的变化，用以容纳不同大小的物品和不同的容积。产品尺寸法那么可以使物品存储数量和位置适当，使得周转迅速，搬运工作及时间都能减少。一旦未考虑存储物品单位大小，将可能造成存储空间太大而浪费空间，或存储空间太小而无法存放；未考虑存储物品整批形状也可能造成整批形状太大无法同处存放。

11. 重量特性法则

所谓重量特性的原则，是指按照物品重量不同来决定储放物品于货位的上下位置。一般而言，重物应保管于地面上或货架的下层位置，而重量轻的物品那么保管于货架的上层位置假设是以人手进行搬运作业时，人腰部以下的高度用于保管重物或大型物品，而腰部以上的高度那么用来保管重量轻的物品或小型物品。

12. 产品特性法则

物品特性不仅涉及物品本身的危险及易腐蚀，同时也可能影响其他的物品，因此在物流中心布局时应考虑。

（二）林产品堆码

堆码是指将物品整齐、规则地摆放成货垛的作业（《物流术语》GB/T 18354－2021）。根据物品的包装、形状、性质、重量等特点，结合地面负荷、仓库层高、储存时间、林产品承重等因素，将物品堆码成不同形状的货垛。合理的堆码，不仅便于库存物品的管理，还能确保其平安性，不发生变质、变形等异常情况。

1. 林产品堆码的要求

（1）对林产品的要求。在堆码操作之前，必须彻底查清林产品的数量、质量，确保包装完好，标志清楚，假设外包装上有玷污、尘土的，要去除干净，不影响林产品质量。对于受潮、锈蚀以及已经发生某些质量变化或质量不合格的局部，应加工恢复或者剔出另行处理，与合格品不相混杂。同时，为便于机械化操作，金属材料等应打捆，机电产品和仪器仪表等可集中装箱的应装入包装箱中。

（2）对场地的要求。货垛可以根据需要，放置在库内，也可以放置于货棚或露天场地。但不同堆垛场地应到达的储存要求各有区别。

库内堆垛的，货垛应该在墙基线和柱基线以外，垛底需要垫高。

货棚内堆垛的，货棚需要防止雨雪渗透，货棚内的两侧或者四周必须有排水沟或管道，货棚内的地坪应该高于货棚外的地面，最好铺垫沙石并夯实。堆垛时要垫垛，一般应该垫高30～40厘米。

露天堆垛的，堆垛场地应该坚实、平坦、干燥、无积水以及杂草，场地必须高于四周地面，垛底还应该垫40厘米，四周必须排水畅通。

2. 堆码作业的要求

（1）合理。垛形必须适合林产品的性能特点，不同品种、型号、规格、牌号、等级、批次、产地、单价的林产品，均应该分开堆垛，以便合理保管。货垛形式要适应林产品的性质，有利于林产品的保管，能充分利用仓容和空间；货垛间距应符合作业要求以及防火平安要求，并要合理地确定堆垛之间的距离和走道宽度，便于装卸、搬运和检查，垛距一般为0.5～0.8米，主要通道为2.5～4米；大不压小，重不压轻，缓不压急，确保林产品质量和林产品的"先进先出"。

（2）牢固。物堆放稳定结实，货垛牢固，不偏不斜，必要时采用衬垫物将其固定。做到不压坏底层林产品或外包装：不超过库场地坪承载能力；货垛较高时，上部适当向内收小，与屋顶、梁柱、墙壁保持一定距离；易滚动的林产品，使用木楔或三角木固定，必要时使用绳索、绳网对货垛进行绑扎固定，确保堆垛牢固平安。

（3）定量。每行每层的数量力求成整数，便于林产品的清点。一般采用固定的长度和宽度，且为整数，如50袋成行，每层货量相同或成固定比例递减，能做到过目知数。每垛的数字标记清楚，货垛牌或料卡填写完整，摆放在明显位置。过秤林产品不成整数时，每层应该明显分隔，标明重量，便于清点发货。

（4）整齐。货垛堆放整齐，垛形、垛高、垛距标准化和统一化，货垛上每件林产品都排放整齐、垛边横竖成列，垛不压线；林产品外包装的标记和标志一律朝垛外。

（5）节约。尽可能堆高，防止少量林产品占用一个货位，以节约仓容，提高仓库利用率；妥善组织安排，做到一次作业到位，防止重复搬动，节约劳动消耗合理使用苫垫材料，防止浪费。

（6）方便。选用的垛形、尺度、堆垛方法，应便于堆垛作业、搬运装卸作业，提高作业效率；垛形方便理数、查验林产品，便于通风、苫盖等保管作业。

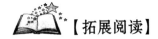 【拓展阅读】

木材的储存方法

1. 干存法

干存法是在最短期限内，把原木边材的含水率降低到25%或25%以下的保存方法，以防止菌、虫繁殖，但不能完全防止干裂。进行干存法时，最好是把木材剥皮后，归成通风良好、易于干燥的层楞或捆楞。一般楞高不超过2米，为更合理地利用机械作业和楞地，可允许堆较高的楞，但楞间距的净距离应少于楞高。为了减轻木材的干裂，可采取粗剥皮（保韧皮）、遮阴和端面涂料（如沥青煤焦油）等措施。

2. 湿存法

湿存法是使木材保持较高的含水率（80%～20%）的保存方法，以避免菌、虫与开裂的发生。湿存法最适用于新采伐的木材和水运到场地木材，但要求保留树皮。采用湿存法保存木材时，归楞工作要在最短时间内完成。为保持木材的含水率，楞地结构采用密实楞，楞长在40米以上，楞间隔要小，最好在1米左右。同时，最好创造一种小雨气候环境。这样，菌、虫的生命活动受到限制，并且在楞堆表面应尽量覆盖一层细枝条或树梢，使原木边材保持较高的含水率。

3. 水存法

水保存法在常规的木材加工企业和胶合板生产企业运用较多，但在现代红木加工企业运用极少。很多红木加工生产企业在材料处理时，增加了红木木材水煮工序，如果企业有水煮生产工序可以采用水保存法存放木材。

水保存法是将木材存放在河道、河泊等水流速度低而平缓的区域，或将原木存放在水池中，使木材表面水分呈饱和状态，可预防干裂，同时也可以防止菌类侵害，因木材含水率高则氧气的含量低，变色菌和腐朽菌难以生存，一般蛀虫也不易产生。将原木完全浸泡于水中，是最有效的保护方法。此方法在我国前期传统的红木家具生产就已经有使用，通常将木材存放在水中达到数月之久，待木材表面树皮腐烂、脱落后才进行后续的加工工序。

将木材存放在河道、河泊等水流速度低而平缓的区域储存木材方法，比较适合水运原木大批量到材的储存，红木生产企业规模比较小，可以将原木储存在水池中保存，该方法管理费用较低，由于红木原木有的是漂浮的，不能完全浸入水中，结果露出水面的部分肯定发生开裂、变色或腐朽。对漂浮的原木也可以经常翻动，保持木材处于全湿状态。也可采用喷水的方法，保持木材处于全湿状态。

4. 化学处理保存法

除了采用控制原木含水率的方法来保管原木外，为了减少菌虫、危害程度和端裂，还可以辅以化学药剂处理。对于湿存法、干存法，在原木断面上喷涂石蜡乳剂（10%），或涂石灰、煤焦油，或聚醋酸乙烯乳液与脲醛树脂（30∶70）、羧甲基纤维素与脲醛树脂等合成涂料，可以防止原木端部分水分蒸发，减少端裂。对喷防腐剂的楞堆，也有一定的防腐效果，通常采用的防腐剂有氧化锌、硫酸铜、硫酸锌、氟化钠、五氯酚钠等，但对喷药时间的控制，药液渗透原木的程度，还有待于实验和探索。

三、林产品出库作业管理

林产品出库业务储存业务的最后一个环节，是仓库根据使用单位或业务部门开出的林产品出库凭证（提货单、领料单、调拨单），按其所列的林产品名称、规格、数量和时间、地点等项目，组织林产品出库，登账、配货、复核、点交清理、送货等一系列工作的总称。

（一）林产品出库的方式

林产品出库的方式主要有以下六种形式。

1. 客户自提

客户自提是指客户自派车辆和人员，持提货单（领料单）到仓库直接提货的一种出库方式。这种方式是仓库通常所称的提货制。它具有"提单到库，随到随发，自提自运"的特点。为划清交接责任，仓库发货人与提货人在仓库现场，对出库林产品当面交接清楚并办理签收手续。这种方式适用于运输距离近，提货数量少的客户。

2. 送货上门

送货上门就是仓储单位派自己的车辆和人员，根据用户的要求，把出库凭证所开列的林产品，直接运送到客户指定地点的一种出库方式，这种发货形式就是通常所称的送货制。

仓库实行送货，要划清交接责任。仓储部门与运输部门的交接手续，是在仓库现场办理完毕的。运输部门与收货单位的交接手续，是根据货主单位与收货单位签订的协议，一般在收货单位指定的到货目的地办理。

送货具有"预先付货、按车排货、发货等车"的特点。仓库实行送货具有多方面的好处：仓库可预先安排作业，缩短发货时间；收货单位可避免因人力、车辆等不便而发生的取货困难；在运输上，可合理使用运输工具，减少运费。

3. 代办托运

代办托运是指仓库接受客户的委托，为客户办理林产品托运时，依据货主开具的出库凭证上所列林产品的品种、规格、质量、数量、价格等，办理出库手续，通过运输部门如公路、铁路、水路、航空等，把林产品发运到用户指定地点的一种出库方式。这种方式较为常见，也是仓库推行优质服务的措施之一。适用于大宗、长距离的林产品运输。

4. 过户

过户是一种就地划拨的形式。林产品虽未出库，但是所有权已从原有的货主转移到新的货主。仓库必须根据原有货主开出的正式过户凭证，才予办理过户手续。

5. 转仓

货主单位为了业务方便或改变林产品储存条件，需要将某批库存林产品从甲库移到乙库，这就是转仓的出库方式。仓库也必须根据货主单位开出的正式转仓票，才予办理转仓手续。

6. 取样

取样是货主对林产品质量检验、样品陈列等需要，到仓库取货样，仓库必须根据正式取样凭证才予发给样品，并做好财务记录。

（二）出库作业流程

出库作业
流程

由于各种类型的仓库具体储存的林产品种类不同，经营方式不同，林产品出库的程序也不尽相同，但就其出库的操作内容来讲，一般的出库作业流程如图 5-2 所示，主要包括出库凭证审核、拣货、发货检查、包装、分货及贴标签、出信息处理等。

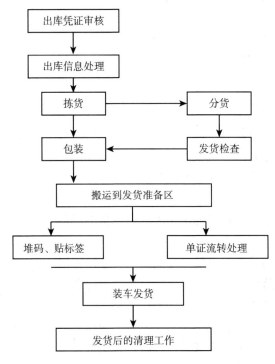

图 5-2　出库作业流程

1. 出库凭证审核

仓储业务部门接到林产品出库凭证（见表5-9）时，要对出库凭证进行仔细的审核工作。审核的主要内容包括以下几点。

（1）审核出库凭证的合法性和真实性。

（2）核对林产品的品名、型号、规格、单价、数量等有无错误。

（3）核对收货单位、到站、银行账号等是否齐全和准确。

表5-9　　　　　　　　　　　　　　领料单

用料单位：　　　　　　　编号：

项目或用途：　　　　　　登账日期：

领料日期：　　　年　　　月　　　日

物资编号	规格品名	单位	数量		单价	金额
			计划	实发		

领料单位主管：　　　　　领料人：　　　　　　报关员：

如发现出库凭证有问题，需经原开证单位进行更正并加盖公章后，才能安排发货业务。但在特殊情况下（如救灾、抢险等），可经领导批准先发货，事后及时补办手续。

2. 出库信息处理

出库凭证审核无误后，将出库凭证信息进行处理，采用人工处理方式时，记账员将出库凭证上的信息按照规定的手续登记入账，同时在出库凭证上批注出库林产品的货位编号，并及时核对发货后的结存数量。当采用计算机进行库存管理时，将出库凭证的信息录入微机后，由出库业务系统自动进行信息处理，并打印生成相应的拣货信息（见表5-10），作为拣货作业的依据。

表5-10　　　　　　　　　　　　拣货单　　　　　　　　拣货单号：_____

序号	商品名称	商品编号	储位号码	包装单位			拣取数量	备注
				托	箱	单		

拣货人：　　　　　　　　检查人：

3. 拣货

拣货作业是依据客户的订货要求或仓储配送中心的送货计划，尽可能迅速、准确地将林产品从其储位或其他区域拣取出来的作业过程。按照拣货过程自动化程度的不同，拣货分为人工拣货、机械拣货、半自动拣货和自动拣货四种方式。

拣货作业除了一些自动化设备逐渐被开发出来利用外，很多情况下还主要是劳动力密集型作业，为了有效提高作业效率，在进行拣货系统构筑时，可以从以下几个方面着手改进。

不要等待——零闲置时间；

不要拿去——零搬运；

不要走动——动线尽可能地短；

不要思考——零判断作业（尽可能依靠规程而不是依靠经验）；

不要寻找——储位管理；

不要书写——无纸化作业；

不要检查——条形码由电脑检查。

4. 分货

分货也称为配货，拣货作业完成后，根据订单或配送路线等不同的组合方式对货品进行分类。需要流通加工的林产品，先按流通加工方式分类，再按送货要求分类，这种作业称为分货作业。分货作业可分为人工分货和自动分货两种方式。

（1）人工分货。人工分货是指分货作业过程全部由人工完成。分货作业人员根据订单或其他方式传递过来的信息进行分货作业。分货完成后，由人工将各客户订购的上林产品放入已标示好的各区域或容器中，等待出货。

（2）自动分货。自动分货是利用自动分类机来完成分货工作的一种方式。自动分货系统一般应用于自动化仓库，适用于多品种，业务量大且业务稳定的场合。

5. 出货检查

为保证出库林产品不出差错，配货后应立即进行出库检查。出库检查是防止发货差错的关键。采用人工拣货和分货作业方式时，每经一个作业环节，必须仔细检查，按照"动碰复核"的原则，既要复核单货是否相符，又要复核货位结存数量来验证出库量是否正确。发货前由专职或兼职复核员按出库凭证对出库林产品的品名、规格、单位、数量等仔细地进行复验，检查无误后，由复核员在出库凭证上签字，方可包装或交付装运。在包装、装运过程中要再次进行复核。

6. 包装

出库林产品有的可以直接装运出库，有的还需要经过包装待运环节。特别是发往外地的林产品，为了适应安全运输的要求，往往需要进行重新组装，或加固包装等作业。凡是由仓库分装、改装或拼装的林产品，装箱人员要填制装箱单，标明箱内所装林产品的名称、型号、规格、数量以及装箱日起等，并由装箱人员签字或盖章后放入箱内供收货单位查对。为了保证出库林产品安全运达目的地，包装应符合下列要求。

（1）根据林产品的外形特点，选用适宜的包装材料，其重量和尺寸，应便于装卸搬运。

（2）要符合林产品运输要求，包装应牢固，内衬应稳固；怕潮林产品包装时应增加一层防潮材料；易碎林产品包装时应内垫软质衬垫物。包装的外部要做明显标志，标明对装卸搬运的要求及其他标志。

（3）严禁互相影响或性质互相抵触的林产品混合包装。

（4）要充分利用包装容积。

（5）要节约包装材料，尽量使用原包装物和旧包装物。

（6）包装完毕后，要在外包装上标明收货单位、到站、发货号、本批林产品的总包装件数、发货单位等，要字迹清晰，书写要准确。

7. 林产品交接

出库林产品无论是要货单位自提，还是交付运输部门发运，发货人员必须向收货人或运输人员按单逐件交接清楚，划清责任。在得到接货人员的认可后，再出库凭证上加盖"林产品付讫"印戳，同时给接货人员填发出门证，门卫安出门证核验无误后方可放行。

8. 出库后的处理工作

林产品交接以后应及时进行发货后的处理工作。人工处理过程由发货业务员在出库凭证上填写"实发数""发货日期"等项内容，并签名，然后将出库凭证其中的一联及有关证件资料，及时送交货主单位，以便货主办理货款结算事宜。根据留存的一联出库凭证登记实物储存明细账。做到随发随记，日清月结，账面余额与实际库存和卡片相符。出库凭证应该当日清理，定期装订成册，妥善保存，已备查用。采用微机管理系统，应及时将出库信息输入管理系统，系统自动更新数据。

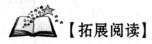【拓展阅读】

木材的出库管理

1. 出具调拨单

木材经过分类归楞入库后，便可以调拨销售。木材出库应按先入先调，后入后调的原则进行调拨，以免因堆放时间过长引起变质腐朽。木材出库必须由木材销售管理部门出具木材调拨通知单。调拨单的内容应包括：调出单位、调入单位、到达地点、树材种、数量、等级、规格、装车要求等。贮木场根据调拨通知单安排组织检验员检尺。调拨的木材应重新检尺，并做好记录，发现号印标记不对或者不清应重新标记，并以本次检验作为外调或者结算的数据。

2. 木材调运装车与监督复核

木材装车应注意需材单位对装车的特殊要求，如需材单位采用吊车卸车的，装车时则应放有垫木；装火车要符合铁路部门的规定要求。运输木材要有木材运输证、木材检疫证、木材检尺码单及有关票据等手续，严禁无证运输。为了保证装载数量的正确，木材装车时应有检验员专人监督。装载完毕后，再次清点木材根数，确保不多装少装木材。

3. 调拨检尺码单的填写

木材验收后，经过汇总复核，最后填写木材检尺码单。木材检尺码单由林业厅统一设计印制，任何单位和个人不得自行制作。领取检尺码单要登记备案，如果作废，不得销毁，作废的检尺码单要保存完整，不能缺联，并注明作废字样。

木材检尺码单共四联，第一联为存根，第二联为结算联，第三联为收货单位，第四联为随货同行。木材检尺码单填写要完整，包括如下内容：供货单位、收货单位、木材采伐证编号、树材种、规格、等级、根数、材积、数量合计、检验员（签字）、检验证号、审核人（签字）、检验日期、出单日期、检验单位（章）、供货单位（章）、到达地点、承运车号、承运人（签字）等。所有内容必须全部如实填写。签字由本人亲笔签写，不得由他人代签。特别注意一定要加盖检验单位公章。检尺码单内数字不能涂改，否则无效。广西壮族自治区木材检尺码单式样如表5-11所示。

表 5 – 11　　　　　　　　广西壮族自治区木材检尺码单

独木检单：No.00000001

供货单位						木树采伐证 编　号		
收货单位								
检验工具								
树（材）种	等级	规　格				数量 （棍、块）	材积 （m²）	
		检尺长 （m）	检尺径 （cm）	标准宽 （mm）	标准厚 （mm）			
合　计	棍（块）						m²	
检测员 （签字）		检验证号		审核 （签字）		证号		
检验地点				检验日期		年　月　日		
检验单位（章）				供货单位（章） 经手人：				

（右侧竖排）第一联：存根　第二联：结算联　第三联：收货单位（盖监制章）　第四联：随货同行（盖监制章）

注：码单内数字涂改、无检验员和审核人签字、无检验单位盖章无效。

　　4. 建立出库账目

　　木材出库要建立木材出库账目，出库账目包括：收货单位、规格、数量、等级、检验日期、出库日期，并由专人负责做账，当日出库的木材要当日入账，做到日清月结，及时汇总。每月要做木材调出月报表，年终要做年终报表。

　　5. 年终盘点

　　每年年底要进行年终盘点，盘点时由贮木场、生产管理单位、财务共同进行。盘点的原始记录及结果由参加盘点的人员签字确认，并形成年终总结报表。如果出现账货不符或盈亏超过2‰者，按规定的手续报上级处理；未超过2‰者，由企业按损益处理。

　　6. 木材出入库管理作业自动化

　　随着计算机的普及，用电脑管理木材的出入库数据已经得到了普遍应用。电脑的应用实现了办公自动化，大大提高了工作效率。

木材出入库管理作业自动化主要是指利用计算机和仪器设备，对木材进行检量和数据录入，并自动对数据进行分析；利用机械对木材进行分类归楞作业。利用计算机的图像识别技术，可以实现木材检验自动化，目前已经有这方面的软件。它的原理是：由计算机控制数字成像单元获取被检测木材的数字图像，并将数字图像传回计算机，图像处理系统对获取的数字图像进行相应的分析处理，最后得出所需的数据结果。它由这几个方面组成。

（1）数字成像系统：获取被检测对象的数字图像。

（2）计算机控制系统：控制数字成像系统进行数据采集和参数调整。

（3）计算机图像处理系统：图像预处理、图像模式识别、人机交互处理、图形结构参数计算及修复等。

（4）测试结果分析处理系统：测试结果的汇总和统计，形成报表及相关的数据库信息。

（5）输出、打印子系统，数据备份子系统。

木材检验是一项十分细致复杂的工作，要完全实现自动化并普遍应用到实际工作中，目前还有一定的困难，木材出入库管理作业自动化是当前还需要继续深入研究的课题。但木材的出入库数据管理计算机化比较容易实现，目前各单位已经普遍使用，因此当代木材检验员必须掌握计算机操作技术。

任务三　林产品仓储管理的现状及发展趋势

一、林产品仓储管理的现状

（一）我国林产品仓储管理存在的问题

尽管我国林产品仓储及其管理有了一定的发展，但还是在很多方面暴露了其存在的问题。

（1）库数量大，但布局不够合理。为了满足各自的需要，不同类型林产品纷纷建立自己的仓库，导致仓库数量众多，它们都在经济集中地区和交通便利的地方建设仓库，以至于林产品仓储布局极不合理，造成了部分地区林产品仓储大量剩余和部分地区林产品仓储能力不足的两极分化局面。

（2）林产品仓储技术发展不平衡，很多企业对提高仓库作业自动化、机械化的认识不足。一些大型企业的现代化仓库拥有非常先进的林产品仓储设备，包括各种先进的装卸搬运设备、高层货架仓库等。而很多仓库作业仍旧靠人工操作。这种林产品仓储技术方面发展的不平衡状态，严重地影响我国林产品仓储行业整体的运作效率。

（3）林产品仓储人才缺乏，林产品仓储管理人才更不多。发展林产品仓储行业，既需要掌握一定专业技术的人才，也需要善于操作的运用型人才，更需要林产品仓储管理型人才，而我国目前这几方面的人才都很匮乏。第四方物流市场调查显示，中国物流人才缺口为600万人左右，其中高级物流人才缺口为40万人左右。林产品仓储人才尤其是林产品仓储管理型人才缺乏也很严重。

（4）林产品仓储管理方面的法制、法规不够健全。我国已经建立的仓储方面的规章制度，随着生产的发展和科学水平的提高，有些已经不适合实际情况。目前，我国还没有一部完整的《仓库法》，林产品仓储管理人员的法制观念不强，林产品仓储内部的依法管理水平也比较低下，所以林产品仓储企业很难运用法律手段来维护企业的利益。

（二）我国林产品仓储管理的长足发展

我国林产品仓储业发展势头良好。自 21 世纪末经济发展达到了较高的水平，同时带动了林产品仓储业的发展，对林产品仓储业的发展也提出了较高的要求。大型的现代化库房开始出现在经济较发达的沿海地区和大中型城市，以满足地区发展对物资流通的现代化需求。

随着外资企业的进入，先进的林产品仓储管理系统和硬件设施也随之建立起来。现代商业体系的建立引导着林产品仓储业向着合理、高效、环保的方向发展。外贸进出口的快速增长也促使中国林产品仓储业与国际物流体系的快速接轨。

在林产品仓储业硬件设施得到改善的同时，林产品仓储业的管理水平也在不断提高。高校纷纷建立物流专业。为林产品仓储管理现代化提供了人才。各种社会物流培训机构的出现满足了企业发展对物流人员知识更新的要求。

政府管理机构对林产品仓储业的发展起到引导和规范的作用，所颁布的物流技术标准等对林产品仓储业的发展起着重要的作用。各种技术标准和管理措施的出台为林产品仓储业的发展奠定了良好的基础，并为中国物流业国际接轨提供了保证。

（三）加强和改进我国林产品仓储管理的对策和措施

物流产业已经成为我国新的经济增长点，作为物流最基本功能的林产品仓储及其管理必须引起足够的重视，并采取相应的对策和措施加强和改进林产品仓储管理。

（1）加强林产品仓储基础设施建设。要加大投入力度，努力提升现有仓库的基础设施，不断改造陈旧老化的仓库，更新使用现代化的林产品仓储设备。既要借鉴国内外的先进经验和技术，又要结合各地区的实际情况，不能贪大贪多，形成科学合理的林产品仓储设施网络。

（2）加快引入竞争机制，建立统一、公平有序的现代林产品仓储市场体系。为保障林产品仓储业的健康发展，就要规范市场秩序，加快引入竞争机制，建立统一开放、公平竞争、规范有序的现代林产品仓储体系。废除各类不符合国家法律、法规规定的有关规定，为林产品仓储企业的经营和发展创造宽松的外部环境。

（3）加强林产品仓储资源的整合，完善林产品仓储标准化体系。我国不同类型的林产品仓储企业的储运设施不能共用，影响了企业合理统筹林产品仓储资源的能力。为适应现代物流要求，要加强资源整合，建立林产品仓储网络。林产品仓储标准化不仅是为了实现林产品仓储环节和其他环节的密切配合，也是林产品仓储内部提高作业效率的有效手段。所以林产品仓储企业要不断完善其标准化体系。

（4）加快公共信息平台的建设，实现林产品仓储信息化管理。要提高仓库利用率、实现有效的库存控制，就要建立有效的信息网络，实现林产品仓储信息共享，积极推进企业林产品仓储管理信息化。运用现代信息技术构建公共信息平台，实现公共信息网络与林产品仓储网络的有效结合，提升企业林产品仓储信息化水平。

（5）引进并培育林产品仓储专业人才，完善培训体系。人才是企业的重要资源，要发展林产品仓储企业，就要有技术、管理等多方面的人才。林产品仓储企业要充分利用各种资源，积极从各高等院校引进相关人才，并加强对物流企业从业人员的在职培训等，加大林产品仓储专业人才培养和培训的力度。

（6）建立健全林产品仓储管理方面的法律、法规。建立健全以责任制为核心的规章制度是林产品仓储管理的一项基础工作。目前，我国缺乏比较完整的法律政策体系，所以要加快制定和健全林产品仓储管理方面的法律、法规体系，规范行业竞争秩序，调整各项政策，帮助企业更好的管理。

除上述六个方面外，政府还应该给林产品仓储业的发展提供积极的政策，主要有以下几个方面。

（1）仓库作为一个企业是物流运作主体，作为场地又是物流运作载体。林产品仓储企业可以有三种方向选择：一是林产品仓储企业向现代物流企业转型；二是保持林产品仓储企业的性质，但必须加以改造、提升；三是变成物流企业或生产与流通企业的配送中心。政府应当适时出台有关政策加以正确引导。

（2）仓储业是早已存在的一个行业，对仓储企业的有关政策也是明朗的，现在的问题是林产品原有仓储企业在向现代物流企业转型过渡中，要给予必要的鼓励政策。这里涉及市场准入、土地政策、税收政策、金融政策等。

（3）要重视现有仓库资源的整合，包括改造。这样做，对国家有利，对企业有利，省投资也省土地，但要有政策，特别是制造企业在物流外包后，仓库没有用，有的仓库面积不少，装备也可以，闲置是一种极大浪费。

二、林产品仓储管理的发展趋势

（一）林产品仓储管理的发展阶段

1. 人工和机械化的林产品仓储阶段

这阶段物资的输送、林产品仓储、管理、控制主要是依靠人工及辅助机械来实现。物料可以通过各种各样的传送带、工业输送车、机械手、吊车、堆垛机和升降机来移动和搬运，用货架托盘和可移动货架存储物料，通过人工操作机械存取设备，用限位开关、螺旋机械制动和机械监视器等控制设备来运行。机械化满足了人们对速度、精度、高度、重量、重复存取和搬运等方面的要求，其实时性和直观性是明显优点。

2. 自动化林产品仓储阶段

自动化技术对林产品仓储技术和发展起了重要的促进作用。20 世纪 50 年代末开始，相继研制和采用了自动导引小车（AVG）、自动货架、自动存取机器人、自动识别和自动分拣等系统。到 70 年代，旋转体式货架、移动式货架、巷道式堆垛机和其他搬运设备都加入了自动控制行列，但只是各个设备的局部自动化并各自独立应用，被称为"自动化孤岛"。

随着计算机技术的发展，工作重点转向物资的控制和管理，要求实时、协调和一体化。计算机之间、数据采集点之间、机械设备的控制器之间以及它们与主计算机之间的通信可以及时地汇总信息，仓库计算机及时地记录订货和到货时间，显示库存量，计划人员可以方便地作出供货决策，管理人员随时掌握货源及需求。

信息技术的应用已成为林产品仓储技术的重要支柱。到 20 世纪 70 年代末，自动化技术被越来越多地应用到生产和分配领域。"自动化孤岛"需要集成化，于是便形成了"集成系统"的概念。在集成化系统中，整个系统的有机协作，使总体效益和生产的应变能力大大超过各部分独立效益的总和。集成化仓库技术作为计算机集成制造系统中物资存储的中心受到人们的重视，在集成化系统里包括了人、设备和控制系统。

3. 智能化林产品仓储阶段

在自动化林产品仓储的基础上继续研究，实现与其他信息决策系统的集成，朝着智能和模糊控制的方向发展，人工智能推动了林产品仓储技术的发展，即智能化林产品仓储。现在智能化林产品仓储技术还处于初级发展阶段，21 世纪林产品仓储技术的智能化将具有广阔的应用前景。20 世纪 70 年代初期，我国开始研究采用巷道式堆垛机的立体仓库。1980 年，由北京机械工业自动化研究所等单位研制建成的我国第一座自动化立体仓库在北京汽车制造厂投产。从此以后，立体仓库在我国得到了迅速的发展。

根据《仓储物流行业发展前景分析 2023》，目前我国已建成的立体仓库有 300 座左右，其中全自动的立体仓库有 50 多座，高度在 12 米以上的大型立体仓库有 8 座。这些自动化的仓库主要集中在烟草、医药保健品、食品、通信和信息、家具制造业、机械制造业等传统优势行业。在此基础上，我国对仓库的研究也向着智能化的方向发展，但是目前我国还处于自动化林产品仓储的推广和应用阶段。

（二）林产品仓储管理的发展趋势

随着科学技术日益发展，全球经济一体化程度日新月异，林产品仓储管理将呈现新的发展趋势。其主要表现在以下几个方面。

1. 实现"零库存"管理

目前，"零库存"的概念已为我国越来越多的企业所接受。零库存并不是等于不设库存，而是对某一企业或组织来说，把自己库存向上转移给供应商或向下转移给零售商，以实现自己的零库存。在科学技术发展的今天，零库存是完全可以实现的。例如丰田公司的准时制生产方式完全有效地消除了库存，实现了零库存。从物流运动合理化的角度来研究问题，零库存概念应包含有两层意义：一是库存对象物的数量趋于零或等于零（即近乎于无库存）；二是库存设施、设备的数量及库存劳动耗费同时趋于零或等于零（即不存在库存活动）。后一种意义上的零库存，实际上是社会库存结构的合理调整和库存集中化的表现，就其经济而言，它并不来自通常意义上的库场物资数量的合理减少。

2. 整合化管理

整合化管理就是指把社会的仓储设施，各相关供应商、零售商、制作商、批发商，甚至客户的仓储设施进行整合，以达到企业库存管理的优化。也就是说在供应链管理的框架下，要实行林产品仓储管理，把相关林产品仓储管理的作业或设施进行重建。

供应链管理下的林产品仓储管理，能够在动态中达到最优化这一目标，在满足顾客要求的前提下，争取尽最大努力降低库存，从而可以提高供应链的整体效益。

3. 计算机化与网络化管理

计算机，它具有高强度记忆功能，能把负责的林产品仓储管理工作进一步简化并大大提高效率；它具有准确计算能力，使人们增强了对它的信赖；它可以对临时变化进行应付，对临时需要进行适时处理。因此，计算机已经成为库存控制信息系统的核心，作为对各项管理业务发出企业指令的指挥中心而起到重大的作用。

练习与思考

1. 多项选择题

（1）林产品入库验收的内容包括（　　　）。

A. 数量验收　　　　　　B. 质量验收　　　　　C. 包装验收　　　　D. 品名

（2）货位分配考虑的原则有（　　　）。

A. 货架受力均匀，上轻下重　　　　　　B. 加快周转，先入先出

C. 提高可靠性，分巷道存放　　　　　　D. 提高效率，就近进出库

（3）林产品仓储管理的发展阶段包括（　　　）。

A. 人工和机械化的林产品仓储阶段　　　B. 现代化林产品仓储阶段

C. 自动化林产品仓储阶段　　　　　　　D. 智能化林产品仓储阶段

2. 简答题

（1）仓储管理的内容有哪些？

（2）林产品出库的方式有哪些？

（3）在分区分类策略下，货位分配主要遵循哪些原则？

实训任务

任务背景：今有 A、B、C、D、E、F、G、H 八种商品，其本月的收入出库次数如表 5 - 12 所示，某仓库货位布置如图 5 - 3 所示。

表 5 - 12　　　　　　　　　　　　　商品入出库次数表

序号	商品品种	本月入库次数	本月出库次数
1	A	52	32
2	B	8	6
3	C	20	60
4	D	25	12
5	E	60	15
6	F	10	25
7	G	5	7
8	H	15	35

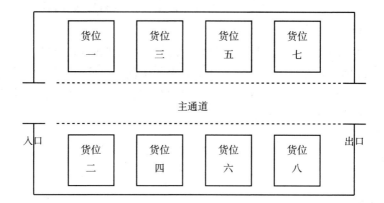

图 5－3　仓库货位布置

任务要求：请你合理安排这八种商品在这段时间的货位。

项目
六

林产品流通加工管理

【学习目标】

❖知识目标
1. 掌握流通加工的基本知识
2. 掌握林产品流通加工方式及意义
3. 掌握林产品流通加工的合理化

❖技能目标
1. 区分流通加工的类型
2. 掌握林产品流通加工的合理化
3. 能够针对不同的流通加工不合理情况，采取对应的措施

❖素质目标
1. 具有从事基层流通加工管理的能力
2. 具有团队协作能力和独立制订工作计划的能力

【本章导学】

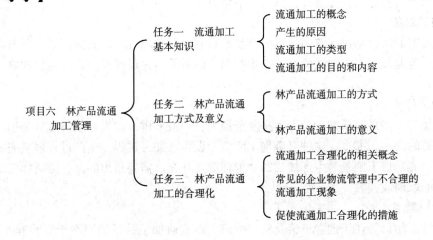

项目六　林产品流通
加工管理

任务一　流通加工
基本知识
- 流通加工的概念
- 产生的原因
- 流通加工的类型
- 流通加工的目的和内容

任务二　林产品流通
加工方式及意义
- 林产品流通加工的方式
- 林产品流通加工的意义

任务三　林产品流通
加工的合理化
- 流通加工合理化的相关概念
- 常见的企业物流管理中不合理的流通加工现象
- 促使流通加工合理化的措施

案例导读

我国已成为全球木材进口的重要国家，从北半球的西伯利亚到南半球的新西兰皆有进口，我国也是林产品出口大国，包括木质家具、人造板、纸和纸制品，影响着世界木质林产品出口市场。

（资料来源：近十年我国木质林产品进出口走势及对策建议［EB/OL］. http：//www. forestry. gov. cn/jjyj/1581/20210809/093156479250907. html.）

　［思考］

试分析流通加工在林产品贸易中的重要性。

任务一　流通加工基本知识

一、流通加工的概念

（一）流通加工的定义

根据《中华人民共和国国家标准物流术语》，流通加工（distribution processing）是为了提高物流速度和物品的利用率，在物品进入流通领域后，按客户的要求进行的加工活动，即在物品从生产者向消费者流动的过程中，为了促进销售、维护商品质量和提高物流效率，对物品进行一定程度的加工。流通加工通过改变或完善流通对象的形态来实现"桥梁和纽带"的作用，因此流通加工是流通中的一种特殊形式。随着经济增长，国民收入增多，消费者的需求出现多样化，促使在流通领域开展流通加工。目前，在世界许多国家和地区的物流中心或仓库经营中都大量存在流通加工业务，在日本、美国等物流发达国家则更为普遍。

现代物流实用词典指出，流通加工是指物品在从生产地到使用的过程中，根据需要施加包装、分割、计量、分拣、刷标志、贴标准、组装等简单作业的总称。

（二）流通加工的特点介绍

与生产加工相比较，流通加工具有以下特点。

1. 加工对象

流通加工的对象是进入流通过程的商品，具有商品的属性，以此来区别多环节生产加工中的一环。流通加工的对象是商品，而生产加工的对象不是最终产品，而是原材料、零配件或半成品。

2. 加工程度

流通加工大多是简单加工，而不是复杂加工，一般来讲，如果必须进行复杂加工才能形成人们所需的商品，那么，这种复杂加工应该专设生产加工过程。生产过程理应完成大部分加工活动，流通加工则是对生产加工的一种辅助及补充。需要指出的是，流通加工绝不是对生产加工的取消或代替。

3. 价值观点

生产加工的目的在于创造价值及使用价值，而流通加工的目的则在于完善其使用价值，并在不做大的改变的情况下提高价值。

4. 加工责任人

流通加工的组织者是从事流通工作的人员，能密切结合流通的需要进行加工活动。从加工单位来看，流通加工由商业或物资流通企业完成，而生产加工则由生产企业完成。

5. 加工目的

商品生产是为交换、消费而进行的生产，而流通加工是为了消费（或再生产）所进行的加工，这一点与商品生产有共同之处。但是流通加工有时候也是以自身流通为目的，纯粹是为流通创造条件，这种为流通所进行的加工与直接为消费进行的加工在目的上是有所区别的，这也是流通加工不同于一般生产加工的特殊之处。

二、产生的原因

（一）流通加工的出现与现代生产方式有关

现代生产发展趋势之一就是生产规模大型化、专业化，依靠单品种、大批量的生产方法降低生产成本获取规模经济效益，这样就出现了生产相对集中的趋势。这种规模的大型化、生产的专业化程度越高，生产相对集中的程度也就越高。生产的集中化进一步引起产需之间的分离，产需分离的表现：首先，为人们认识的是空间、时间及人的分离，即生产及消费不在同一个地点，而是有一定的空间距离；其次，生产及消费在时间上不能同步，而是存在着一定的"时间差"；最后，生产者及消费者不是处于一个封闭的圈内，某些人生产的产品供给成千上万人消费，而某些人消费的产品又来自其他许多生产者。弥补上述分离的手段则是运输、储存及交换。

近年来，人们进一步认识到，现代生产引起的产需分离并不局限于上述三个方面，这种分离是深刻而广泛的。第四种重大的分离就是生产及需求在产品功能上分离。尽管"用户第一"等口号成了许多生产者的主导思想，但是，生产毕竟有生产的规律，尤其在强调大生产的工业化社会，大生产的特点之一就是"少品种、大批量、专业化"，产品的功能（规格、品种、性能）往往不能和消费需要密切衔接。弥补这一分离的方法，就是流通加工。所以，流通加工的诞生实际是现代生产发展的一种必然结果。

（二）流通加工不仅是大工业的产物，也是网络经济时代服务社会的产物

流通加工的出现与现代社会消费的个性化有关。消费的个性化和产品的标准化之间存在着一定的矛盾，使本来就存在的产需第四种形式的分离变得更加严重。本来，弥补第四种分离可以采取增加一道生产工序或消费单位加工改制的方法，但在个性化问题十分突出之后，采取上述弥补措施将会使生产及生产管理的复杂性及难度增加，按个性化生产的产品难以组织高效率、大批量的流通。所以，在出现了消费个性化的新形势及新观念之后，就为流通加工开辟了道路。

（三）流通加工的出现还与人们对流通作用的观念转变有关

在社会再生产全过程中，生产过程是典型的加工制造过程，是形成产品价值及使用价值

的主要过程，再生产型的消费究其本质来看也是和生产过程一样，通过加工制造消费了某些初级产品而生产出深加工产品。历史上在生产不太复杂、生产规模不大时，所有的加工制造几乎全部集中于生产及再生产过程中，而流通过程只是实现商品价值及使用价值的转移而已。

在社会生产向大规模生产、专业化生产转变之后，社会生产越来越复杂，生产的标准化和消费的个性化出现，生产过程中的加工制造常常满足不了消费的要求。而由于流通的复杂化，生产过程中的加工制造也常常不能满足流通的要求。于是，加工活动开始部分地由生产及再生产过程向流通过程转移，在流通过程中形成了某些加工活动，这就是流通加工。

流通加工的出现使流通过程明显地具有了某种"生产性"，改变了长期以来形成的"价值及使用价值转移"的旧观念，这就从理论上明确了：流通过程从价值观念来看是可以主动创造价值及使用价值的，而不单是被动地"保持"和"转移"的过程。因此，人们必须研究流通过程中孕育着多少创造价值的潜在能力，这就有可能通过努力在流通过程中进一步提高商品的价值和使用价值，同时，却以很少的代价实现这一目标。这样，就引起了流通过程从观念到方法的巨大变化，流通加工则适应这种变化而诞生。

（四）效益观念的树立也是促使流通加工形式得以发展的重要原因

20 世纪 60 年代后，效益问题逐渐引起人们的重视，过去人们盲目追求高技术，引起了燃料、材料投入的大幅度上升，结果新技术、新设备虽然采用了，但往往是得不偿失。70年代初，第一次石油危机的发生证实了效益的重要性，使人们牢牢树立了效益观念，流通加工可以以少量的投入获得很大的效果，是一种高效益的加工方式，自然得以获得了很大的发展。所以，流通加工从技术上来讲，可能不需要采用什么先进技术，但这种方式是现代观念的反映，在现代的社会再生产过程中起着重要作用。

三、流通加工的类型

根据不同的目的，流通加工具有不同的类型。

1. 为适应多样化需要

生产部门为了实现高效率、大批量的生产，其产品往往不能完全满足用户的要求。这样，为了满足用户对产品多样化的需要，同时又要保证高效率的大生产，可将生产出来的单一化、标准化的产品进行多样化的改制加工。例如，对钢材卷板的舒展、剪切加工；平板玻璃按需要规格的开片加工；木材改制成枕木、板材、方材等加工。

2. 为方便消费、省力

根据下游生产的需要将商品加工成生产直接可用的状态。例如，根据需要将钢材定尺、定型，按要求下料；将木材制成可直接投入使用的各种型材；将水泥制成混凝土拌合料，使用时只需稍加搅拌即可使用等。

3. 为保护产品

在物流过程中，为了保护商品的使用价值，延长商品在生产和使用期间的寿命，防止商品在运输、储存、装卸搬运、包装等过程中遭受损失，可以采取稳固、改装、保鲜、冷冻、涂油等方式。例如，水产品、肉类、蛋类的保鲜、保质的冷冻加工、防腐加工等；丝、麻、棉织品的防虫、防霉加工等。还有，如为防止金属材料的锈蚀而进行的喷漆、涂防锈油等措施，运用手工、机械或化学方法除锈；木材的防腐朽、防干裂加工；煤炭的防高温自燃加工；水泥的防潮、防湿加工等。

4. 为弥补生产加工不足

由于受到各种因素的限制，许多产品在生产领域的加工只能到一定程度，而不能完全实现终极的加工。例如，木材如果在产地完成成材加工或制成木制品的话，就会给运输带来极大的困难，所以，在生产领域只能加工到圆木、板、方材这个程度，进一步的下料、切裁、处理等加工则由流通加工完成；钢铁厂大规模的生产只能按规格生产，以使产品有较强的通用性，从而使生产能有较高的效率，取得较好的效益。

5. 为促进销售

流通加工也可以起到促进销售的作用。比如，将过大包装或散装物分装成适合依次销售的小包装的分装加工；将以保护商品为主的运输包装改换成以促进销售为主的销售包装，以起到吸引消费者、促进销售的作用；将蔬菜、肉类洗净切块以满足消费者要求等。

6. 为提高加工效率

许多生产企业的初级加工由于数量有限，加工效率不高。而流通加工以集中加工的形式，解决了单个企业加工效率不高的弊病。它以一家流通加工企业的集中加工代替了若干家生产企业的初级加工，促使生产水平有一定的提高。

7. 为提高物流效率

有些商品本身的形态使之难以进行物流操作，而且商品在运输、装卸搬运过程中极易受损，因此需要进行适当的流通加工加以弥补，从而使物流各环节易于操作，提高物流效率，降低物流损失。例如，造纸用的木材磨成木屑的流通加工，可以极大提高运输工具的装载效率；自行车在消费地区的装配加工可以提高运输效率，降低损失；石油气的液化加工，使很难输送的气态物转变为容易输送的液态物，也可以提高物流效率。

8. 为衔接不同运输方式

在干线运输和支线运输的结点设置流通加工环节，可以有效解决大批量、低成本、长距离的干线运输与多品种、少批量、多批次的末端运输和集货运输之间的衔接问题。在流通加工点与大生产企业间形成大批量、定点运输的渠道，以流通加工中心核心，组织对多个用户的配送，也可以在流通加工点将运输包装转换为销售包装，从而有效衔接不同目的的运输方式。比如，散装水泥中转仓库把散装水泥装袋、将大规模散装水泥转化为小规模散装水泥的流通加工，就衔接了水泥厂大批量运输和工地小批量装运的需要。

9. 生产—流通一体化

依靠生产企业和流通企业的联合，或者生产企业涉足流通，或者流通企业涉足生产，形成的对生产与流通加工进行合理分工、合理规划、合理组织，统筹进行生产与流通加工的安排，这就是生产—流通一体化的流通加工形式。这种形式可以促成产品结构及产业结构的调整，充分发挥企业集团的经济技术优势，是目前流通加工领域的新形式。

10. 为实施配送

这种流通加工形式是配送中心为了实现配送活动，满足客户的需要而对物资进行的加工。例如，混凝土搅拌车可以根据客户的要求，把沙子、水泥、石子、水等各种不同材料按比例要求装入可旋转的罐中。在配送路途中，汽车边行驶边搅拌，到达施工现场后，混凝土已经均匀搅拌好，可以直接投入使用。

四、流通加工的目的和内容

（一）目的

流通阶段的加工即物流加工，处于不易区分生产还是物流的中间环节，尽管它可以创造性质和形态的使用效能，但是还是应该从物流机能拓展的角度将其看作物流的构成要素为宜。流通加工的目的可归纳为以下几点。

（1）适应多样化的客户的需求。

（2）在食品方面，可以通过流通加工来保持并提高其保存机能。

（3）提高商品的附加值。

（4）可以规避风险，推进物流系统化。

（二）内容

1. 食品的流通加工

流通加工最多的是食品行业，为了便于保存，提高流通效率，食品的流通加工是不可缺少的，如鱼和肉类的冷冻，蛋品加工，生鲜食品的原包装，大米的自动包装，上市牛奶的灭菌等。

2. 消费资料的流通加工

消费资料的流通加工是以服务客户，促进销售为目，如衣料品的标识和印记商标，家具的组装，地毯剪接等。

3. 生产资料的流通加工

具有代表性的生产资料加工是钢铁的加工，如钢板的切割，使用矫直机将薄板卷材展平等。

任务二　林产品流通加工方式及意义

一、林产品流通加工的方式

（一）几种典型产品流通加工的作业方式介绍

1. 水泥的流通加工

（1）水泥熟料的流通加工。按照当地的实际需要大量掺加混合材料，更好地衔接产需，方便用户；容易以较低的成本实现大批量、高效率的输送，大大降低水泥的输送损失。

（2）集中搅拌混凝土。将水泥的使用从小规模的分散状态改变为大规模的集中加工形态，在相同的生产条件下，能大幅度降低设备、设施、电力、人力等费用；可以采取准确的计量手段，选择最佳的工艺，提高混凝土的质量和生产效率，节约水泥；可以减少加工据点，形成固定的供应渠道，实现大批量运输，使水泥的物流更加合理：有利于新技术的采用，简化工地的材料管理，节约施工用地等。

2. 钢铁的流通加工

剪板加工是在固定地点设置剪板机进行下料加工或设置切割设备将大规模钢板裁小，或切裁成毛坯，降低销售起点，便利用户。此外，还有薄板的切断、型钢的熔断、厚钢板的切割、线材切断等集中下料、线材冷拉加工等。

3. 木材的流漏加工

磨制木屑、压缩输送集中开木下料，按用户要求供应规格。原木利用率能提高到95%，出材率提高到72%左右。

4. 煤炭及其他燃料的流通加工

以提高煤炭纯度为目的的除矸加工：将煤炭磨成细粉，再用水调合成浆状。像其他液体一样由管道输送进行的煤浆加工在使用地将各种煤及一些其他发热物质，按不同配方进行掺配加工，生产出各种不同发热量的燃料，称为配煤加工：天然气、石油气等气体的液体加工。

5. 平板玻璃的流通加工

"集中套裁，开片供应"是一种重要的流通加工方式。这种方式的好处如下。

（1）将利用率提高到90%以上（不实行套裁时玻璃的利用率为62%～65%）。

（2）促进平板玻璃包装方式的改革。从工厂向套裁中心输送玻璃，如果形成固定渠道，便可以大规模集装，这样可以节约大量包装用的木材，而且减少运输中的大量破损。

（3）有利于玻璃厂简化规格，实行单品种大批量生产。这不但提高工厂生产效率，而且简化了工厂切裁、包装等工序。

（4）专用设备套裁，减少碎玻璃数量并且易于集中处理废料。

6. 生鲜食品的流通加工

（1）冷冻加工。鲜肉、鲜鱼、某些液体商品、药品等为了在流通中保鲜及易于装卸搬运，采用低温冻结方式。

（2）精制加工。农、牧、副、渔等产品的精制加工是在产地或销售地设置加工点，去除无用部分，甚至可以进行切分、洗净、分装等加工，以便分类销售。

（3）分选加工。农副产品规格、质量离散情况较大，为获得一定规格的产品，采取人工或机械分选的方式加工称为分选加工，适用于果类、瓜类、谷物、棉毛原料。

（4）分装加工。分装加工生鲜食品时，大包装改小包装、适合运输的包装改成适合销售的包装。

7. 机械产品及零配件的流通加工

（1）组装加工。如自行车、摩托车、汽车的组装，解决储运问题，降低储运费用，以半成品（部件）高容量包装出厂，在消费地拆箱组装，组装一般由流涵部门进行，组装后再进行销售。近几年，这种流通方式已被我国广泛采用。

（2）开张成型加工。石棉橡胶板是机械装备、热力装备、化工装备经常使用的一种密封材料，单张厚度3毫米左右，单张尺寸有的达4米，在储运过程中极易发生折角等损失。此外，许多用户所需的垫塞圈，规格比较单一，不可能安排各种规格尺寸的垫圈套裁，利用率也很低。石棉橡胶板的开张成型加工，是按用户所需垫塞物体尺寸裁制，不但方便用户使用和储运，而且可以安排套裁，提高利用率，减少边角余料的损失，降低成本。这种流通加工的地，点一般设在使用地区，由供应部门组织。

（二）木材的流通加工方式

市场上流通的木材都是从原木加工而来的，而原木木材资源的供给主要来源有两个方面，一个是国内木材生产，另一个是国际木材进口。然而这些原木的资源都是从森林中采伐而来，当原木从森林中采伐下来后，就必然要进入市场进行流通。这样一来，木材的流通环节就是一个至关重要的环节。木材的流通决定着木材最终的品质和价格。

木材的流通连接着木材资源的生产和消费，木材资源能否高效、稳定、合理的进入消费领域，满足木材产业发展的需求取决于木材流通。

当木材进入流通环节后，有多种流通方式，主要有以下四种方式。

（1）进口木材在口岸车站、港口交易市场直接销售，节约了仓储和运输成本。

（2）大型木材集散中心市场，既有专业木材市场，也有综合木材市场，担负了向全国各地分流木材的功能。

（3）各种木材批发和零售市场大量涌现，如建材超市、家具商店、高端的品牌专卖店和低端的个体零售门店等。

（4）现代化的商业模式，如电子商务和期货交易等；或者现代化在大中城市举办的国际国内木材产品展会活动等。

（三）我国现代林产品流通加工发展中存在的问题

1. 林产品流通加工配送信息技术落后

而今我国乡村经济发展势头良好，经济生活水平在不断提高，但和城市相比差距不容小觑，农民的收入少，农村的市场发展相对落后，储存、保鲜等方法落后，而且条件有限，后期加工技术水平低，致使林产品的保存时间短，销售范围小。同时，广大农村地区整体对物流的不重视、对物流知识掌握得少、对物流相关政策了解不确切甚至空白、对物流作业的规范掌握少等都与林产品流通加工配送发展较慢有着很大的关系。

2. 流通过程繁冗，参与人员较多

林产品在流通过程中环节较多，一般要经过生产市场、大型集散中心、各级分销市场和最终消费者等流通环节。主要发生的问题有：由于整个流通环节繁杂，用时较多，林产品又对时间要求较高，造成很多浪费及损失；价格相差悬殊，从最开始的生产者到最终消费者因为经过的流通环节太多，价格相差很大；信息不对称，由于从生产者到最终消费者之间的利益人较多，市场的真实信息特别容易失真，使整个供应链的效率低下。

3. 产品信息化硬件设备落后、标准化程度较低，物流运作成本高

由于我国农村的管理体制与国外不同，不是大面积机械化统一生产，种什么都由农民自行决定，所以种植较为分散，并且生产规模相对较小，导致了信息分散。林产品本身是一种非加工型产品，外在形状和内在的真实品质很难达到一致，人工控制也很难做到，这使得运输、包装、装卸搬运和储存都很难得以实现标准化。在物流的各个领域中如配送、装卸搬运、仓储、信息处理、流通加工等每一个环节的实现，都要有很完备的基础设施得以支持，提高物流的效率，才能够使得农产品在流通过程中减少损失，保证质量。

4. 林产品加工程度低，附加值不高

在整个市场当中，林产品的包装技术始终落后，仅仅起到一个保护产品、方便运输的功能，有部分品牌的农产品得以很好的流通加工，但绝大多数的林产品还是以散装的形式出现在市场，且林产品品牌相对其他产品数量极少，市场占有率偏低，覆盖范围小。在加工增值这一方面，林产品很难实现。虽然农民这方面的意识有所改进，但面临着包装的高成本以及对市场掌握的不确定性，简单包装的林产品虽然有所增加，但还是以散装占据大部分市场，这就致使流通环节的大部分利润来源于不同分销商间的差价而不是林产品的加工附加值。

5. 林产品流通加工配送规划不合理、信息不能实时共享

虽然政府对配送网点加大了力度，大力增加批发市场的数量，但是由于各级政府自行建设，只重视批发市场的基础设施的选址和房屋建设，没有站在整个供应链的角度来全盘规划，导致很多批发市场起不到任何作用，有很多重复性建设，并且对整个货物流通中所必需的仓储、包装、分拣、装卸搬运和货物冷藏等物流设施设备的建设很少，现代化设施占比小，以往传统的作业方式仍在流通加工中大量应用。

（四）林产品流通加工的发展对策

1. 发挥政府的宏观调控作用并建设林产品流通加工配送信息服务平台

政府应建立全国统一的林产品批发市场，通过该市场来收集整理和发布一些林产品的供需数据以及交易价格等信息，让农民从该市场获得真正有用的信息，降低林产品在生产以及销售过程中的不准确性和盲目性。应用林产品流通加工配送信息平台把林产品从生产到流通和消费等联通起来，向林产品供应链上的各级主体提供真实有效的信息。

2. 大力发展林产品流通加工产业

要形成新型的林产品流通加工配送产业的文化理念，坚持社会效益和经济效益相统一，大力改善农产品流通过程中涉及的仓储、包装、信息处理、装卸搬运、流通加工和配送等环节；运用发展林产品流通加工配送产业，降低林产品的浪费以及损失，形成更加经济环保的流通加工配送；建立不同层次的林产品流通加工配送机构，让农民得以从事林产品流通加工配送相关工作，激发农村发展活力。

3. 加强林产品流通加工系统信息化建设

加强技术的创新，提高整个林产品物流的技术水平，使林产品在整个物流供应链中得到很好的流通。林产品可以极力地打造自身的品牌形象，使一系列林产品都具有知名度，集体扩大市场占有率，加强"名牌战略"。提高林产品保存的时间以及扩大林产品的销售半径，增加知名度，需要进一步提高林产品的包装技术还有流通加工技术。加强对互联网的应用，使林产品与时俱进不再使用传统的贸易往来模式，而要利用电子商务建立沟通平台，使信息能够及时准确地传达给农民以及分销商，让林业具有一定的产业优势，促进乡村产业振兴。

4. 加强保鲜技术在林产品流通加工中的应用

包装是生产的最后一道工序，同时也是物流的起点，在林产品的流通领域占有重要的地位，包装又是把运输、装卸搬运、仓储等物流活动有机联系起来的一种手段，在实现物流系统化的过程中起很重要的作用，具体来讲，首先林产品包装能够保护产品、降低物流费用、增加商品附加值等功能。其次要提高林产品流通加工配送的冷链物流技术。增强林产品仓储运输工具和设备的研发生产，使储运环节的损耗率得以降低，增加冷藏货运车辆的生产及运营，保证冷藏货物的质量良好。

二、林产品流通加工的意义

（一）流通加工的意义

流通加工的意义主要表现为以下几个方面。

1. 提高原材料利用率

通过流通加工进行集中下料，将生产厂商直接运来的简单规格产品，按用户的要求进行下料。例如将钢板进行剪板、切裁；木材加工成各种长度及大小的板、方等。集中下料可以优材优用、小材大用、合理套裁，明显地提高原材料的利用率，有很好的技术经济效果。

2. 方便用户

用量小或满足临时需要的用户，不具备进行高效率初级加工的能力，通过流通加工可以使用户省去进行初级加工的投资、设备、人力，方便了用户。目前发展较快的初级加工有：将水泥加工成生混凝土、将原木或板、方材加工成门窗、钢板预处理、整形等加工。

3. 加工效率及设备利用率

在分散加工的情况下，加工设备由于生产周期和生产节奏的限制，设备利用时松时紧，使得加工过程不均衡，设备加工能力不能得到充分发挥。而流通加工面向全社会，加工数量大，加工范围广，加工任务多。这样可以通过建立集中加工点，采用一些效率高、技术先进、加工量大的专门机具和设备，一方面提高了加工效率和加工质量，另一方面还提高了设备利用率。

（二）流通加工在物流中的地位

流通加工在物流中的地位表现在以下几个方面。

1. 有效地完善了流通

流通加工在实现时间效用和场所效用这两个重要功能方面，确实不能与运输和保管相比，因而，流通加工不是物流的主要功能要素。另外，流通加工的普遍性也不能与运输、保管相比，流通加工不是对所有物流活动都是必需的。但这绝不是说流通加工不重要，实际上它也是不可轻视的，它具有补充、完善、提高与增强的作用，能起到运输、保管等其他功能要素无法起到的作用。所以，流通加工的地位可以描述为：提高物流水平，促进流通向现代化发展。

2. 是物流的重要利润来源

流通加工是一种低投入、高产出的加工方式，往往以简单加工解决大问题。实践中，有的流通加工通过改变商品包装，使商品档次升级而充分实现其价值；有的流通加工可将产品利用率大幅提高 30%，甚至更多。这些都是采取一般方法以期提高生产率所难以做到的。实践证明，流通加工提供的利润并不亚于从运输和保管中挖掘的利润，因此我们说流通加工是物流业的重要利润来源。

3. 是重要的加工形式

流通加工在整个国民经济的组织和运行方面是一种重要的加工形式，对推动国民经济的发展、完善国民经济的产业结构具有一定的意义。

任务三 林产品流通加工的合理化

流通加工是一项重要的物流活动，近些年来被广泛应用于企业中，这是因为流通加工的应用能够为企业带来诸多益处，比如可以方便客户消费，更好地满足客户的多样化需求；能够丰富商品的用途，提升商品的价值，从而提升企业的效益等。但是随着企业应用的增多，一些流通加工不合理化问题也伴随其中，因此研究流通加工合理化问题也显得尤其关键。

一、流通加工合理化的相关概念

中华人民共和国国家标准《物流术语》对流通加工的定义是："根据客户的需要，在流通过程中，对产品实施的简单加工作业活动（如包装、分割、计量、分拣、刷标志、拴标签、组装等）的总称。"流通加工合理化指实现流通加工的最优配置，不仅做到避免各种不合理流通加工，使流通加工有存在的价值，而且综合考虑流通加工与配送、运输、商流等的有机结合，做到最优的选择，以达到最佳的流通加工效益。

二、常见的企业物流管理中不合理的流通加工现象

流通加工场所选址即布局状况直接关系到整个流通加工是否有效。一般来说，选址不当主要表现为以下两种情况。

1. 流通加工场所设置在生产地区

有些企业将流通加工场所设置在距离生产地更近的地方，甚至就在生产地区，显然是不合理的，如某企业的加工中心距离生产基地 5 千米，而距离销售商 30 千米，显然欠妥，因为流通加工往往是根据客户的多样化需求进行加工，加工完成后配送给客户，所以加工中心应离销售商更近些。

2. 流通加工场所设置在进入社会物流之后

若将其设在物流之后，也就是消费地，这样在流通中往往会增加中转加工环节，不但解决不了物流问题，还会带来物流成本的提高。

总之，为解决单品种大批量生产与客户多样化需求之间的矛盾，流通加工环节应安置在产出地，设置在进入社会物流之前，这样才能实现大批量干线运输与多品种末端配送相结合的物流优势。

3. 流通加工环节成本高

效益小流通加工之所以成为很多企业青睐的业务策略，往往是因其在流通加工环节较低的投入会带来企业最终效益的提高。如果流通加工成本过高，就不能实现以较低投入带来较高收益的优势，也不利于物流总成本的降低。因此，衡量流通加工合理化的一个关键要点就是成本适中并且能够为企业带来可观的收益。

4. 流通加工与企业生产加工混淆

流通加工方式选择不合理流通加工方式主要有流通加工程度、流通加工对象、流通加工工艺及流通加工技术四项内容，加工程度过深，加工对象不是进入流通领域的产品，而是零部件或半成品，加工工艺或加工技术过于复杂等，都属于不合理的流通加工现象。流通加工方式的正确选择实质是流通加工与生产加工的合理分工，不合理的分工，会导致本应由生产加工完成的却放到流通加工环节，或者本应由流通加工完成的放到生产加工环节。因此应选择合理的流通加工方式，使其与生产加工各司其职、完美衔接。

5. 在企业物流管理中流通加工成为冗余环节

有的企业流通加工过于简单，如简单包装等，完全可以放在生产地或消费地进行，因此对生产企业及消费者都意义不大。甚至在未分析研究的情况下盲目地进行流通加工业务，非但不能满足客户的多样化需求，还会带来物流成本的提高，发挥不了流通加工的优势，这样的流通加工显然是不合理的。

三、促使流通加工合理化的措施

1. 企业流通加工与配送相结合

企业可以将流通加工点设置在配送点，一方面按照配送的需要即客户的需要进行加工，另一方面流通加工业务与分拣、配货等作业相结合，加工后的产品直接进入配送环节，企业就无须设置一个单独的中间加工环节，并且可以使流通加工与配送很好地衔接，提高配送的服务水平，更好地满足客户的多样化需求，这是流通加工合理化的一个很好的选择。

2. 企业流通加工与合理运输相结合

为解决单品种大批量生产与客户多样化需求之间的矛盾，可以采取在恰当的场所设置流通加工点，以实现单品种大批量干线运输与多品种小批量支线运输相结合的物流优势。

显然，这样的结合，可以使流通加工的优势得到充分发挥，也会提高运输的效率，因此，这也是流通加工合理化的一个重要的选择。

3. 企业流通加工与配套设施相结合

"配套"是指对使用上有联系的用品，集合成套地供应给最终消费者使用。对于配套的产品来说，完全配套往往无法全部依靠生产企业提供，一般生产企业提供配套的主体，而辅助部分由流通加工环节完成。这样，在物流企业进行适当程度的流通加工，可以很好地形成配套，并且能够很好地提高流通加工作为供应与需求的桥梁和纽带的能力。如方便食品中的盘菜、汤料等，就可以在流通加工环节完成。

4. 企业流通加工与合理商流相结合

商流是指以货币为媒介的商品交换，也就是商品从生产领域向消费领域的社会经济移动。流通加工有方便购买，满足消费者多样化需求，促进销售即促进商品流动的作用，因此与商流相结合也是流通加工合理化的有效措施之一。其实流通加工与配送的结合就是流通加工与商流相结合的一种例子，通过合理的流通加工，提高配送的服务水平，从而促进销售的发生，就是流通加工与商流有效结合的过程。

5. 企业流通加工与节约相结合

企业合理的流通加工能够有效地降低物流成本，这是与流通加工带来的各种节约分不开的，开展合理的流通加工活动，应当考虑到人力成本的节约、设备投入的节约、资源的节约及各种费用的节约，这也是企业进行流通加工合理化采取的普遍方法。

练习与思考

1. 选择题

（1）以下选项中（   ）不是流通加工的目的。

A. 适应多样化的客户的需求   B. 提高商品的附加值

C. 可以规避风险，推进物流系统化 D. 信息处理

（2）以下选项中（   ）不是流通加工的类型。

A. 加工对象 B. 加工程度 C. 价值观点 D. 加工工人

2. 问答题

（1）简述流通加工的概念。

（2）简述林产品流通加工的作用。

（3）简述林产品流通加工的特点。

（4）简述林产品流通加工的方式。

（5）简述林产品流通加工合理化的措施。

3. 案例分析题

鲜花消费兴起　供应链成企业竞争关键

近年来，随着"悦己消费"增加，鲜花消费的场景逐渐从过去的送礼、节日消费转向日常悦己、家庭消费场景。与此同时，电商平台、物流体系等的成熟为鲜花的流通创造了基础条件。在以上多重因素的叠加下，鲜花消费规模迎来增长。

市场不断升温的背景下，众多企业进入这一领域。除了花加、花点时间等垂直鲜花电商之外，一些生鲜电商企业、零售企业，比如叮咚买菜、盒马等也进入了鲜花电商领域。

行业专家指出，鲜花电商的经营对于企业的流转速度、产品损耗率等方面有着很高要求，而一些平台型企业，比如叮咚买菜等已经拥有物流体系、用户规模，在鲜花经营方面有天然优势。与此同时，垂直鲜花电商平台花加、花点时间等依靠自己的方式吸引着消费者。

鲜花电商持续发展

"我平时会在大众点评上购买鲜花。一次会买上 10~20 枝放在办公桌上。"位于广州的"90后"消费者王小姐表示。

"在过去，鲜花的消费场景更多在送礼、节日上，而如今，因为日常悦己而购买鲜花以及家庭消费等因素都促进了鲜花的更多消费。"连锁经营专家李维华表示。

在需求增长的同时，目前我国鲜花消费的规模也在上升。

2021 年中国鲜花电商市场规模为 896.9 亿元，2022 年中国鲜花电商市场规模为 1086.8 亿元。

从整个市场来看，需求端在加大。首先，鲜花很讲究的是增值部分和情感部分，鲜花本身不能吃不能喝，但它是一个情感的表达；其次，在整个鲜花供应链和物流体系上，鲜花的

上游供应链从生产、保鲜、运输等方面已经形成了一个很好的体系来确保消费者的体验；最后，和外卖平台、专业电商平台、平台上的产品成熟度有关。所以从整个鲜花市场来讲，这几年呈现非常快的成长性，我们相信在未来的数年里鲜花市场会继续保持这样的成长态势。

以上背景下，许多垂直类鲜花电商平台成立，并且进入消费者的视野。鲜花电商平台花加成立于2015年，天眼查信息显示，2015～2019年，花加一共获得6轮融资，单轮融资金额达数千万元。另一鲜花电商知名平台花点时间成立于2015年，天眼查信息显示，2015～2021年，花点时间共获得6轮融资，其中C轮融资金额达亿元。

除了以上鲜花电商平台，部分生鲜电商平台如叮咚买菜、盒马等也进入了鲜花销售领域。

除此之外，淘宝、京东等综合电商平台以及抖音等直播平台也有鲜花销售。

以上平台的销售情况也在一定程度上体现了我国鲜花消费市场的升温。

叮咚买菜方面提供的数据显示，叮咚买菜于2020年11月开始上线鲜花业务，定位日常家庭消费场景。2021年叮咚买菜全年总计销售约1.8亿枝鲜花，销售量月环比持续增长在30%以上；今年叮咚买菜情人节鲜花销售量是去年的10倍以上，达500万枝左右；母亲节鲜花销量较去年同比增长均超1倍。

如何克服难点？

专家指出："鲜花电商在最近几年总体来说是一门好生意，因为鲜花本身讲究的是情感的寄托和价值部分的溢价。今年，随着社区电商、外卖平台的高度发达，相应的物流体系（主要是最后三公里的物流）没有任何问题，为鲜花电商的流通提供了非常好的基础条件。"

对于鲜花电商竞争的关键点，专家指出："鲜花经营最大的弊端在于门店端的保鲜问题。也就是说鲜花到了门店或者网点之后，如果没有及时消费，折旧是非常厉害的，鲜花一旦凋谢或者出现凋谢的迹象，基本上是卖不出去了，这个损耗其实是很大的成本。所以鲜花行业产品流通的速度其实是电商竞争的关键点。"

鲜花电商经营的难点之一在于植物有保鲜期和损耗率，一旦控制不好，可能就有很大的损耗在里面，这些都是增加的成本。

除此之外，鲜花电商无法为消费者提供与线下店一样的服务。与实体花店相比，鲜花电商缺乏亲近消费者、持续地与客户维持关系的这种沟通能力，比如一个消费者喜欢买某种花，并不是买完之后就结束，而是需要与花店老板持续沟通如叶子黄了、是否需要买点肥料等问题，可能还需要发照片寻求指导。在提供这些服务的能力上，目前电商跟实体店还是有差距的。除此之外，实体门店还能提供一些其他服务，比如某会场举行会议需要租摆一批花，开完会退回来。这种情况下实体门店就会帮客户去联系上游的供应商来安排租摆服务。

叮咚买菜、盒马这类平台进入鲜花领域之后，在供应链方面有优势。叮咚买菜目前采取的是鲜花基地直采和订单种植的模式来搭建鲜花供应链。叮咚买菜的前置仓模式在经营鲜花方面有着天然的优势。首先，生鲜电商的主要用户群体为女性以及家庭用户，这和鲜花的主要受众有着天然的契合；其次，生鲜电商成熟的冷链物流能力也为鲜花在长途运输中的质量作出了保障；最后，叮咚买菜目前拥有的1000多家前置仓能够更顺畅地完成最后的配送。

盒马方面提供的资料显示，目前在全国共有40多个鲜花直采基地。此外，盒马还成立了"鲜花盒马村"，做了标准的制定，大小、长短、开放度、渐变花色的程度、采后处理都有明确的考量。同时，平台还协助基地提供更便利的交通运输方式，实现冷链直达。

就目前的竞争格局，大家都很看好鲜花电商，所以竞争的企业和平台也逐渐多了起来。

从大的方向来讲，平台型企业比如说美团、叮咚买菜、盒马等有非常大的竞争优势。鲜花电商做得好坏的一个关键是流转速度，而这与用户数量有很大关系。从这个角度来看，垂直电商压力是很大的，虽然本身的用户比较精准，但是总体来说是比较少的。支撑起如此庞大的流转速率以及物流的开支，对他们来说是很大的成本。

以上背景下，鲜花电商推出的订阅鲜花服务，从模式上可以一定程度地解决用户少导致的物流流转速度低问题。以花加为例，记者在"花加"App发现，花加有订阅鲜花服务，订阅时间可以在1~12个月选择，订阅费用从99元到数千元都有。这是一种类似Costco会员超市的商业模式。经Costco等企业验证，这种模式是可行的，因为Costco、山姆的续费率很高，但是很多模仿者并不能成功。鲜花电商还需要在消费人群的定位、消费的场景、消费的具体形态上继续摸索。

实际上，鲜花销售和其他农产品销售一样，从产地到终端之间的价格会大幅增加。而在云消费时代，一切的商品都可以在平台上由任何卖家向任何买家销售。在此背景下，很多农产品的线上直销发展了起来。在云南有大量鲜花批发市场，批发商、种植户通过抖音、淘宝等平台直接向消费者销售，这种模式节省了很多中间成本。从发展趋势上来看，未来在平台上进行直销的规模占比会越来越高。

除此之外，有企业将鲜花作为前端引流，再通过平台其他高利润的产品盈利。初美优选是一个社区团购平台，初美优选认为我们的核心点是"团鲜花、团万物"。即用鲜花在前端引流，再将用户吸引到平台，依靠消费者在平台上购买的美妆、百货类产品盈利。之所以选择鲜花作为前端引流，是因为根据我的观察，购买鲜花的人群和购买美妆的人群有90%是重合的。目前，我们在全国除了西藏地区之外的其他区域县城都有布局，最多的时候一个县城一天能团5000束花。

（资料来源：钟楚涵，蒋政.鲜花消费兴起 供应链成企业竞争关键［EB/OL］.http://www.ce.cn/cysc/newmain/yc/jsxw/202207/02/t20220702_37824692.shtml.）

［思考］
从此案例中，流通加工的作用对你有什么启示？

实训任务

实训目的：掌握林产品流通加工的合理化措施。
实训方式：实地参观并上机实践操作模拟。
实训内容：参观林产品企业流通加工环节。
实训任务：实验结束后，学生模拟进行总结，编写出实验报告。
实验报告包括内容：模拟的业务流程图，本次实验取得的主要收获和体会。

项目
七

林产品包装管理

【学习目标】

❖知识目标
1. 掌握包装的基本知识
2. 掌握林产品包装的分类及法律规定
3. 掌握林产品包装的几种模式
4. 掌握林产品包装存在的问题
5. 掌握林产品包装可持续发展趋势

❖技能目标
1. 能够判断不同包装的等级
2. 能够掌握不同的林产品的包装模式
3. 能够针对林产品包装存在的问题进行改进

❖素质目标
1. 培养学生重视法律规定的职业操守
2. 培养学生创新、设计等思维能力
3. 培养学生对包装设计的绿色可持续发展的理念

【本章导学】

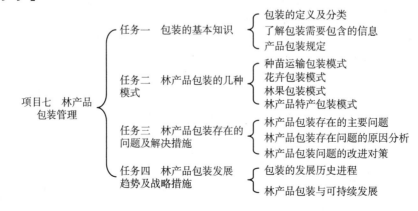

林果产品进城记

2021年7月1日的下午，陕西烨林现代生态农业发展有限公司的负责人柯玉霞又一次带着满车的货物奔向西安，参加中国（西安）国际林业博览会，在密闭的车厢内，自家引以为傲的特色林产品富硒核桃油、琥珀核桃仍散发着来自山野的清香，这是大山的慷慨馈赠，是森林给予人类的礼物。

带着这些产品，柯玉霞曾捧回无数闪闪发亮的奖杯，也在类似的展销会上，签了不少大大小小的订单。在广州、在上海、在北京……来自秦巴腹地的富硒林产品曾一次又一次地征服了广大消费者的味蕾，这一次，她依然信心满满。

次日，盛夏的一场暴雨让原本已经燥热的西安变得清凉舒适，在西安国际会展中心5号展厅，安康展馆已是一片闹热，和柯玉霞一样，来自全市40余家的涉林企业均带着自家的产品登台亮相。富硒拐枣醋、魔芋凉皮、高山土蜂蜜、山茶油等琳琅满目的产品，依次被摆放在展台，不多时，便吸引了不少消费者争相购买。

在紫阳县的展区处，来自该县秦巴山区土蜂养殖农民专业合作社的高山蜂蜜显得别具特色。方方正正的玻璃瓶上，擂鼓台景区的剪影印照出澄金的蜂蜜，原生态蜂巢蜜醇香清甜的口感让不少西安群众大赞"嫽扎咧"。该合作社的负责人吴明灯告诉记者，在本次林博会上，他的收获不仅是让秦巴山的蜂蜜有了更广的知名度，还结识了老陕兄弟餐饮管理有限公司的负责人，双方目前已达成合作意向，预计可签订40余万元的购销订单，让自己对林产业发展的前景更增添了信心。

当安康的特色林产品伴随着消费者的脚步走进了千家万户，当日下午，第四届中国森林食品交易博览会的颁奖典礼也如期举行。全国参展的20多个省市展团400余家参展企业巅峰对决，火热角逐，我市参展企业选送的富硒核桃等富硒林产品，以形色好、口味佳、品质优、特色鲜明等优点，一举斩获21个金奖，同时，市林业局被大会组委会评为"最佳组织奖"，不仅是全省唯一获得这一奖项的单位，也是全国参展省市中三个获此殊荣的单位之一，市林业局筹备组1名同志还被大会表彰为先进个人。

这一次在关中大地上的集中亮相，为安康富硒林特产品走出大山，提高品牌知名度和社会影响力再次夯实了根基。多年来，安康林业人秉持着"做强山林经济，践行两山理论"的理念，在苍茫的山野间与林木为伴，在共生互补中找到了人与自然和谐相处的生态发展之道。并在长期的钻研中，学会了利用好森林资源，壮大了富硒核桃、林下魔芋等林特产业，实现了生态效益与经济效益的双赢。

回望秦巴大山，集中连片的山林经济正在形成壮大，林果产业及其衍生的林产品欣欣向荣，不断为富硒林特产业注入新的发展活力。当一座座新的工厂围绕山林经济拔地而起，当原本无人问津的林特产品实现了产销两旺，可以想见，一个百亿的生态绿色产业集群必然在乡村振兴的过程中成为群众增收致富的新砝码，继而推动林果产业朝着更优、更强的方向转型升级，实现商品化、规模化、品牌化和有机化。

（资料来源：吴苏．林产品进城记［EB/OL］．http：//sjk．akxw．cn/epaper/read．do？m=i&iid=1051&eid=7695&sid=49612．）

［思考］

安康的特色林产品可以通过什么途径来提升品牌的知名度？

任 务 一　包 装 的 基 本 知 识

一、包装的定义及分类

从古至今，人们一直使用各种材料来制造各种各样的包装，从叶子、果壳、野兽的肉，到衣服、鞋子，甚至连饮料都可以进行包装。最初，它们只能满足日常的需求，但随着人们的日益增长的商业需求，它们慢慢地被视为商品的重要组成部分。

包装作为一门全新的科学技术，已经成为许多产品的必备组成部分。它涉及多个领域，如物理、化学、生命、艺术、心理和印刷，从而形成一门复杂而又多元的学问。现代的包装技术发展迅速，它采用最新的科学、高效的材料、精密的设计，实现了全面的机械化、自动化的生产，从而极大地提升了现代商品的质量，满足消费者的需求，同时也极大地改善了消费者的购买欲望。

（一）包装的定义

过去，人们将包装视为保护商品质量和数量的工具，随着时代的发展，它的定义也发生了巨大的变化，从简单的保存到复杂的运输，再到现在的多功能包装，它不仅仅是一种概念，更是一种销售手段。

现代包装是一种利用先进的艺术和科学技术，以最优惠的价格、准确的数量、适合的保护材料，在规定的时间内，将产品安全、快捷、准确地运输至指定地点，再将其转移至商店或其他场所，以保护产品，方便其使用、运输和储存，同时也有利于销售的一种技术手段。

根据国家标准 GB4122 - 83，包装是一种特殊的技术手段，旨在保护产品免受损害，提高储存和运输效率，促进销售，它由容器、材料和辅助物组成，并采取一系列技术措施来实现这些目的。

（二）包装术语、功能和监管框架

一个完整的包装系统应该考虑到所有可用的元素，从外观、结构到安全、耐用度等方面，确保它们都符合消费者的要求。尤其是敏感及易腐烂的商品，应该严格遵守安全标准，确保它们的安全使用，避免任何可能危害消费者的环境的行为。

1. 包装的多级包装形式

（1）初级包装。初级包装旨在将产品安全地封装起来，以便于长期有效地运输和储存。这种包装必须牢固并且无毒，并保护其免受任何可能导致意外降解的外部污染物的影响。

（2）二次包装。二次包装是一种重要的商业手段，旨在提高商品的质量和价值。通过将不同的部分组合起来，二次包装不仅仅是一种简化的商业模式，更是一种将商品的特性和优势与顾客沟通的桥梁，帮助商家更好地宣传和推广商品。

（3）外包装。外包装是一种复杂的结构，由多个二级包装组成，旨在在运输过程中有效地保护容器，并且可以重复使用，如木制或塑料托盘，以满足不同数量的运输需求。

对于具体的例子，塑料袋被广泛应用于二次包装，而瓦楞纸箱则被用作运输包装，托盘则被用作运输包装。因此，在设计包装时，除了考虑到功能性、品牌形象、目标消费者的特征外，还应该充分利用现有或可行的自动化机器，以实现最佳的效果。

2. 林产品包装的作用

（1）包装。包装的作用是容纳产品，保护产品免受任何污染，允许其运输、分销、储存、展示、使用以及最终处置。通常情况下，我们很难找到能够满足所有这些角色的单一包装，因此需要一组材料来形成完美适合产品的包装系列。因此，包装是一个相互依赖的形式存在，需要采用全局方法才能组成一个有效的系列。

包装定制涉及多个方面，从产品的设计到制造、仓储、分销、零售和消费，再到品牌形象、环境法律法规等，都需要精心考量。在食品包装行业，最常见的包装材料有塑料（柔性或刚性）、纸张、纸板、玻璃以及金属（马口铁）等。

（2）包装的营销作用。随着全球化的推进，新的产品和服务正迅猛地涌现，而包装则变得越来越重要，它们可以作为一种重要的宣传手段，帮助企业快速获取客户的信任。研究表明，70%的客户会通过多次的实体体验和实时的反馈，来改变他们的第一次选择，因此，包装的重要性也随之提升。

即使是好的产品如果包装不引人注意或者包装没有传达正确的信息也可能被忽略。包装盒的设计不佳是中小企业推出新产品失败的重要原因，因为它们往往会导致营销的第一阶段（或者更糟糕）的过度思考、创作和执行。在包装中，所有的元素都应该被认真对待，以确保它们的有效性。颜色的意义可能因产品的种类而有所不同：过于明亮的绿色可能会让人联想到人工添加剂，而柔和的绿色则更像是一种自然的产物。

此外，各种通信元素的角度和定位可以传输大量信息，这些信息可能是积极的或与所需的形象相反。在进行包装设计时应该注意以下事项：

一是可见性，产品是否能吸引眼球？

二是吸引力，产品是否产生兴趣？它是可取的吗？

三是可读性，阅读是否容易，通信的顺序是否正确？

四是个性，包装是否对产品给出了一个公平完整的概念？

五是差异化，产品是否与竞争产品区别开来？

3. 包装的种类

（1）玻璃和金属包装。玻璃包装以前是食品工业中使用最广泛的包装之一，但它们价格昂贵且运输起来更重。金属包装采用的材料主要有马口铁，不锈钢，镀锌铁等，其印刷精美，而且具有良好的延伸性，气密性，抗压性，是目前运用广泛的包装，尤其是食品行业（饼干、糖果、月饼、巧克力）。

（2）铝包装。铝作为食品包装材料非常实用，因为它可以耐受极端温度。因此，它非常适合需要冷冻、烧烤、烘烤或只是保持凉爽的食物。有些容器足够坚固，可以盛放大量食物，同时又保持了铝的轻盈特性。金属和铝制食品包装最显著的缺点是不兼容微波加热。与钢和玻璃一样，铝具有无限期且完全可回收的特性，而不会改变其固有特性。它的回收使限制能源消耗成为可能。铝主要用作苏打水、能量饮料或糖浆等含糖饮料的包装。

（3）纸/纸板包装。这种包装是木材工业的衍生物。纤维素纤维最多可回收七次，这使得该产品从环境角度和成本角度来看都具有吸引力。在可食用林产品包装中，通常使用高度结合的漂白硫酸盐糊（俗称 SBS 或食品板）。通常，厚度小于 300 微米的材料称为纸，而厚度大于 300 微米的材料称为纸板。测量单位是每单位面积的质量。

纸箱对湿气很敏感，并且会根据外部环境改变物理特性。应该注意的是，用于冷藏的纸板包装通常打蜡，这使其不可回收。

（4）塑料包装。对于塑料，它们通常是从石油中提取的聚合物，其价格因石油而异。大多数用于包装的塑料都是商用热塑性塑料。在用于可食用林产品的材料中，包括聚丙烯、聚苯乙烯、聚酰胺聚氯乙烯、聚醋酸乙烯酯和聚对苯二甲酸。每种塑料都有其透气性和透湿性的特性和特性。每种材料都有一个行业常用的符号（PP、PETE、PVC、CPET 等）。塑料行业开发了一种回收标志，其中包含六种最常用塑料的编号。然而，重要的是要指定第 6 类和第 7 类不可回收。

我们看到越来越多的多层塑料包装为可食用林产品提供了更多的屏障，有时还允许更多的功能。这些产品目前在大多数情况下是不可回收的，尤其是那些与纸或铝等材料混合的产品，重要的是要注意材料的厚度会影响其阻隔功能。

（5）复合和多层包装。这些都是结合了不同材料优点的包装。由于每种包装的优点和缺点各不相同，我们将寻求结合每种材料的互补特性，以设计出有效的包装。

例如，通过使用纸板，我们使用的是可再生资源，但缺少密封是一个问题。因此，我们将纸板与塑料联系起来，就其本身而言，它具有密封性能。

塑料包装明显增加，这似乎成为主导趋势，同时金属或玻璃包装减少。这种增加主要是由塑料提供的阻隔性能的质量来解释的，但也由它们的经济性质来解释。

4. 包装需要符合法律法规要求

（1）包装法律规定。每个国家对包装的规定都相当具体，但贸易全球化正在推动当地法律与一般指令的协调（以欧盟为例，包装指令定义了所有成员国的总体框架）。如自 1994 年以来，欧盟成员国已经能够制定其预防和管理包装和包装废物的政策，以及我国的《中华人民共和国产品质量法》，都对包装有了具体的规定。

包装在保持食物的感官和营养特性方面也起着重要作用。包装必须在尽可能长的时间内有助于食品的健康保护。包装的选择也是一个过程和产品的功能，每种包装材料都带来了一组相关的优缺点。

（2）林产品包装规定。对于籽粒、果实等森林植物的种子，必须要求严格的封存，才能够上市出售。但是，对于那些需要无性繁殖的植物，如苗木、根、茎、芽、叶、花等，则必须要求严格的封存，实行分装的，应当标注分装单位规定，对于那些需要分装的植物，则必须要求严格的封存。为了确保森林植被的健康，选择的包装材料必须具备良好的强度、可靠性、卫生和安全，并且不含任何可以对人类造成危害的菌种和病毒。

（3）可食用林副产品保鲜包装。可食用新鲜林副产品是易腐烂的产品，受时间和环境的影响，食物变质的机制是生物和物理化学作用的结果。保鲜通常包括防止细菌、真菌和其他微生物的生长，延缓脂肪的氧化，而脂肪的氧化会导致食物细胞自身酶的酸败和自溶。

保存新鲜产品的常规方法包括干燥或干燥、冷冻、抽真空、巴氏杀菌、罐装、辐照和添加防腐剂。其他方法有助于保持产品并为其增添风味，例如腌制和吸烟。一旦进行了保存过程，包装将具有保护和保存食品的功能，而不会在可接受的时间内对消费者造成风险。

对于食品保鲜，可以使用包装屏障的概念。阻隔包装可防止或减慢挥发性或气体成分的渗透性，如阻隔氧气、湿气、香味等。在市场上现有的众多包装中，只有金属和玻璃才能提供绝对的屏障。

（三）包装内容

1. 包装标签

一般产品的标签内容包括：产品制造厂商的地址、产品的名称、包装内的产品数量、商标、产品的品质成分特点、使用方法、储存方法以及用量、检验号、生产日期及有效期等。值得注意的是，在标签上印有彩色图案或实物照片的，在促销方面都有着明显的效果。

（1）林产品标签应当标注：种子类别、树种（品种）名称、品种审定（认定）编号、产地、生产经营者及注册地、质量指标、重量（数量）、检疫证明编号、种子生产经营许可证编号、信息代码等。

种子类别：应当填写普通种或者良种。

树种（品种）名称：树种名称应当填写植物分类学的种、亚种或者变种名称；品种名称应当填写授权品种、通过审（认）定品种以及其他品种的名称。

产地：应当填写林木种子生产所在地，应当标注到县。进口林木种子的产地，按照《中华人民共和国进出口货物原产地条例》标注。

生产经营者及注册地：生产经营者名称、工商注册所在地。

质量指标：籽粒质量指标按照净度、发芽率（生活力或优良度）、含水量等标注。苗木质量指标按照苗高、地径等标注，标签标注的苗高、地径按照95%苗木能达到的数值填写。

重量（数量）：每个包装（销售单元）籽粒（果实）的实际重量或者苗木数量，籽粒（果实）以千克（kg）、克（g）、粒等表示，苗木以株、根、条等表示。包装中含有多件小包装时除标明总重量（数量）外，还应当标明每一小包装的重量（数量）。

（2）使用信息代码的，应当包含林木种子标签标注的内容等信息。属于下列情况的，应当分别加注。

销售授权品种种子的，应当标注品种权号。

销售进口林木种子的，应当附有进口审批文号和中文标签。

销售转基因林木种子的，必须用明显的文字标注，并应当提示使用时的安全控制措施。

2. 包装标志

包装标志是指在运输产品外包装上，印制的图文、信息或数字以及他们的组合。产品包装设计的标志内容主要有三种：运输的标志、警告性标志和指示性标志。

3. 包装品牌准字

包装设计是准确运用文字，图形以及数字，将产品进一步美化和解说，也是对消费者心理需求的演绎，可以有效地提高消费者对产品认可的附加效应。尤其是酒类和化妆品的包装，除了要有完美的瓶体外，还要有精美的外包装，因为产品的好坏与外包装档次是相辅相成的，针对不同层次的产品，在包装上也要分出层次来，因此产品包装设计也是企业的一个必备指标。

二、了解包装需要包含的信息

（1）有产品质量检验合格证明。

（2）有中文标明的产品名称、生产厂厂名和厂址。

（3）根据产品的特点和使用要求，需要标明产品规格、等级、所含主要成分的名称和含量的，用中文相应予以标明；需要事先让消费者知晓的，应当在外包装上标明，或者预先向消费者提供有关资料。

（4）限期使用的产品，应当在显著位置清晰地标明生产日期和安全使用期或者失效日期。

（5）使用不当，容易造成产品本身损坏或者可能危及人身、财产安全的产品，应当有警示标志或者中文警示说明。

生产经营通过审（认）定品种的，使用说明中第二项至第四项规定的内容应当与审定公告一致。种子生产经营者向种子使用者提供的使用说明不得作虚假、夸大或者引人误解的宣传。使用说明书应当加盖生产经营者印章。

三、产品包装规定

（1）全国人民代表大会常务委员会对产品包装有关问题，在一些法律中作出过规定。

（2）说明书应当载明产品特性、主要成分、存在的有害因素、可能产生的危害后果、安全使用注意事项、职业病防护以及应急救治措施等内容。产品包装应当有醒目的警示标识和中文警示说明。贮存上述材料的场所应当在规定的部位设置危险物品标识或者放射性警示标识。

林产品的使用说明应当包括下列内容。

一是种子生产经营者信息：包括生产经营者名称、生产地点、经营地点、联系人、联系电话、网站等内容。

二是主要栽培措施。

三是适宜种植的区域。

四是栽培季节。

五是风险提示：包括种子贮藏条件、主要病虫害、极端天气引发的风险等内容及注意事项。

六是其他信息。

（3）各级林业主管部门应当加强对林木种子生产经营者执行林木种子包装、标签和使用说明等制度的监督管理。

销售的林木种子与标签标注的内容不符或者没有标签的，按照《种子法》第七十五条进行处罚。

销售的林木种子质量低于标签标注指标的，按照《种子法》第七十六条进行处罚。

有下列情况之一的，按照《种子法》第八十条进行处罚。

一是销售的种子应当包装而没有包装的。

二是销售的种子没有使用说明或者标签内容不符合规定的。

三是涂改标签的。

四是种子生产经营者专门经营不再分装的包装种子，未按照规定备案的。

任务二　林产品包装的几种模式

近代的森林资源以木材和它的衍生物构成，这些物质被划归到两大类：一类是原生的木料，以及它们的精细加工；另一类则是用于商业的经济作物。以下主要介绍种苗、花卉、林果及林产品土特产这几类林产品包装模式。

一、种苗运输包装模式

苗木的运输过程对于保证成活率有很大的作用，但在运输之前，苗木的包装和装车也是不可忽视的重要环节。

苗木运输前，应将苗木加以包装，并在运输过程中不断检查根系状况。其主要目的是尽量减少根系失水，提高栽植成活率。苗木包装裸根苗木长途运输或贮藏时，必须将苗根进行妥善保水处理，并将苗木细致包装。其目的是防止苗木失水，避免机械损伤，同时包装整齐的苗木也便于搬运、装卸。

1. 包装的材料

常用的包装材料有：聚乙烯袋、聚乙烯编织袋、草包、麻袋等。但是除聚乙烯袋外，这些材料保水性能差，而聚乙烯透气性能差。除此之外还有涂沥青不透水的麻袋和纸袋，集运箱等。市场上有商品化的苗木包装材料销售，它是在牛皮纸内层涂一层蜡层，既有良好的保水作用，透气性又较好。

目前，苗木保鲜袋已经被证明是一种非常有效的苗木包装材料，其结构特点在于其由三层不同的薄膜组成，外层具有超强的反射效果，可将太阳辐射的50%以下的热量完全阻挡；中间层则具有良好的隔离效果，可有效阻挡太阳辐射，将太阳辐射的热量降至98%；最内层则具有保鲜效果，可有效阻断病虫侵扰。此外，该苗木保鲜膜能够多次循环利用。

2. 苗木包装容器

苗木包装容器（见图7-1）外面应该贴上固定的标签，以便清楚地记录树种、苗龄、数量、等级、生产地点以及包装日期等信息。

图7-1　苗木包装容器示意图

3. 苗木包装方法

（1）裸根苗的装车方法及要求。在安置植被时，要注意避免将植被堆积得过于沉重，并且避免将植被挤压到树枝或者植被的根部。在必要时，可以使用绳索将植被捆绑在一起，并在植被的接合处使用薄布进行保护。在植被的背面，可能会有一些碎屑或者其他东西，因此在安置植被时，要注意避免这些东西的摩擦。为了保证植物的健康生长，在进行长距离的移植时，应该使用遮阳网覆盖植物的根部。

（2）带土球苗装车方法与要求。对于两米及更高的树苗，在安置时，需要采取不同的方式：若是两米以内的，就需要把它们的根部和枝条都倾斜地安置在一起，使得根部和枝条的方位保持一致，同时，也需要使用一个固定的支撑架，来确保在运输的过程中，不会出现树冠的摆动，从而避免出现散落的情况。此外，对于尺寸较大的苗木，仅需安置1层，而尺寸较小的苗木，需安置3层。请勿在土壤表面停留，也勿将任何东西堆积，以免损坏土壤。

二、花卉包装模式

为了确保花卉的长期存储和出口，须将它们按照不同的类别和质量进行分类。例如，木箱、瓦楞纸箱和泡沫塑料箱都可以作为不同类型的花卉的外部包装。瓦楞纸箱的耐压性取决于它所选择的纸的种类、楞的大小和纸的形态。一些特定的情况下，花卉商品会采用较为精细的封口设计。

（一）花卉包装的目的

为了确保花卉产品安全、可靠地存放和出口，采摘完毕之后，必须对其进行精心设计和分类处置，以确保其具备良好的保质期和可持续性。此外，还需考虑物料的轻质、小巧、容器容量，以及容易控制等因素，以满足存放和出口需求。此外，包装也可以作为一种有效的工具来帮助商家进行商业流通。

要设计一个完善的花卉包装系统，以确保它的安全性，必须满足以下条件。首先，它的外壳上应该设置5%的透气孔，以便于快速释放初期的温度并保持它的新鲜度。其次，这些透气孔还可以帮助消费者更好地了解一些特定的化学成分，如甲基溴、SO_2 等。为了确保花卉的运输过程的安全性，应该努力确保包装结构能够抵御外界的撞击、挤压和震动。因此，在设计包装时，应该注意控制物质的密集程度，同时采用防震材料来阻挡外界的撞击。

包装箱必须包含商标、品名、等级、重量、产地、特殊标识、编号和生产日期，以确保花卉产品的安全性和质量。

（二）花卉包装的种类

1. 外包装（储运包装、产地进行）

为了保证花卉的质量，需要采取一些措施来确保它们的安全性。这些措施有很多种，但最重要的一点就是确保它们能够承受高的压力和防水。瓦楞纸箱通常被广泛应用于这些领域，其承受的压力程度取决于纸的种类和楞距。根据形态特征，当两个部分的长度相同（包括纵和横），且两个部分的宽度相同（包括竖直和水平方向），其中竖直和水平方向的宽度的比值是3，这样的结构的强度是最高的。此外，在进行纸箱的印刷过程中，需要保证有足够的空间，这样可能导致抗压能力的减少10%。

2. 内包装

内包装旨在确保产品在运输过程中不会受到外力的冲击，同时也能够维护果品周围的温度、湿度等气体环境。它可以由衬垫、铺垫、浅盘、塑料膜、纸张、塑料盒等组成，以确保产品的安全性和可靠性。塑料薄膜，如 PE（PE）和聚氯乙烯（PVC），能够有效地维护空气湿度，并有效防止水分流失。

3. 销售包装（小包装，多在销地进行）

通过改进的包装方式，可以大大提高商品的保质期，同时还可以给消费者带来更多的视觉享受。目前，中国市场的包装方式大多数都使用了塑料和保鲜膜，但对于一些特别的产品，可以使用更加精细的小型包装。此外，还需要清楚地标记出相关的信息，如商标、品牌、质量、数量、生产厂家、专属代码、包装编码、生成日期。

（三）等级设立

贮藏前，为了确保花卉产品的质量，必须对其进行严格的分级，特别是对于存在缺陷的花卉产品，应当进行精细的筛选，以确保其符合客户的要求，并将其划分为不同的档次或等级。当前，尽管国际上对采摘后的花卉的分类标准尚未完善，但在切花方面却存在相对统一的规范。欧洲经济共同体的切花分类标准和切花茎秆长度标准如表 7 - 1、表 7 - 2 所示。

表 7 - 1　　　　　　　　　　　欧洲经济共同体的切花分类标准

等级	分级质量标准
特级	花朵品质最好，无杂物、发育正常、茎秆粗壮、坚挺充实，具备该品种特征，允许有3%的品质略差者
一级	花朵品质良好，发育正常、茎秆坚挺，具备该品种特征，允许有5%的品质略差者
二级	花朵品质较佳，发育正常、能够满足装饰的最低要求，允许有5%的品质略差者

表 7 - 2　　　　　　　　欧洲经济共同体规定的切花茎秆长度标准　　　　　　　　单位：厘米

代码	包括花朵在内的花茎长度
0	无茎或少于 5
5	5 ~ 10 + 2.5
10	10 ~ 15 + 2.5
15	15 ~ 20 + 2.5
20	20 ~ 30 + 5.0
30	30 ~ 40 + 5.0
40	50 ~ 60 + 5.0
50	60 ~ 80 + 10.0
60	80 ~ 100 + 10.0
80	100 ~ 120 + 10.0
120	120 以上

通过对月季鲜切花的研究，我们可以更好地了解它的生长情况、包装、标识、储存方式

和运输方式。

1. 月季切花的发育状况的衡量

一般对月季切花的开花指数做以下限定：萼片保持笔直，苞片水平伸展；萼片下垂，外层花瓣开始变得松软；初开时，外层花瓣伸展；盛开时，大多数花瓣伸展；萎凋时，花瓣反折，部分花瓣尖端开始枯萎。

建议使用游标卡尺来评估花朵的生长情况，以便更准确地反映其发育状况。具体操作方法可参考以下公式：

$$花朵直径增大率（\%）=\frac{（第~X~天的花朵直径-储藏前的花朵直径）}{储藏前的花朵直径}\times100\%$$

通过使用特定的公式，我们可以评估花卉在储存和运输过程中的失重情况：

$$鲜重损失率（\%）=\frac{（储前鲜重-储后鲜重）}{储前鲜重}\times100\%$$

2. 包装

将每一层的切割物按照 10 扎、20 扎、40 扎的顺序排列在一起，将它们的花瓣置于箱子的正面，并且将它们的位置与箱子的边缘保持 5 厘米的距离；在安装过程中，要使用绳子将它们牢牢地拴在一起；在纸箱的两端要各开一个 8 厘米的洞，并将它们的宽度调整到 40 厘米。

3. 标志

请注意，切花的种类、品种、颜色、等级、茎长、容量、生产商和采摘时间都需要提供。

4. 储藏条件

为了确保储存的质量，建议将物品放入保湿容器中，并将温度调节至 -0.5 ~ 0℃，同时确保相对湿度在 85% ~ 95%。为了获得更佳的储存效果，建议使用 0.04 ~ 0.06 毫米的 PE 薄膜进行保湿包装，并在储存完成后进行花期控制处理。

5. 运输

为了确保植物的健康生长，最佳的环境条件是：室温应该介于 2 ~ 8℃，而湿度则应该维持在 85% ~ 95%。如果要进行长途的植物运送，建议使用湿的棉球进行包裹，也可以把植物放进含有水分的储存瓶中。

2001 年 11 月 1 日国家技术监督局发布了花卉系列的 7 个标准，从 2001 年 4 月 1 日开始实施。我们可以更加清晰地识别出各种不同类型的切花，其中包含月季、唐菖蒲、香石竹、黄花（大菊类）、非洲菊、满天星、亚洲百合、东方百合、麝香百合、马蹄莲、火鹤、鹤望兰、肾蕨、银芽共 14 种主要鲜切花产品的一级品、二级品和三级品的质量等级指标。

三、林果包装模式

（一）林果外包装

林果的外部包装通常由多种材质组成，如纸箱、木箱、瓦楞纸箱和泡沫塑料箱。

1. 瓦楞纸箱

瓦楞纸箱被认为是目前应用最为普遍的包装材料，其具备2层、3层、5层等结构，如果有必要，甚至可以增加7层以上的高强瓦楞纸箱，以满足各种食物的包装需求。其优势在于：纸箱质地较轻，具备良好的缓冲效果，形状灵活，且完全没有污染物排放，缺陷则在于其耐水性较低，而且其耐压强度容易受到潮气的影响。

2. 木箱

木箱的质量优于其他天然材料制作的容器，这是一个显而易见的优势，且结构坚固，可以制作出多种不同尺寸的木箱，具有更强的抗物理损伤能力，远超其他材料。但是由于重量较大，操作和运输会变得更加困难。

3. 箩筐类

（1）竹筐。使用各种天然植物材料如竹子、荆条等编制竹筐，是中华民族的传统工艺。其优点是：价格实惠、体积轻巧，可以在当地采集原料，可以制作出各种形状和尺寸的容器。但其有一个显著的缺陷：形状不规则，通常不够坚固。这种形状通常是上部较大，下部较小，尽管可以减轻下部的压力，但在运输和储存时难以堆叠。

（2）塑料筐。塑料筐通常采用两种不同的原料：一种是坚固的高密度聚乙烯，另一种则是柔韧的低密度PS。它们能够容纳大量的水果、蔬菜，并且有多种形状，如网状、折叠式、封口式等。其优势是：结构坚固，强度极高，可以承受普通情况下的各种压力，可以堆叠至一定的高度，而且规格统一。

4. 泡沫塑料箱

泡沫塑料箱是一种由多孔多层的泡沫塑料制成的箱形容器，可以满足各种物品的需求。其优势是：价格实惠、质量轻巧、抗水抗潮性能出众，具有良好的缓冲性能和抗震性能，而且可以根据不同水果的装载要求进行加工和设计。但是如果使用过多的突发力，可能会导致结构的损坏或破坏。

（二）水果的内包装

其内部包装通常由多种材质组成，如塑料容器、泡沫防潮垫、食品保鲜膜和充气袋等。

（1）塑料盒。塑料盒是由塑料制成的，用于装载食品和饮料。优势是：制作简单，包装质量出众，塑料种类繁多，易于染色，耐水性强，价格实惠，容易装箱，便于携带。

（2）采用低密度聚乙烯（LDPE）作为原料，经过挤压工艺制作而成的泡沫网套，能够有效地阻隔和缓解运输过程中果实之间的碰撞和挤压。采用网套包装的水果，不仅外观美观，而且具有良好的透气性，可以有效地防止腐烂、磨损、减少碰撞伤害以及抵御地震的冲击。

（3）气泡膜。"气泡膜"，也被称为"气垫膜""气珠膜""气泡布""气泡纸""泡泡膜"，是一种广泛应用于物流防震领域的材料。其优势是：价格实惠、包装简单，具有良好的抗震性能，大大减少了机械损坏的可能性。

（4）充气袋。充气袋也被称为"气柱袋""气囊袋""葫芦袋"，是由若干根气柱构成的，其中的气柱通过反向排列的阀门来防止空气的反弹，当使用者通过充气口来给这些气柱加压，就能将其全部填满。其优势是：具有卓越的防震性能，可以满足各种货物的外形需求，并且能够有效防止潮湿、霉菌侵蚀，以及水浸等问题。此外，它还能够提高产品的外观美观度，避免了传统包装中出现的漫天飞泡沫、缠绕的气泡膜以及充满油墨味的报纸等问题。

（5）保鲜袋。水果保鲜包装袋与传统的食品包装袋有很大的不同，它们采用了特殊的材料，如防腐剂、乙烯脱除剂等，并且可以直接涂覆在特定的纸张上，以此来有效地保持水果的新鲜度。

保鲜包装袋不仅可以抵御外界环境因素对食品的影响，如机械损伤，也可以抵御细菌的侵袭，使食品更加新鲜，更加安全。特别是对于葡萄、水蜜桃等水果，它们的保鲜作用更加突出，可以大大降低食品的风味，让食品更加新鲜美味。

（6）冰袋。虽然冰袋并非专门用来储存食物的，但它却是水果传递过程中的关键因素。一般来说，400 克的冰袋可以被置入室内，并且可以持续 4～6 个小时，而将其置入室外的泡沫箱内，则可以持续 20 小时至 2 天。

在使用冰袋之前，建议先在入冰柜里预先冷冻 1～2 天，以便储存起来。除了可使用此种方法之外，还建议用泡沫箱或者塑料盒来进行保护，把冰袋和食物分别放入其中，再把它们紧紧地塞进泡沫盒子里，以确保它们的完整性，这样，就能够使得食物的温度下降 5℃，保存 20 个小时。为了满足不同的冷却效果和保存期限，还应该适当调整冰块的使用量。

使用发泡网套冰袋可以有效防止蔬菜受到冻害，尤其是那些不能承受低温的果蔬，如黄瓜、茄子、西红柿，以及那些叶片组织较为脆弱的叶类蔬菜；此外，它还能够有效防止包装箱内的温度突然变化，从而延长食物在低温环境下的保质期。

（三）林果包装及运输过程使用相关材料要求

根据使用添加剂的要求，对于食用的森林产品，必须进行严格的包装和标签，以 ACK 其品牌、来源、制造商、出厂时间、有效期、质量合格证、客户服务热线以及使用添加剂中所列的各种添加剂信息。根据相关法律法规，对于不可食用的森林产品，必须进行严格的包装和贴牌，并且要求其中必须清楚显示出其品牌、型号、出厂时间、制造商、质量保证、售后服务热线以及其他相关信息。

林产品的包装必须符合储存、运输、销售和安全的标准，并且易于拆卸和搬运，以防止污染和变质。在采购、销售、贮藏、维护森林产品时，必须严格遵守相关的法律法规，并且在选择包装材料、贮藏方式、运输方式时，必须 ACK 所采购的原辅助原料、配方、配件、设备都已经经过严格的质量控制，以确保森林产品的安全可靠。为了确保森林食物的新鲜度，在运送和贮存时必须使用专门的冷冻技术。禁止将食用林产品与有毒有害物品混装运输或者混放储存。

（四）林果包装案例

1. 解决苹果、梨容易被碰撞的问题

一种方法是采取双层结构的井字格泡沫箱，其中一层由双层网套组成，每层的价格为 4～5 元；另一种方法是将六个面的充气柱安装于桶体上，并将其安装于桶体的井字格，最后将网套安装于桶体的八个井字格之间，并将其上层的一层充气柱安装完毕，最终将桶体密封。

2. 解决芒果容易被碰撞的问题

芒果的成熟度因品种而异，因此，在不同的树上收获的芒果可能无法进行快递。采取八

分熟的芒果是一个不错的方法，它不仅可以延长食物的保质期，还可以尽可能地保持其独特的口感。使用发泡网套＋纸屑可以让食物的保质期达到 5 天，而且破碎率低于 5%。

四、林产品特产包装模式

（一）林产品特产保鲜安全问题

由于部分食用林产品保鲜期短、易受损害，使得它们难以进行远距离运输和长期存储，因此，新鲜的产品价格通常较高。为了降低经济损失，在产品数量过多、滞销的情况下，应该采取低价促销的措施。尽管许多收购商希望以较低的价格获得更多的利润，但是为了获得更长的保质期，以及更高的销售价格，一些商家或个人会大量使用化学保鲜剂和防腐剂，以此来保护食用林产品，但是，这些物质如果长期混入食品中，可能会导致食品质变或混入有害物质，严重危害消费者的健康。除了道路颠簸的影响外，食用林产品还可能受到不良商家的二次处理，如将其与其他产品混在一起销售，使得本身已经受到污染、变形、损坏或霉变的产品，导致更多的新鲜产品受到污染，严重威胁到消费者的健康安全。

（二）林产品特产包装设计

随着现代消费者的需求日益增加，产品的包装也变得更加复杂，它们的作用也从以往的仅仅用作防止损坏或者容易被拿走的角度发展到了更加多样化的层面，它们的作用也变得更加关键，从而使得大多数的产品得以顺利地实现。根据心理学的研究，我们可以知道，人们从各种感知渠道收集的信息，其中以视觉、听觉、嗅觉、触觉、味觉为主，其中八成是通过视觉来获取的，辅以其他感官传输的信息，形成对外界事物立体鲜活的印象。因此，为了增强森林产品的市场竞力，企业应该认真考虑如何进行有效的包装设计。中国传统林产品以其独具匠心的原生态包装，如蛇皮袋、麻袋等，质量上乘，但售价却不菲。相比新加坡，其国内特色商品以其高质量、高档次、低廉价格著称，其中最大的区别在于其采用了更加先进、高质量的标准化包装。

包装设计的核心目标是满足消费者的身体和心理需求，以便营造出一种更加贴近人性的环境，使其感受到舒适、美观的氛围。因此，在林产品的包装上，采用不同的策略可以获得最佳的包装效果。

1. 突出林产品特产形象的包装策略

通过多种表现方式，突出林产品特产的形象，可以让消费者更加清晰地了解到这些特产的特点，如它们的品质、功能、颜色、外观等，从而更好地满足消费者的需求。这种包装策略旨在让消费者更加直观地了解到这些特产，从而更好地满足他们的需求。通过精心设计的产品，能够更好地展示出其独特的特性，让消费者更加清晰明了，更加可靠，从而更有效地吸引消费者，缩短购买的时间。

2. 重点强调林产品的特殊用途和使用方法，以及相应的包装策略

通过精心设计的包装，我们可以向消费者展现出森林产品的独特魅力，从而更好地了解它的功能、应用方式、价值。此外，还可以通过提供详细的信息，帮助消费者更好地理解，从而更好地掌握它的实际应用，从而获得更高的销售额。

3. 展示企业整体形象的包装策略

企业形象是产品营销中不可或缺的一环，因此，许多企业在产品开发过程中就会重视企业形象的塑造和品牌形象的建立。采用这种包装策略，可以让企业文化更加深入人心，并且可以将其与当地的特色产品相结合，以此来展示企业文化，介绍产品，给消费者留下深刻的印象，同时也有助于促进销售。

4. 突出林产品特产特殊要素的包装策略

每种特产都有其独特的历史、地理、文化、神话传说和自然环境，在包装设计中巧妙地融入这些元素，可以有效地与其他产品区分开来，让消费者更容易联想到它们的背景，从而更快地形成一种新的认知。这种包装策略运作得好，给人以联想的感觉，有利于增强人们购买欲望，扩大销路。

任务三　林产品包装存在的问题及解决措施

随着科技的进步，过度包装所带来的资源消耗、环境破坏以及其他潜在的危害正受到越来越多的重视。这种行为既让企业承受了巨大的压力，降低其运作效率，也直接或间接地对社会带来巨大的经济损害，从而阻碍着我们的可持续发展。随着我国经济步入新的增长阶段，资源和环境的限制日益凸显，从而使得商品包装行业受到了极大的影响。为了应对这种情况，我们必须坚持以可持续的、节约的原则为指导，积极推行绿色发展，并且充分利用先进的科学、工艺和设备，以期达到可持续的、高效的生活。为了促进包装行业的可持续增长，我们必须努力改善它的性质，使其既满足日新月异的电子商务、全球化的物流以及跨国贸易的需求，又符合日趋严苛的环保标准，从而为企业的运作与经济的可持续发展做出贡献。

一、林产品包装存在的主要问题

（一）过度包装，增加成本，造成浪费

"过度包装"指的是由于包装材料消耗过多，从而导致包装物的重量、体积、成本都超出了实际需求，而且还会出现装潢华丽、完全不必要的包装以及过厚的垫衬材料，从而给商品带来极大的保护。随着电商物流的发展，许多商品的包装尺寸并不大，但是由于包装设计者过度使用各种包装材料，从而导致包装体积过大，从而增加了成本。近年来，由于电商物流的发展，滥用包装和包装材料的现象日益突出。

（二）包装废弃物回收利用率低，污染环境

商品的外壳通常由各种不同的原料制成，这些原料可能是天然的，也可能是人造的。这些原料可能是天然的，也可能是人造的，还可能是通过特殊的处理方法制成的。尽管目前中国的包装废弃物的总体回收率仍然较低，仅仅只有20%。其中，快递物流中使用的纸箱、塑胶等材质的回收率更低，仅仅只有10%。相比之下，发达国家的纸箱、塑胶等材质的回

收利用率已经超过了45%，甚至更高。从近年来的环境污染问题来看，中国的环境保护意识和责任感仍然落后于其他发展中的经济体系，尤其是对于包装废弃物的处理和再生，更是一个严峻的挑战。许多的快件运单、塑胶袋、封套、编织袋、胶带和内部缓冲物（充填物）都已经被丢入垃圾桶中。PVC是制作这类包装的关键材质，但是它们在被填埋之前可以存在数百年；而在被燃烧时，它们将释放出大量有毒有害的废气，给环境带来严重的威胁。

（三）由于包装作业缺乏规范性和合理性，造成了巨大的损失

为了确保安全，在使用包装时，必须遵守相关的标准。这些标准通常涉及使用的包装材料、容器或者使用的方式，并且必须符合商品的特点。比如，在处理易破损的产品时，必须使用具备良好外观、结构紧凑且具备良好弹性的包装。然而，在物流包装过程中，由于技术水平和管理水平的限制，使得包装的基础性和实际性都未达到预期的效果。许多的包装工艺过于简陋，技术水平过低，从而使得包装结构变形，从而影响了货物的安全性和可靠性，甚至可能会对消费者的权益产生负面影响。

二、林产品包装存在问题的原因分析

1. 对包装功能的认知错位

（1）包装不精良，缺乏设计感和品牌构建。随着科技的发展，现在的中国森林产品的制造已经从传统的手工制造转变为现代化的工厂化制造，其中的包装也从传统的简易实用的低端转变为更加先进的高端技术，并且拥有了更加完善的规范化管理体系，从而使得包装设计更加完善。尽管许多小型森林产品公司仍然在采购原始的木制容器，以及简单的塑料容器，但是他们已经开始重视采购新的木制容器，并开始聘请更多的专家，以确保木制容器的品牌、产品标识、使用说明以及产品介绍等信息的准确性。随着森林资源的日益紧缺，森林资源的商业价值无法得到充分的体现。因此，森林资源的商业价值在包装方面受到越来越多的关注，但仍然存在着许多挑战。目前，大多数森林资源的商业价值仍然停留在表面，缺乏创新性，缺乏吸引力。

（2）部分产品过度包装。尽管许多林产品的包装价格相对较低，但是随着包装材料的提升，印刷技术的改进，包装形式变得更加复杂，使得过度包装成为一种常态。这种精美的包装可以吸引消费者的注意力，但是一些不法商家却利用这一点，将普通甚至劣质的农副产品以低于市场价格出售，从而谋取高额利润，从而给消费者带来了欺诈行为。他们未能充分利用"美化商品、增加商品内在价值、促销"等功能，以及"保护商品、方便运输、指导消费"等功能，来提高商品的内在质量，并结合多种市场营销策略和手段，使得包装看起来华丽而又实用。如在江苏，市场监管人员查处了一起过度包装违法案件。当地一家超市的一款碧螺春茶叶，令人震惊的是，它的包装盒体积巨大，但是里面的茶筒却明显过小。经过称重，原本净含量为250克的茶叶，包装竟然达到1000克，而且，经检测，这种商品的包装空隙率也不符合标准，这给市场秩序带来了极大的破坏，也给消费者带来了极大的损失。

科学而有效的商品包装可以为企业和产品带来良好的口碑，有助于实现企业的发展目标，但也不可忽视，过度使用可能会带来不利的后果。

2. 包装行业的国家标准建设相对滞后

随着中国物流业的飞速发展，国内的规范化管理体系已不及以前，而行业、企业的规范化管理体系则更加完善。特别是在森林资源的保护、管理、利用等领域，为了保障森林资源的可持续利用，各类森林资源的生产企业及其他森林资源的管理机构都需要建立自己的规范。随着时代的发展，由于缺乏统一的国家或地区性的包装标准，使得许多物流公司无法满足客户的要求，从而使得包装的质量参差不齐，严重影响到货物的安全性，并且加剧了物流的效率降低、成本提高，进而使得包装垃圾的产生变得更加严重。总的来说，目前中国的包装产品的标准尚未健全，无法满足市场的需求。同时，缺乏有效的监督和指导，导致产品的品质波动。

3. 企业的环保意识不强

由于林副产品的包装大部分是以纸箱和塑料制品为主，其中纸箱浪费了大量的木材，已造成森林水土流失。首先，会对环境造成严重破坏。据环卫部门统计，某市每年产生的近300万吨垃圾中，各种商品的包装物约为83万吨，其中60吨为可减少的过度包装；其次，浪费大量资源，包装工业的原材料如纸张、橡胶、玻璃、钢铁、塑料等，所使用原生材料均来源于木材、石油、钢铁等，这些都是我国的紧缺资源。有数据显示，每年仅包装废弃物就白白扔掉2800亿元，相当于北京奥运会的相关各项筹备7年的总投资。

虽然大量的包装废弃物给我们的生活带来了巨大的影响，但许多企业仍未能充分意识到其中的重要性。为了实现自身的经济效益，企业应该承担起环保的义务，把环保放到首位，但是他们的做法却令人失望。尽管"投入产出比"的"投入产出比"条款给了一些企业一定的参考价值，但他们仍未能充分发挥自身的潜能，从而导致他们在推广环保绿色食品包装的努力上缺乏动力。首先，相关的法律法规的执法难度较低，而"投入产出比"条款的执法难度也相对较低；其次，包装材料的可供选择空间也相对狭窄；最后，由于缺乏资金支持，许多企业无法充分发挥自身的潜能，从而无法充分实现自身的目标。尽管绿色环保包装材料技术的进步尚未完善，技术支持也尚未足以满足需求，但包装材料的再生和回收价格仍然相对昂贵，而且缺乏完善的再生和循环使用机制，因此，实现绿色包装的普及仍然是一项艰难的工作。

4. 物流作业不规范，物流损耗较大

随着科技的迅速发展，一些物流公司的运营管理越来越严格，他们的运输技术也越来越先进，从而降低了商品的损失率。然而，由于一些公司的运输管理不当，他们的运输技术也越来越差，这就使得商品的运输成本和风险都有所提高。为了确保运输的安全，一些公司会采取一些措施，比如提高运输成本，使用更高质量的运输工具，并且使用更高级的运输设备。

5. 材料选择局限，包装技术落后

随着科学的发展，我国林副产品生产的原辅材料已经从以往的不透明或真空包装转向了更先进的环境友好型的包装方式，这种方式能够让消费者更容易地进行购买，而且更具有经济效益。此外，这种新型的环境友好型的包装也更具有质量。根据商务部的最新报告，全球20%的水果和蔬菜的销售额因为运输和保管不当而遭受了巨大的破坏，造成的损失高达700亿美元。由于大部分的外贸商品未进行任何后续处理，而且大部分的外贸商品都使用了简单的纸质外壳，缺乏醒目的商业标识。若能够充分考虑到商品的包装，它的价值和质量就能得到极大的改善，从而使得它在市场上的竞争力得到极大的增强，从而获得丰厚的收益。

三、林产品包装问题的改进对策

为了更好地应对森林产品的包装挑战，我们应该加强创新，实施科学的标准，并且把握好技术的最佳性。同时，我们也应该认识到，绿色环境的可持续性，以及它所带来的可观的经济价值，这些都将成为我们实现可持续发展的基础。

（一）改善林产品包装材料及技术

随着科技的进步，包装材料的发展正朝着更加先进的方向前进。这些先进的包装材料不仅要求其具备良好的防护效果，还要求其拥有出色的耐候性、耐热性、透气性、新颖的外观、独特的口感、良好的吸水率、防霉等。采取有效的措施来处理森林废弃物，如采用高效、安全、经济的原始木制品，并采取有效的技术手段，如采集、加工、处理、运输、销售、储存、投放、维护、管理、保护、清洁、安全、节约、减少浪费，以及采取有效的技术措施，实现森林废弃物的有效处理。在制作具有独特地域风格的森林食物时，使用当地的天然原料可以突出其独特性。这些天然原料通常都非常容易获取，并且不会造成环境的污染。森林食物具有鲜明的区域性，因此，在制作过程中，可以将当地的天然原料，如树皮、树枝、树叶和野生植物，进行适当的加工和利用，以达到良好的效果，同时降低生产成本。通过使用各种手工制作的材料，例如竹篓和玉米叶，我们都可以用来作为林产品的包装。

（二）改善林产品包装设计

1. 改善销售包装设计

作为产品，最先吸引消费者的便是它的包装设计，而林产品的包装审美功能往往被忽视。在市场经济下，包装已经从最初的使用功能为主导转移到以信息传播为主导的功能上，尤其是超级市场的出现，改变了以往的销售模式，包装自身成了"无声的推销员"，一个具有设计感的包装，不但具有实用功能，更重要的是能够吸引消费者在众多商品中的倾向性。一个优秀的产品包装设计，要充分考虑商品的实用性和艺术性，二者完美结合，还要围绕材质、色彩、图形、文字等设计要素，使包装具有强烈的吸引力。对于林产品来说，要注重图形、标志等方面的运用，使其品牌化、系列化，强调其与众不同的特征，以区别其他同类产品。林产品的地域性特色鲜明，即使是同一品种的林产品，在不同的区域其品质也相差很大。在包装设计时要将地域特色充分考虑进去，传统图形、民族元素的运用，对于树立产品的品牌文化也具有很高的价值。

2. 改善运输包装设计

近年来，由于物流技术的飞速进步，为了满足货物快速、安全、有效地传递，运输包装的设计必须充分利用最先进的材质、工艺以及最优质的服务，以及最少的维修费用，以便最终实现最佳的货物安全、有效的传递。利用先进的缠绕裹包技术，可以以最小的空间和最少的材料，把各类产品，无论形状如何，都能够完美地封装起来，以防止运输途中的破坏。此外，该方法还可以显著减少运输成本，为集装化运输提供了可靠的保障。

还要多利用新技术保障林产品运输的成活率。在林业种植中，对树苗的运输是必不可少的一部分，树苗需要进行远距离运输至林地中，林地的路段多高低崎岖，运输时树苗易磕碰，进而影响树苗的存活率，且在运输时，需要对树苗进行补水，现有的运输装置多是将树苗浸泡在水中，长时间的浸泡会使得树苗根系不透气，影响树苗的存活率。这种森林工程的苗木运输装备由一个箱子、一个支架和一个平面。平面的底面上都铺着防滑的材料，平面的上面则由一个缓冲器来稳定。平面的上面还配备了一个吸气筒（见图7-2），可以吸气，从而保证平面的稳定性。平面的上面还配备了一个吸气筒，可以吸气，从而保证平面的稳定性。

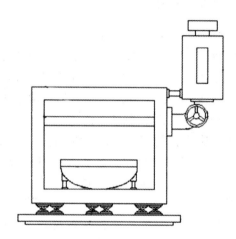

图7-2　一种林业工程苗木运输装置

3. 完善立法加大法律执行力度

通过完善立法和加强法律执行，彻底消除过度包装、破坏环境、滥用资源的现象，从而实现可持续发展。为了防止过度包装、损坏自然环境、导致资金的极端耗费，政府应当采取更为积极的措施，其中一个就是完善《固体废弃物污染环境防治法》，另一个就是《包装资源回收利用临时监管制度》，这些政府的出台将为社会带来更多的福祉，从而减少对资金的滥用，减少对自然的损坏，提高人们的素质，从而达到可持续发展的目的。采取有效措施，彻底消除对自然的侵害、毁坏和损失。

4. 加强政策引导和扶持

通过完善政策指导和支持，积极推进绿色环保包装的发展，以实现包装的实体和过程的绿色化，从而提升社会的环境质量。基于"绿水青山就是金山银山"的发展理念的影响，对绿色包装领域的挑战已经超出了单一的企业能力范围，因此，必须由国家出台有效的顶层设计，实施全局性的管理，加大对环境保护的支撑力度，并且给予有效的政策指导与支撑，从而激励企业积极参与到环保的实践中来。通过改革供给侧结构，可以更好地协调各方的资源，促进绿色环保的发展。可以通过建立一个完善的回收系统，以便更好地处理垃圾，并将其进行再生。为了促进社会的可持续发展，企业应该积极采用先进的绿色环保包装材料，不断改革科学的生产流程，提升产品质量，提高产品的竞争优势，并且建立健全的机制，严格遵守相关规范，积极把关，努力抓住市场机遇，提升产品质量，为社会的健康发展做出奉献。

5. 加快物流包装相关国家标准的制定

着力推进物流包装标准化，提升物流包装质量要在物流包装的行业标准或企业标准的基础上，尽快制定和出台相关国家标准，或直接将成熟的、有代表性的行业标准或企业标准转化为国家标准，着力推进物流包装标准化和绿色化，提升物流包装质量，满足贸易发展的需要。要努力解决物流包装标准化过程中市场失灵的问题，按照市场主导、政府推动的原则推进物流包装标准化工作，整合资源、发挥优势、突出重点、节能环保，实现物流包装行业高效有序的集约式发展，实现包装设计、生产、应用指导、回收的一体化。另外，对标准执行的监督、监管和效果评价也要立足于标准化，做到可评估可认证、看得见摸得着，既不"欠包装"，也不"过包装"，实现包装无害化、减量化、单一化、可拆卸化，推进包装材料的再利用。

随着中国包装行业的不断壮大，垃圾污染已变得越来越普遍，给环境造成了极其恶劣的影响。随着中国经济步入新的增长阶段，节约减排量、可继续经济发展已被广泛认可，因此，商品包装及其相关的服务行业应该跟上节约减排量、可继续经济发展的脚步，实施绿色、标准、现代的战略。采取绿色包装技术能够极大地改变我们的日常生活，极大地提升人们的生活水平，同时也有助于维护大家的身心健康。它还能够增加企业产品销售，推动生产的发展。为了达到这一目标，包装公司应该努力推广、设计并广泛应用绿色环保的包装，从而为我们的经济社会带来更多的福祉。

任务四 林产品包装发展趋势及战略实施

一、包装的发展历史进程

几千年来，包装一直被视为一种重要的物质形式，它的功能不仅局限于保护所携带的物品，还可以帮助物资快速传递。19世纪中叶，工业革命的推动下，许多乡镇开始出现大规模的工业化，从而推动了当地的消费水平的提升。随着工业革命的推动，许多百货公司开始向年轻的劳动者提供商品。由于百货公司的扩张，许多商品都采用特殊的包装方式，使得它们能够与传统的商店相比较，此种方式提高了其竞争力。

今天，全球经济一体化促进了包装的进步，以满足消费者的日益增加的耐久性和安全性。为此，科学家们不断研究和改进，以便提供最佳的储藏方式，比如采用最先进的技术，实现快速、安全的冷藏和储藏。同时，消费者越来越重视安全，他们希望拥有高品质的新鲜产品，因而，被称为主动智能包装应运而生。直接面向消费者。随着"绿水青山便是金山银山"的可持续发展战略的推行，"可持续""生态""绿色"的概念也随之涌现，为人类带来更多的机遇和挑战。

随着全球化的发展，欧美市场的发展日益受到关注，欧盟也开始采取措施来提升其商品的安全。因此，形形色色的包装技术也应运而生，从传统的塑料、马口铁、纸、木、复合材料到新型的环保型、高效、安全的商品，都应该得到更好的应用。随着科技的发展，传统的以运输为主的包装方式正在被替换，取而代之的是更加先进、充满活力的新型包装材料。

二、林产品包装与可持续发展

1. 新范式：包装可持续发展

1987 年，布伦特兰在"我们共同的未来"中提出了一个全新的理论，即"可持续性"，它希望通过适应当代人的需求，并且不伤害后代人的共同利益，实现长远的繁荣和稳定。

2002 年，联合国 12 国召开的可持续发展世界首脑会议提出通过一项旨在改变不可持续的消费和生产模式的 10 年工作计划。我们正在经历范式转变：我们已经从一次性消费转向可持续消费。包装也不例外。未来公司商业模式的一个组成部分，对于包装制造商来说更是如此。值得注意的是：可持续发展已导致社会和环境意识的提高。在没有明确规定的情况下，一些制造商声称他们的产品是可持续的，但事实并非如此。

2. 方法：包装生态设计

包装生态设计是一种预防性方法，其特点是在产品、商品或服务的设计或改进阶段考虑环境。该方法的目标是提高产品的生态质量，也就是说，在保持其使用质量的同时，减少其在整个生命周期中对环境的未来负面影响。

首先，在林产品包装设计时，要重视包装及其残余物对环境的影响，使之符合低消耗、可再循环利用、可生物分解的要求。其次，在给绿色林产品进行品牌命名和选择商标时，要注重符合绿色标志的要求。要做好绿色包装设计，绿色包装是绿色营销的引擎。绿色林产品的包装要采用可再生、易降解材料；包装物可回收再利用；包装图案要充分体现绿色概念，让人容易联想到净美的蓝天白云、山川河流等；积极主动进行林产品的绿色认证工作。最后，要实施绿色林产品名牌战略，精心培育一批名牌绿色林产品，努力扩大名牌比重，发挥名牌效应，提高市场占有率。

3. 特色林果业品牌保护意识淡薄，力度不够

随着时代的发展，许多特色林果企业没有足够的法律意识，导致了许多不法商家以及仿冒的商品涌入市场，严重破坏了传统的商标形式，给商家的品牌形象带来了极大的影响，甚至危及到商家的品牌策略。

重新构思"1 + 1 > 2"的概念，我们可能是：要想创立一个强大的品牌，我们需要将名牌林果产品为核心，采取多种方法，包括整体收购、融资购入、投资控制、承包和运作、联盟运作。新疆阿克苏区域的"阿克苏红枣""阿克苏核桃""阿克苏水果"三个国家地理标志已经开始有效地整合本地的各种不同的农产品，以此来构建具有独特性和竞争力的农产品品牌，从而实现从过去的零散到现今的集中，从而实现农产品的全面发展。

4. 可持续包装设计的关键要素

在包装的设计中需要考虑许多因素，并且可能很复杂。为了包装调度的方法，可以选择一种预防性方法来帮助改进当前的包装。改进可以以回收的原则为指导，分析原材料和能源的生产评估包装和货物配送物流（运输）。

（1）包装和能源关系。随着人们日益重视自然资源的可持续利用，以及追求更加完善的森林资源管护，森林资源的绿色环保理念已经深入到人们的日常生活中，从而影响到人们的身心。为了更好地实践这一理念，森林资源的可持续发展，除了森林资源的"纯天然、原生态、无污染、无公害、无添加"等特点外，更重要的是，森林资源的可持续发展，需

要从源头上加以控制，以减少二次污染，实现森林资源的可持续发展。今天，我们必须重新审视我们的行动，避免危害人类的健康，并维护人类的生存环境。企业必须大力发展使用各种环保、天然、可再生、可循环的材料来制作包装，并且注重颜色、形状、图案、文字的搭配，使得企业的商品能够更好地吸引消费者。

包装行业主要利用能源来改造包装，同时也对其进行回收利用。每种材料都有其自身的能源需求和生态平衡。例如，我们对三种容器（纸板、塑料和玻璃）进行了小幅比较。包装协会数据表明，根据所使用的材料，温室气体要高出两到三倍。不能因为使用能源而禁止某些包装，但必须在其整个生命周期（提取、生产、运输和回收等）中考虑到这一点。能源消耗和能源效率会影响包装的选择（不同的能量平衡）。在过去的 30 年中，回收行业取得了长足的发展。今天，它构成了一个价值数十亿美元的世界市场，并发挥着社会和环境功能。在保护自然资源方面，这个行业是首屈一指的。

第二代原材料的创造，即那些由回收产生的原材料，与初级原材料（未回收）相比，可以减少生产这些材料所需的能源支出。此外，通过回收过程生产纸张可减少 35% 的水污染和 74% 的空气污染。同时，用废金属生产金属可以减少 86% 的空气污染。如果没有大规模扩展新的复杂工艺、先进的机械和设备，就不可能对环境保护做出这种贡献。回收行业的参与者每年投资数十亿元用于购买新技术以及研发。

（2）包装和运输、配送。如果我们仔细观察交通问题，我们可以通过两个工具对其进行优化：一是通过缩短配送路线来减少在路上花费的时间；二是通过包装减少配送所需的运输车辆数量。因此，我们降低了物流和维护成本以及燃料消耗。提高我们物流效率的因素如下：

一是减少我们包装的体积和重量；

二是优化运输包装的尺寸以保持托盘空间；

三是选择最生态的交通工具；

四是更好地规划运输车队的行程；

五是游说供应商也改善他们的包装。

产品在其整个生命周期中，在到达消费者手中之前要经过一条漫长的物流链。当林果、鲜花等林产品的中间转销或分销平台过多时，会导致装货、卸货次数增加，从而增加货物损耗，因此，对于林产品的运输包装提出了更高的要求。为了解决这一问题，重型瓦楞纸箱集合包装和单包装箱都可以有效地满足这些需求。每一步的包装都必须提供正确的保护，以防止退化或物理损坏。包装和产品必须面对的因素是：温度变化、湿度和冲击。如果产品因包装错误而损坏，经济和生态损失是相当大的。

当发生损坏时，成本通常是修理或更换负载成本的五倍。关于运输托盘，它们是所有损坏的大约 50% 的原因。超过一半的托盘尺寸错误，导致意外溢出。行业使用 122 厘米 × 102 厘米托盘，可在 32℃ 和 80% 相对湿度下 2×2 堆叠 30 天。

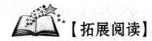 【拓展阅读】

苗木的出圃和包装以及运输

（一）出圃时间和方法

当苗木符合特定的条件时，就能够开始种植。通常，种植时间应该从秋季落叶开始，直到地面结冰，再从春季解冻开始，直到春季萌芽。种植的苗木通常具备80~120厘米的高度，10厘米的接合处，0.8厘米的粗细，0.2厘米的根系，15厘米的长度，3条平直、伸直且没有弯曲的侧根，3条光滑的枝条，45~90厘米的整个植株带，6个以上的健康的新生芽，并且已经完成了愈合。在种植之初，对于没有落叶的植物，建议施用2000×10矮壮素来加速落叶。在种植之初，如果种植区域的天气干燥，建议每2~3天给植物浇水，以保持土壤湿润、疏松、干燥，从而在种植过程中节约劳动力又不容易伤根。

在移栽之前，确保植物的根部处于良好的状态，不伤大根，多留侧根、须根，起苗后不被风吹日晒，并确保植物的根部得到充足的水分，避开大风、干燥、有霜冻或雨天起苗，此外还应保护好苗木的干、芽和嫁接口，小苗圃多采用人工起苗，防止植物受到损害，以便植物能够顺利地生长发育。此外还应保护好苗木的干、芽和嫁接口，小苗圃多采用人工起苗，有条件的苗圃则采用机械起苗，机械起苗采用起苗犁犁苗出土，起苗效率高，根系大，苗木质量好，起出的苗要分品种、按相应的苗木标准分级、过数、挂标签，对于短途运输的苗木，应使用湿润的草料把它们的根系裹紧；而对于长途运输的苗木，应先把它们的根系塞满潮润的稻草，然后用湿润的草料把它们裹紧，并贴上标签。次年的春天再栽种的，应该把它们移到当地假植；而对于那些没有达到出圃标准的等外苗，应该保持原样留在苗圃继续种植。

（二）分级

为了确保苗木的存活率，以及保持其良好的外观，也为了方便运输和包装，需要根据其特性，把它们划分到2~3级，并且确保苗木的品种、大小、形状、重量、数量都能够满足当地的苗木出圃质量标准。如果有任何问题需要及时处理，并且根据实际情况，给予适当的修剪，以确保苗木能够顺利地存放，并且给苗木贴上标签，发放质量检验证明。为了保护消费者的权益，苗木的标签必须清晰地显示出它们的名称、来源、质量水平、植物的类型、植物的繁殖方式、植物的成长环境、植物的健康状况。

在选择砧木时，需注意它的精细程度，并且它的嫁接处需要良好的愈合。此外，它的高度需超过120厘米，粗度需超过1.2厘米，并且需要至少5条侧根。通常，侧根的粗度需超过0.4厘米，并且没有患过任何疾病或缺乏必需的养分。从苗木起苗后到定植前，都需要对它们进行假植，这样可以防止它们的根部和枝条因暴露在阳光下而变得脆弱。如果苗木比较小，则以50株为一捆，如果苗木比较大，则25株为一捆。捆绑好之后，暂时假植，通过挖一个70~80厘米、150厘米的浅沟，把苗的根系放置于背风向阳、不容易积水的位置，然后再给它们灌满清水，这样就能够让它们过渡到一个更舒适的环境，此外，还要注意把沟的长度按照苗的数目来决定，一般来说，沟要向南北方向延伸。

为了保证苗木储存质量，首先需要将苗圃的基础铺上一层薄薄的沙子，大概15厘米。然后将苗圃的植株朝着南方垂直放置，按顺序摆放，每一层植株都铺上一层沙子，同时轻轻晃动植株，让沙子能够深深扎进植株的基础．如果基础表面的泥土比较湿润，就需要及时给植株浇水，避免植株脱水。同时，也不能将植株放进储存槽里，因为这样会导致植株腐烂。对于极端的环境，需要确保植株的基础层达到80厘米或更多的深度。当苗木的数量不多的情况下，应采取措施来避免由于干旱导致的缺水问题。一种方法是在菜窖中储藏，或者也可以在土壤中储藏，将苗木放置在土壤中，让它们的根系向下，并在表面撒上一层薄薄的泥。

（三）苗木的消毒

苗木在包装前应该先对植物的包装进行处理。通常可以使用3~5度石硫合剂来消毒植物，并在植物上涂抹防腐剂。在处理完苗木之后，应该使用温和的清水对苗木进行冲刷，以保证其健康和美观。此外，可以把苗木泡在 100 倍的波尔多液，或者 0.1% 的升汞中 10～20 分钟。或者可以用氰氢酸气熏蒸消毒 60 分钟，熏蒸时关闭门窗，每 1000 立方米容积的贮苗库备水 900 毫升，缓慢加入 450 克硫酸，再加 300 克氰酸钾。在熏蒸之前，工作人员应该提前采取预防措施，立即将药物倒出兑好并快速撤离。熏蒸结束，必须打开门窗通风后，才能够进入储存室。

（四）苗木的包装与运输

为了确保苗木的安全运输，在冬春季节的长途运输时，应该在汽车底部和四周铺设一层保湿性良好的湿稻草帘，每 25～50 株一捆，每层之间都要用湿稻壳、锯末、苔藓等材料填补，最后再覆盖一层湿草帘，并用帆布将车厢完全包裹起来。

如苗木层数装得较高时，为了确保苗木的运输质量，在装苗的过程中，应该在中央添置一个湿草帘，在运输的路上，应该定期打开帆布，及时补充水分，同时进行适当的通风和冷却，在短距离的运输上，则无须使用草帘，只需要确保苗木得到足够的保护和遮拦。在进行苗木的调运和邮寄的同时，应该使用吸水性强的药剂，比如竣甲基纤维素，这样，在植株接触到这些药剂之前，就可以把从空气中吸收到的水分供给苗木根部，从而防止植株在运输的路上脱水，同时，应该使用石蜡乳剂或其他抑制蒸发的剂量。通过堵塞苗木气孔和皮孔，降低苗木的蒸发损耗。

（资料来源：苗木的包装与运输［EB/OL］. https：//www.gengzhongbang.com/article－588231－1.html.）

练习与思考

1. 选择题

（1）包装的多级包装形式有（　　）。

A. 初级包装　　　　B. 二次包装　　　　C. 绿色包装　　　　D. 运输包装

（2）装茶油的玻璃瓶属于（　　）。

A. 初级包装　　　　B. 二次包装　　　　C. 绿色包装　　　　D. 运输包装

（3）下列（　　）可以不经包装进行销售。

A. 籽粒、果实等林木种子

B. 苗木

C. 无性繁殖的器官和组织，包括根、茎、芽、叶、花等

D. 不宜包装的林木种子

2. 问答题

（1）包装的定义是什么？

（2）什么叫商品的运输包装，它有什么作用？

（3）林产品包装如何做到包装的可持续发展？

实训任务

通过所学知识，结合网上收集的资料，为云南出口鲜花到日本设计初级包装，二次包装及运输包装。

项目八

林产品配送管理

【学习目标】

❖知识目标
1. 掌握配送的概念、特点、作用和模式
2. 掌握配送与运输的区别
3. 了解林产品配送的方式和策略

❖技能目标
1. 掌握配送合理化的措施，并能在林产品配送的具体实践中运用
2. 能够区分不同的林产品配送方式
3. 能够针对不同的林产品配送物流不合理情况，采取适当有效的解决措施

❖素质目标
1. 具有从事林产品基层配送作业和管理的能力
2. 进行林产品配送管理过程中，具有团队协作能力和独立制订工作计划的能力

【本章导学】

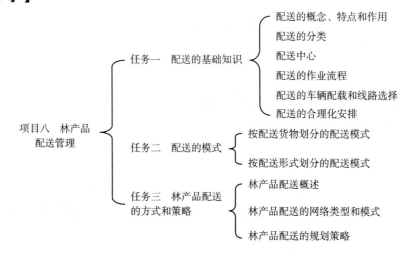

杭州萧山绿源苗木配送

杭州萧山绿源苗木配送有限公司是一家成立于 2005 年的专业园林绿化苗木销售配送企业，总部位于华东最大的花木集散地——浙江中国花木城。公司凭借萧山的苗木产业优势，整合各地资源，实行订单操作，推行统一质量标准，形成了专业的苗木销售平台。公司还拥有自营苗木进出口权，运用自有配送系统以现代物流的配送手段，为客户提供优质优价的苗木和方便快捷的苗木配送服务。此外，该公司还是杭州市农业龙头企业、杭州市 AA 级信用企业、浙江省花卉协会花木经纪人分会会长单位，杭州萧山绿源苗木配送有限公司已成为全国苗木配送行业的知名企业。

公司目前拥有萧山江东、临浦和进化三大苗圃基地以及订单苗木基地共计 5000 亩，同时还有来自苗乡 15 万亩苗木基地和全国十大花木产地的众多加盟单位，这些基地和加盟单位可为公司提供稳定的苗木供应渠道。公司的市场总部位于杭州，并在上海、苏州、徐州、张家港、南京、武汉、成都、北京八大分支机构设有市场部，拥有庞大的销售团队。公司采用产、供、销、信息、配送、服务全方位、大容量、多功能的苗木运营模式，致力于打造华东地区苗木配送领域的第一品牌。

公司现有固定资产 3552.69 万元，员工数量达到 90 人。其中，具有大专学历的专业技术人员占总员工的 72%，技术力量十分雄厚。公司主营花卉苗木培育、种植、变异品种栽培及容器化标准生产等业务，主要产品有红叶石楠、金森女贞、金叶苔草、鼠刺、金和女贞、荆芥、美国薄荷、薰衣草、大花金鸡菊等。在当地种植业发展中，公司占据着主导地位。公司一直秉承"品质、信誉、服务三至上"的企业精神，不断追求管理、技术的创新发展，具有较强的经营能力。

绿源公司在技术层面与浙江省林科院、浙江省林业种苗管理站、浙江林学院等科研机构开展了合作，从而在技术上探索了一条全新的道路。此外，公司通过自主创新，引进了国内外的先进技术，并采用了新型的技术合作方式，大大提升了公司的技术创新能力，并促进了企业技术中心的技术水平不断提高，竞争力也得到了显著提升。

（资料来源：根据案例制定配送流程［EB/OL］. https://www.guayunfan.com/baike/204392.html.）

［思考］

试分析杭州萧山绿源苗木配送有限公司成功的原因。

任务一　配送的基础知识

一、配送的概念、特点和作用

（一）配送的概念

我国国家标准《物流术语》将配送定义为："在经济合理区域范围内，根据客户要求，

配送的产生

对货物进行拣选、加工、包装、分割、组配等作业，并按时送达指定地点的物流活动。"

（二）配送的特点

配送虽然与传统的送货和运输有时难以准确区分，但配送除了具备送货和运输的功能，还特别关注物流效率与效益的提升。配送需要依靠信息网络技术来实现，其具有下列特点。

1. 配送不仅仅是送货，而是一种特殊的送货形式

在配送行业中，除了货物的送达，还需要进行拣选、分货、包装、分割、组装、配送等多种活动。这些活动非常复杂，必须具备先进的商品经济知识和现代化的经营水平才能够做好。在商品经济不发达的国家或历史时期，很难按照用户的要求实现高效率的配送，因此实现广泛且高效的配送更加困难。因此，随着时代的变迁，送货和配送的一般含义也在不断演变。

2. 配送活动是送货、分货、配货等活动的有机结合体

配送已经成为许多业务活动不可或缺的重要组成部分，它需要结合订货系统将送货、分货、配货等活动进行有机整合。为了实现这一目标，必须依靠现代信息技术，建立和完善订货系统，使其成为一种高效的现代化作业系统。

3. 配送全过程采用现代化技术和设备

现代化技术和设备的采用，可以保证配送的全过程在规模、水平、效率、速度、质量等方面远远超过以往的送货形式。在配送活动中，广泛采用各种传输设备、识码和拣选等机电装备，使得整个配送作业类似于工业生产中广泛应用的流水线，实现了流通工作的一部分工厂化。因此，现代配送系统不仅是一种作业系统，同时也是科学技术进步的产物。随着科技的不断发展，新的技术和装备不断涌现，进一步提高了配送的效率和质量，为企业和消费者带来更好的服务体验。

4. 配送是一种专业化的分工方式

过去的送货形式仅仅是推销商品的手段之一，其目的仅在于多销售一些商品。然而，配送则是一种专业化的分工方式，是大规模生产和专业化分工在流通领域的体现。因此，如果一般送货是一种服务方式，那么配送就是更加系统化的体制形式。它需要协调和组织大量的资源和环节，从订货、拣选、包装到物流等全方位考虑，以确保产品能够高效地流通到消费者手中。该过程中，各个环节之间的联系和协调至关重要，为此，需要建立完善的管理和控制机制。此外，配送不仅是一种服务方式，更是一种组织形式，是现代经济中不可或缺的一部分。

5. 配送是一种门到门的服务，属于末端运输

配送通常在同城范围内运作，运输距离不会很长，一般采用汽车运输即可完成。因此，配送是一种末端运输，可直接为最终用户提供门到门服务。与其他运输方式不同，配送更专注于实现快速、高效和可靠的送货服务，以满足现代消费者对于快速和便捷服务的需求。

（三）配送的作用

配送的作用主要体现在以下几个方面。

1. 完善了运输和物流服务

作为物流的支线运输，配送在干线运输已经实现低成本化的基础上，通过完善物流服务，能够更好地适应顾客的多品种、小批量的货物需求特点。相较于干线运输，配送的运输距离较短，但是其对于整个物流链的顺畅运转至关重要。

2. 提高了末端物流的经济效益

配送可将多个用户小批量货物集中起来一起发货，既满足了用户的多品种、小批次的消费特点，也降低了物流运营成本，从而提高了末端物流经济效益。

3. 通过集中库存使企业实现低库存或零库存

高水平的配送和准时制的配送可以使生产企业不必储存大量货物，或者只需要保留少量的保险库存，实现近"零库存"，从而可大大降低企业的库存成本，并且能够更加快速地响应市场需求，提高商品生产效率。

4. 简化手续、方便用户

配送中心可以提供集货、配送等服务，让用户只需向配送中心订货，就能够享受批量采购的服务，避免了用户需要到多个地方采购的麻烦，同时也简化了采购手续，方便了用户的货物采购。

（四）配送与运输的区别

配送与运输的区别体现在以下几个方面。

（1）配送是支线运输，是末端运输。

（2）从狭义角度来看，运输分为干线运输和支线配送。从工厂仓库到配送中心的批量货物空间位移称为运输，从配送中心向最终用户之间的多品种小批量货物的空间位移称为配送。

（3）配送的附加功能要远远超过运输。

（4）配送活动不仅包括了货物送达作业，而且还包括按要求开展的流通加工、订单处理、货物分拣等作业活动。

配送与运输的区别如表 8-1 所示。

表 8-1 配送与运输的区别

区别	运输	配送
物流类别	干线运输	支线运输、区域内运输、末端运输
在供应链中的位置	中间运输	末端运输
物流距离	中长距离	短距离
物流特点	少品种、大批量、少批次	多品种、小批量、多批次
工具或途径	大型货车或铁路、水路	小型货车
物流周期	长周期	短周期
管理重点	效率优先	服务优先
功能特点	功能单一	功能综合

二、配送的分类

（一）按配送货物的种类和规模分类

1. 少品种或单品种、大批量配送

这种配送一般针对工业企业生产需要的原材料进行配送。由于单一品种或少数品种货物便可实现整车运输，不需要再与其他货物搭配配送，因此，可由专业性强的配送中心实行此类货物配送。

2. 少批量、多批次配送

这种配送方式通常被称为最后一公里配送。它是一种直接面向最终个人用户的配送方式。通常根据用户需求将各种货物配备齐全，凑满整车后由专业的配送节点送达用户所在的位置。这是一种高水平、高技术的配送方式，配送频度通常较高，能够满足用户对快速、准确、及时的物流服务需求。

3. 设备成套、配套配送

这种配送方式通常被称为定时送货配送。它是一种面向装配型或流水线型制造企业的配送方式，按照生产节奏定时将零部件送达生产企业，以实现企业零库存的目的。

（二）按货物配送的时间和批量分类

1. 定时配送

按规定时间间隔进行配送，例如，数天或数小时一次。每次配送的货物品种及数量可以按计划执行，也可在配送之前按已商定的联络方式通知配送的货物品种及数量。

日配是定时配送中使用较广泛的一种方式。日配在时间方面的一般要求是配送在订货后的 24 小时之内完成，即上午订货下午送达、下午订货第二天送达。日配主要适用于鲜食品配送，如蔬菜、水果、点心、肉类等的配送。

2. 定量配送

按规定的批量在一个指定的时间范围内进行配送。这种配送方式所配送的货物数量固定，备货工作较为简单。

3. 定时定量配送

按照规定的配送时间和数量进行货物配送。这种方式兼有定时、定量两种配送方式的优点，但特殊性强、计划难度大，适用的货物种类有限。

4. 定时定路线配送

在规定的配送路线上制订到达时间表，按运行时间表进行货物配送。用户可按规定路线及规定时间接货或提出配送要求。这种配送方式有利于提前计划、安排配送车辆和配送人员。

5. 即时、应急配送

即时配送是完全按照用户突然提出的时间和货物数量的配送要求，立即将货物送达指定地点的配送方式，是一种高灵活性的应急配送方式。

（三）按配送企业的专业化程度分类

1. 综合配送

配送货物种类多，不同专业领域的产品在一个配送网点中组织并提供对用户的货物配送服务。但一般只针对形状相同或相近的不同类货物实行综合配送。

2. 专业配送

按货物形状不同适当划分专业领域的配送方式。专业配送的优势在于可优化配送设施，制定实用性强的配送流程，从而提高配送效率。例如，中小件杂货的配送、金属材料的配送、燃料煤油的配送、水泥的配送、平板玻璃的配送、生鲜食品的配送、家具的配送等。

（四）按配送组织者分类

1. 配送中心配送

组织者是专职配送的配送中心。配送中心具有配送能力强、配送品种多、配送数量大的特点，该方式是货物配送的主要形式。

2. 仓库配送

在实现仓库存储保管功能的前提下，增加对部分货物的配送职能。

3. 商店配送

配送组织者是商业或物资部门的门市网点。这种配送形式要求商店除完成自身日常的零售业务外，还需按用户的要求配齐货物后送达用户。

4. 生产企业配送

进行多品种产品生产的大型企业，可以直接由企业自己进行产品配送而无须再将产品发送到配送中心中转。

三、配送中心

（一）配送中心和物流中心的区别

中华人民共和国国家标准《物流术语》对配送中心的定义是：从事配送业务具有完善的信息网络的场所或组织。配送中心应满足下列要求。

（1）主要为特定的用户服务。

（2）配送功能健全。

（3）辐射范围小。

（4）多品种、小批量、多批次、短周期。

（5）主要为末端客户提供配送服务。

中华人民共和国国家标准《物流术语》对物流中心的定义是：从事物流活动且具有完善信息网络的场所或组织。物流中心应满足下列要求。

（1）主要面向社会提供公共物流服务。

（2）物流功能健全。

（3）集聚辐射范围大。

（4）存储、吞吐能力强。

（5）对下游配送中心客户提供物流服务。

物流中心与配送中心的区别如表 8－2 所示。

表 8－2　　　　　　　　　　　　物流中心与配送中心的区别

区别	物流中心	配送中心
服务对象	主要面向社会提供公共物流服务	主要为特定用户提供物流服务
服务功能	物流功能健全	配送功能健全
辐射范围	辐射范围大	辐射范围小

续表

区别	物流中心	配送中心
物流特点	存储、吞吐能力强；能为转运和多级联货运提供物流支持；少品种、大批量、少供应商	多品种、小批量、多批次、短周期、多供应商
在供应链中的位置	在配送中心上游	在物流中心下游
规模	一般较大	可大可小

（二）配送中心的类型

物流配送是流通部门连接生产和消费，使时间和场所产生效益的设施，提高物流配送的运作效率是降低流通成本的关键所在。物流配送又是一项复杂的科学系统工程，涉及生产、批发、电子商务、配送和消费者的整体结构，运作类型也形形色色。考察配送中心的类型，对我们具有重要的作用。

1. 按配送领域的广泛程度分类

（1）城市配送中心。城市配送中心是以城市为配送范围的配送中心。一般情况下，整个城市都处于汽车运输的经济里程内，因此，城市配送中心可将货物直接配送到最终用户。此外，城市配送中心往往和零售经营相结合。由于运距短，反应能力强，城市配送中心从事多品种、少批量、多用户配送的优势明显。例如，"北京食品配送中心"属于此类型的配送中心。

（2）区域配送中心。区域配送中心是比城市配送中心配送规模较大的货物集散中心，其主要目的是为省（州）际、全国乃至国际范围的用户提供货物配送服务。区域配送中心具有较强的辐射能力和库存准备，能够同时向城市配送中心、营业所、商店、批发商和企业用户等多个目标客户进行货物配送。

区域配送中心的优点是可以提高配送效率和准确度，并且可以实现较大规模的货物批量配送，从而降低货物配送成本。此外，由于其库存准备充足，区域配送中心可以更好地满足客户的紧急需求，为提供更高质量的货物配送服务。例如，美国马特公司的配送中心、蒙克斯帕公司的配送中心等均属于此类型的配送中心。

2. 按配送中心的内部特性分类

（1）储存型配送中心。储存型配送中心是专门为了满足储存和配送大批量货物或原材料而设计的物流中心。储存型配送中心通常具有较大的储存面积和储存能力，能够同时储存大量的货物和原材料。储存型配送中心的储存设施通常具有不同的储存温度和湿度要求，以满足不同货物和原材料的储存需求。

（2）流通型配送中心。流通型配送中心是一种专门为了快速配送货物而设计的物流中心。与储存型配送中心不同，流通型配送中心没有长期货物储存功能，而是采用暂存或随进随出方式进行配货和送货。流通型配送中心通常以大量货物整进整出为特征，使用大型分货机将货物快速分配到各个用户货位或直接分配到配送车辆上，货物在配送中心仅做短时间停滞。例如，阪神配送中心即为此类型配送中心，该中心内只暂存货物，大量货物的储存依靠一个大型补给仓库。

（3）加工型配送中心。加工型配送中心是一种专门为了货物加工、包装和配送而设计的物流中心。加工型配送中心通常以货物流通和加工为主，因此在其配送作业流程中，储存作业和加工作业居主导地位。与其他类型的配送中心相比，加工型配送中心的进货量较大，但货物分类、分拣工作量并不太大。这是因为，加工型配送中心通常处理少数种类货物，这些货物可以直接运输到用户的货位区内，并进行货物包装、配货等工作。

3. 按配送中心的设立者分类

（1）制造商型配送中心。制造商型配送中心是一种专门为制造商存储和配送自己生产制造的货物而设立的物流中心。其主要目的是及时将预先配齐的成组元器件配送到规定的加工和装配工位，以提高商品生产效率和降低流通成本。此外，制造商型配送中心有时也为了提高售后服务质量而设立该中心。

制造商型配送中心的主要为单一制造商服务，通常不提供社会化服务。制造商型配送中心通常位于制造商的生产基地或其附近，以便及时配送货物到加工和装配工位。制造商型配送中心通常采用高度自动化和信息化技术，以提高物流效率和准确性。

（2）批发商型配送中心。批发商型配送中心是由批发商（或代理商）设立的物流配送中心，其主要目的是集中存储来自不同制造厂商的货物，再按照货物类别或部门进行分类，最终配送给零售商。该中心通常提供多种货物的存储、配送和售后服务，以满足不同消费者的需求。

批发商型配送中心的主要特征是集中存储和分发多个制造商的不同货物，并为零售商提供多样化的产品选择和快速的配送服务。该中心通常位于城市中心或附近，以便快速响应市场需求并提高物流效率。批发商型配送中心的主要活动是对货物进行集货和再销售，提供货物的社会化配送。

（3）零售商型配送中心。零售商型配送中心可更好地支持零售商的销售和供应，以提高零售商自身竞争力。与批发商型配送中心类似，零售商型配送中心集中采购不同生产厂商的货物，但其主要配送对象是自身的门店和客户。与批发商型配送中心相比，零售商型配送中心更注重货物的种类和质量，以适应不同零售商的销售需求。此外，随着市场竞争的加剧，一些零售商型配送中心也适当增加了社会化配送服务，以更好地满足客户的需求。

（4）专业配送中心。专业配送中心通常是由第三方物流企业为主体设立的配送中心，其主要职责是为客户提供专业的仓储、运输、配送、货运跟踪等一系列物流服务。专业配送中心具有很强的货物运输配送能力，通常地理位置优越，能够迅速将货物配送给用户。同时，由于其专业化、标准化程度高，往往能够实现规模效益和集约效益，从而为客户提供高效、稳定、安全的货物配送服务。

（三）配送中心的功能

配送中心不仅具有储存、集散、衔接等传统的物流功能，而且在物流现代化的进程中，配送中心在不断地强化分拣、加工、信息处理等功能。

1. 采购集货功能

为了确保能够及时准确地为用户提供配送服务，配送中心必须采购所需的货物。对于一些经常需要配送的货物，配送中心可能会提前采购存放以备不时之需；对于一些不确定性需求的货物，则可能等到有用户订单后再采购，然后快速配送。

2. 存储保管功能

为了保证货物的正常配送，配送中心需要拥有一定量的库存货物。其功能重点：做好货物的保管、养护工作，以确保货物的数量准确、质量完好。

3. 分拣和配货功能

根据客户订单对货物进行分拣、组配。分拣、组配是配送中心的重要特征之一，也是与传统仓库的明显区别。其功能重点：采取适当方式拣选货物，提高拣选效率和拣选准确率。

4. 流通加工功能

按不同的用户要求，对货物进行分装、配组、分割、贴标签等简单加工；某些配送中心把不同供应商的零部件进行配套后送货供应，以平衡生产成本和物流成本。

5. 信息处理功能

配送中心可以对采购货物的数量、到货情况、库存品种及批量、货位储位、保质期、周转情况、人力安排、客户订单特征、成本构成等多种信息进行汇总、分析，为管理决策提供参考依据，并把相关信息传递给企业有关部门，加强部门间合作和供应链管理，提升货物管理效益。

6. 送货功能

将组装好的货物按顺序装车，按客户要求及优化的配送线路进行送货。运输车辆可用自有车队或租用的社会车辆。

7. 货物集散及衔接功能

在一个大的物流系统中，配货中心将不同的生产企业生产的产品集中起来，进行分类、分拣、配货、包装等工作，然后将这些产品按照用户的需求进行配送。配送中心的作用不仅是连接产、销之间的纽带，更是在物流系统中起到缓冲平台的作用，为整个物流系统提供顺畅高效的服务，提高了物流系统的运转效率和效益。

（四）配送中心的工作区域配置

配送中心内部工作区域的一般配置如下。

1. 接货区

接货区是配送中心中一个重要的环节，主要用于完成接货、卸货、清点、检验、分类入库准备等工作。它通常包括以下设施：进货铁路、公路；靠卸货站台；暂存验收检查区域。

2. 储存区

存储区用于货物储存和分类。存储区是个静态区域，由于货物需要在这个区域放置一段时间，所以和不断有货物进出的接货区相比，该区域所占的面积较大。在许多配送中心中，该区域往往占配送中心总面积的一半左右。对某些特殊配送中心（如水泥、煤炭配送中心），存储区面积占配送中心总面积的一半以上。

3. 理货、备货区

该区域用于进行分货、拣货、配货作业，以便为送货做好准备。该区域的面积随配货中心类型的不同而有较大的变化。例如，对多用户的多品种、少批量、多批次配送（如中、小件杂货）的配送中心，需要进行复杂的分货、拣货、配货等工作，所以，理货、备货区面积占配送中心面积的比例较大。

4. 分放、配装区

在该区域，根据用户需要，将配好的货物暂放暂存等待外运，或根据每个用户货堆状况决定配车方式、配装方式，然后直接装车或运到发货站台装车。该区域对货物进行暂存，由于货物暂存时间短、周转快，所以该区域所占面积相对较小。

5. 外运发货区

在该区域将准备好的货装入外运车辆发出。外运发货区的结构和接货区类似，有站台、外运线路等设施。有时，外运发货区和分放、配装区被整合在一起，此时，所分好的货直接通过传送装置进入装货场地。

6. 加工区

在一些配送中心中，为了满足特殊的物流需求，可能需要进行一些简单的货物加工，例如将大件货物分割成小件货物，或者将不同的货物进行混装。这就需要在配送中心中设置一个加工区域，以完成货物加工作业。加工区域的面积和设施配置根据加工货物种类的不同而不同。

7. 管理指挥区（办公区）

该区域是指配送中心的行政管理区域，通常包括营业部、财务部、人力资源部、信息管理部等部门。在该区域，完成各种与行政管理有关的工作，如业务接待、订单处理、财务结算、人事管理、信息处理等。该区域通常与其他区域相对独立，有专门的办公室、会议室、休息室等设施。

四、配送的作业流程

（一）配送的基本环节

配送中心所开展的配送作业可分成备货、分拣、加工、配货、配装、送达服务等主要环节。

1. 备货

备货包括采购订货、验收接货、入库储存等环节。配送中心为满足零售商店等企业客户及消费者短时间的订货时限，一般需要预先备货，即根据销售预期向供应商采购订货，货物到达后进行验收、入库、储存，以便接到客户订单后能及时拣货和快速配送到位。

2. 分拣

分拣是依据顾客的订单要求或配送计划，迅速、准确地将货物从其储位或其他区位拣取出来，并按一定的方式进行分类、集中的作业过程。

3. 配货和配装

配货和配装是根据客户订单和送货包装单元进行货物配备、拼箱、拼车的作业过程。当某一客户需求的货物不能装满某个包装单元时，可用同一客户需求的其他货物合理拼箱装满，提高配送车辆的有效利用率。

4. 送达服务

配送的送达服务属于末端运输服务，一般运距较短、规模小、频度高，多采用汽车公路运输。一辆配送车辆一次往往需要为多个客户提供配送服务，因此，送货前需要根据交通路线、客户送货地点、送货时间要求等规划配送线路，以较短的配送里程、较低的配送成本完成送货任务，且与客户办好交接手续。

（二）货物分拣

货物分拣是配送中心的主要业务之一，如何提高分拣作业效率和分拣作业的准确度是所有配送中心非常关注的问题；分拣方式选择是否恰当将会影响货物分拣作业的效率，因此，物流人员提前了解各种分拣方式的优缺点和适用范围非常重要。

1. 分拣方法

分拣作业的组织方法如表8-3所示。

表8-3 分拣作业的组织方法

类型		说明
按订单分拣	单一分拣（摘果法）	按客户的订单逐一进行分拣，再进行订单分拣结果汇总
	批量分拣（播种法）	汇总客户的订单，按货物种类进行分拣后，再按不同的客户进行分货
	复合分拣	根据订单类别合理选择以上两种订单分拣方式进行组合
按作业程序分拣	一人分拣法	一人负责一个订单的分拣
	接力分拣法	上游分拣人员完成所负责区域货品的分拣后将订单传送给下游分拣人员
	区间分拣法	一组拣货人员，每人负责固定的拣货区域，并行开展分拣工作
	分类分拣法	按货物类型进行分类，每人负责一个或几个产品类别的分拣
按自动化程度分拣	人工分拣	—
	电子标签辅助分拣	—
	自动分拣	—

2. 订单分拣的摘果法和播种法

（1）摘果法订单分拣。摘果法订单分拣又称"拣选式""按订单分"或"人到货前式"的订单分拣。即针对每张订单，拣选人员或拣选工具巡回于各储存区，依次拣选同一订单所要求的所有货品。这种方法类似于进果园摘果——依次在每棵树上摘下已成熟的果子，因此又被称为摘果式或摘取式订单分拣。

摘果法的特点如下。

一是按订单分别拣取货物；

二是一单一拣；

三是作业前置时间短；

四是配货准确度高；

五是分拣区域较大时，拣货行走路径较长。

摘果法适用的订单分拣领域如下。

一是用户不稳定，订单波动性较大；

二是用户订单需求差异较大；

三是用户货物需求种类多，统计共同取货难；

四是紧急、即时或随机性强的货物配送。

（2）播种法订单分拣。播种法订单分拣又称"批量拣选""分货式拣选"法订单分拣，即把多张订单集合成一批，由分货人员或拣选工具从储存区集中取出各个客户共同需要的一种货物，再按每个客户的需求依次分放到相应货位，如此反复进行，直至客户所需的所有货物都分放完毕。此方法类似农民在土地上巡回播种，因此又被称为播种法。

播种法的特点如下。

一是批量拣取货物可缩短行走距离，但订单有延迟；

二是需要提前规划好用户货位，需要二次分货，可能会发生分货错误；

三是工艺难度高，计划性强；

四是与拣选式（摘果法）订单分拣方法相比，可综合考虑、统筹安排，具有规模效益。

播种法适用的订单分拣领域如下。

一是用户稳定，订单数量较多；

二是用户订单需求共同性强，可形成共同、批量订单；

三是用户货物需求种类有限，统计容易；

四是用户订单配送时间无严格限制。

五、配送的车辆配载和线路选择

（一）配送车辆配载

沃尔玛配送
作业流程

由于配送货品的品种和特性各异，为提高货物配送效率、降低物流成本、确保货物配送质量，需综合考虑影响配送车辆配载的因素，实现配送车辆的合理配载。

货物特性、货物包装情况、是否能够拼装运输、装载技术等都可能影响配送车辆的配载。

配送中心在接到订单后，首先将货物依特性分类，以确定采取的配送方式和运输工具，例如，按冷冻食品、速冻食品、散装货物、箱装货物等分类配载。其次，根据货物配送的轻重缓急，初步确定哪些货物用同一辆车配送，哪些货物不能用同一辆车，以做好车辆的初步配载工作。最后，将货物依特性分类后，对货物进行车辆配载时需要同时考虑车辆容积率与货物总体积配比和车辆载重与货物总重量配比，且尽量使两者最大化。

车辆配载时应遵循以下原则。

（1）轻重搭配的原则。

（2）大小搭配的原则。

（3）货物特性搭配原则。

（4）同一路向的货物搭配原则。

（5）用合理的堆码层次及方法原则。

（6）不能超过最大载重量原则。

（7）后送先装原则。

（二）配送线路选择

合理规划配送线路有助于物流企业降低物流成本、提高物流作业效率，因此，物流人员只有掌握了配送线路选择的原则和方法，才能在实际货物配送工作中合理选择最优线路并进行车辆配载，为企业实现降本增效的目的。

1. 优化配送线路的目标

（1）以效益最高为目标。

（2）以成本最低为目标。

（3）以路程最短为目标。

（4）以吨公里数最小为目标。

（5）以准确性最高为目标。

2. 配送路线的确定需满足的约束条件

（1）满足所有收货人对货物品种、规格、数量的要求，如需考虑客户或其所处地环境对送货时间、车型等方面的特殊要求。

（2）满足收货人对货物送达时间的要求，如有些客户不在中午或是晚上收货。

（3）在允许通行的时间段内进行货物配送，如有些道路在高峰期实行特别交通管制。

（4）各配送路线的货物量不得超过车辆载重量的上限。

（5）货物配送量在配送中心现有运力允许范围内。

3. 选择与优化配送路线的方法

（1）经验判断法。在该方法中，货物配送司机依靠经验对配送路线作出判断；这种方法快速、简单、方便，但缺乏科学性依据。

（2）综合评分法。在该方法中，首先，拟定配送路线方案，并确定配送路线评价指标；其次，对所有候选方案进行综合评分；最后，选取综合评分最高的线路作为最终配送线路。

（3）数学计算法。该方法根据候选配送路线和客户的对应关系，分为一对一、一对多和多对多的配送线路；常用的数学计算法包括破圈法、节约里程法和网络图法等。

六、配送的合理化安排

配送合理化安排是指对配送设备配置和配送活动组织进行调整与改进，实现配送系统整体均衡与优化的过程。

（一）配送合理化安排的分类

配送合理化安排包括以下几个方面。

1. 配送方式合理化

常见的配送方式有企业自营配送、第三方物流企业配送和共同配送。企业需要根据货物配送对自身的重要性和企业的配送能力、市场规模、地理范围、配送成本、配送服务等，科学地选择配送方式。配送方式的选择是配送合理化安排的首要工作。

2. 配送作业合理化

配送系统由一系列不同的配送作业环节构成；为实现配送合理化安排，需要对订单处理、备货、分拣、配货、配装、线路选择等各环节进行合理化安排。

3. 配送流程合理化

配送流程合理化是指通过对配送作业流程的再造重组，使配送各环节的衔接更加合理，以达到降低配送成本、提高配送服务水平的目标。

4. 配送成本合理化

配送成本包括配送变动成本和配送固定成本。配送变动成本主要指配送过程中与人工成本、装配费用、流程加工费用、燃料费用以及修理费用等有关的成本。配送固定成本主要指配送过程中各种固定资产的投入，如配送场所的建设成本、购置运输工具的成本、购置与安装分拣设备的成本。

5. 配送运输合理化

配送运输合理化主要体现在运输方式和运输路线的合理选择，配送运输是否合理直接影响配送的成本、效率和效果。

（二）常见的不合理配送形式

1. 资源筹措的不合理

配送企业可以通过大规模筹措资源，利用规模效益来降低筹措成本，从而取得配送资源筹措的优势。这种优势在给大量用户进行货物配送时表现得尤为明显，因为此时配送成本低于用户自己筹措资源的成本。然而，如果仅为少量用户代购代筹，则对于这些用户而言，不仅不能降低资源筹措成本，反而会增加配送企业的代筹、代办费用，因而是不划算的。除此之外，不合理的资源筹措还可能表现为配送量计划不准，筹措过多或过少，以及缺乏与资源供应者之间的长期稳定供需关系等问题。

2. 经营观念的不合理

配送企业利用不同的配送手段，向用户转嫁资金、库存困难等。在库存过大时，强迫用户接货，以缓解自己的库存压力；在资金紧张时，长期占用用户资金；在资源紧张时，将用户委托的资源另做他用以获得利益等。

3. 库存决策的不合理

配送企业必须依靠科学管理来实现低总量库存，只是库存转移无法解决库存过高的问题。库存管理不当还表现为储存量不足，无法满足用户随机货物需求，从而使企业失去应有的售货市场。因此，配送企业需要采取合理的库存决策，避免储存过多或过少的情况，并根据货物需求的变化进行及时调整。因此，只有采取科学合理的库存决策，才能实现企业库存的优化和效益最大化效益。

4. 价格制定的不合理

配送企业的价格应该低于用户自己进货时产品购买价格加上自己提货、运输、进货成本的总和，这样才能保证用户从中获得利益。如果配送价格普遍高于用户自己进货价格，将会损害用户的利益，这是不合理的。但是，价格制定过低，使得配送企业处于无利或亏损状态，也是不合理的。因此，配送企业应该在充分考虑成本和服务质量的基础上，合理制定货物配送价格，以满足用户需求的同时保证企业的可持续发展。

5. 配送与直达决策的不合理

通常，配送过程中会增加一些环节，这些环节的增加可以降低用户的平均库存水平，从而抵销环节增加的支出，并带来剩余效益。但如果用户需要大量货物采购，直接通过社会物流系统均衡批量进货可能更为节省费用，因此在这种情况下，通过配送中心送货就可能不是最优选择，属于不合理的配送范畴。

6. 配送运输的不合理

通过配送与用户自己去取货相比较，特别是对于多个小用户来说，可以集中配装一辆车，同时将货物送到几个用户处，这样可以大大节省运力和运费。如果不能利用这个优势，仍然采用一户一送的方式，而车辆无法达到满载（即时配送过多或过频时会出现这种情况），此时的配送安排是不合理的。此外，不合理的运输可能会表现在配送中的各个环节中，从而导致配送安排变得不合理。

（三）实现配送合理化安排的基本途径

1. 推行一定综合程度的专业化配送

通过采用专业设备、设施及操作程序，取得较好的配送效果并降低配送过程综合化的复杂程度及难度，从而实现配送合理化。

2. 推行加工配送

通过加工和配送结合，投入不增加太多成本的货物加工服务，提升货物附加值，以更好地满足客户需求。

3. 推行共同配送

通过共同配送，可以以最短的配送路程、最低的配送成本完成货物配送，从而实现配送合理化。

4. 实行送取结合

配送企业与用户建立稳定、密切的协作关系，在配送时，将用户所需的货物送到，再将该用户生产的产品用同一配送车辆运回，并将该产品作为配送中心的配送产品之一，或者对产品进行代存代储。这种送取结合的方式，可使配送企业的运力被充分利用，也使配送企业的配送服务最大限度地发挥作用，从而实现配送合理化。

5. 推行准时配送服务

配送准时可以为用户提供可靠的物流保障，使得用户可以放心地选用低库存或库存，避免因库存不足或过多而导致的资金浪费。此外，准时的配送也可以帮助用户有效地安排接货的人力、物力，提高工作效率，从而提高生产力和经济效益。

6. 推行即时配送

即时配送是配送企业快速反应能力和配送能力的具体化体现。

任务二　配送的模式

配送模式是配送企业所采用的基本配送战略和方法，是构成配送运动的诸要素的组合形态和标准形式，是适应经济发展需要并根据配送对象的性质、特点及工艺流程而相对固定的货物配送规律。

配送模式主要有两种形式：按配送的货物划分，即生产资料配送与生活资料配送；按配送承担者划分，即自营配送模式、共同配送模式和第三方配送模式。

一、按配送货物划分的配送模式

（一）生产资料配送模式

生产资料是劳动手段和劳动对象的总称。常根据所生产产品类别的不同把生产资料分成两大类：工业生产资料和农业生产资料。工业生产资料是指用于满足工作、交通、基本建设等需要的工业品的生产资料，具体包括各种原料、材料、燃料、机电设备等。

一般而言，生产资料的消费量较大，因此需要进行大批量的运输。从物流的角度来看，一些生产资料以散装或裸露方式流转，如煤炭、水泥、木材等产品；一些则以捆装和集装方式流转，如金属材料、机电产品等；有些产品经过初加工后再供应给消费者使用，如木方、配煤、型煤等；还有一些产品直接进入消费领域，中间不经过初加工过程。由于产品的性质和消费情况各异，其配送模式也各不相同。

从流程上看，生产资料配送模式大体上可分为以下两类。

1. 金属材料的配送模式

金属材料通常都是以捆装或集装方式流转，因此，在配送过程中，需要考虑货物的体积、重量和装卸设备的条件，以确保配送的高效率和安全性。同时，考虑到金属材料在运输过程中容易出现损坏、变形等情况，配送企业需要采取相应的保护措施，如包装、填充、固定等，以保证货物被完好无损地送达用户手中。

2. 化工产品的配送模式

化工产品配送模式是特殊产品配送的典型模式。化工产品的种类繁多，有些产品无毒无害，有些产品则有毒有害。这里所指的化工产品是指单位时间内消耗大、有毒、有腐蚀性和有一定危险的化工产品，主要包括硫酸、盐酸、磷酸、烧碱、纯碱、树脂等。此类化工产品的共同特点是：活性强，不同种类的产品不能混装、混存，其装载运输和储存须使用特制的容器、设备和设施等。

如上所述，化工产品的配送只适宜由专业生产企业（化工企业）和专业物流企业（化轻公司）来组织。因用户不宜过多储存有毒、有害、有危险的物资，故采用定点、定量配送方式供货和计划配送方式供货。

（二）生活资料产品配送模式

生活资料是用来满足人们生活需要的劳动产品，它包括供人类吃、穿、用的各种食品、饮料、衣物、用具和各种杂品等。生活资料的品种、规格较之生产资料更为复杂，其需求变化也比生产资料要快，因此，生活资料的配送不但必须安排分拣、配货和配装等工艺（或工序），而且其作业难度也比较大。此外，生活资料中的食品有保鲜、保质和卫生等质量要求，因此，部分生活资料的配送流程中也包含加工工序。

1. 日用小杂品配送模式

日用小杂品主要包括：小百货（包括服装、鞋帽、日用品等）、小机电产品（如家用电器、仪器仪表和电工产品、轴承及小五金）、图书及其他印刷品、无毒无害的化工产品和其他杂品等。这类产品的共同特点是：有确定的包装，可以集装、混装和混载，产品的尺寸不大，可以成批存放在没有单元货格的现代化仓库中。

日用小杂品的配送作业工序比较齐全。由于日用小杂品多为有包装货物，并且包装内产品数量一般都不太多（即为小包装货物），故在这类产品的配送中很少有流通加工环节出现。日用小杂品的配送常常需要根据用户的临时需要进行安排和组织，因而其配送量、配送路线和配送时间等很难固定下来。在现实生活中，往往采用"即时配送"形式和"多品种、少批量、多批次"配送的方法来向用户供货。

2. 食品配送模式

由于食品种类繁多，形状各异，且有保质、保鲜期等特点。因此，对于保质期较短的鲜菜、鲜果、鲜肉和水产品等货物，常采用含有加工工序的食品配送模式。加工工序包括分装货物（将大包装改成小包装）、货物分级、去除杂质（如蔬菜去根、鱼类去头和内脏）以及配制半成品等。食品配送需要强调速度和保质，因此在物流实践中，一般采用定时配送、即时配送等形式向用户供货。

二、按配送形式划分的配送模式

（一）自营配送模式

自营配送模式是一种企业自主组建配送中心、实现内部及外部货物配送的模式，主要应用于生产流通或综合性企业（集团）。该模式能够实现企业内部各部门、厂、店的货物供应的配送，从而促进企业供应、生产和销售的一体化作业。自营配送模式系统化程度相对较高，既能满足企业内部原材料、半成品及成品的配送需求，又能满足企业对外进行市场拓展的需求。尽管这种配送模式融合了传统的"自给自足"的小农意识，但也存在社会资源浪费的问题。连锁企业配送则是自营配送模式的一个典型例子。许多连锁公司或集团通过自己的配送中心，实现对内部各场、店的统一采购、统一配送和统一结算。

（二）共同配送模式

共同配送是配送企业之间为了提高配送效率以及实现配送合理化所建立的一种功能互补的联合配送模式，是一种配送企业之间为以实现整体配送合理化为目标、以互惠互利为原则，互相提供便利配送服务的协作型配送模式，也是电子商务业发展最优的配送模式。共同配送模式可实现配送的共同化、物流资源利用共同化、物流设施设备利用共同化以及物流管理共同化。共同配送模式是合理化货物配送的有效措施之一，是企业保持优势常在的至关重要的方式，是企业间横向联合、集约协调、求同存异和效益共享以利于发挥集团型竞争优势的一种现代配送管理方法。

孟买批发公司共同配送

（三）第三方配送模式

随着准时制管理方式的普及，越来越多的制造企业和商业企业将配送业务交由相对独立的第三方进行管理。第三方配送企业可以根据采购方的小批量和多批次的要求，按照地域分布密集情况，决定供应方的取货顺序，并应用一系列信息技术和物流技术，以保证准时制取货和配货的顺利进行。与其他配送模式不同，第三方配送模式主要具有以下特点。

（1）拉动式（响应为基础）经营模式。

（2）小批量、多批次取货。

（3）提高生产保障率，减少待料时间。

（4）减少中间仓储搬运环节，做到"门对门"的服务，节约仓储费用和人力、物力。

（5）产生最佳经济批量，从而降低运输成本。

（6）通过 GPS 全球定位系统及信息反馈系统，保障准时运输和安全运输。

在我国市场经济的发展中，配送业务平台的创建是至关重要的，它可以支撑货物流通，满足商品生产和消费的各种需要。但是，新型配送理念在我国的传播时间相对较短。由于社会对配送业务的支持和投入不足，配送体系的集约化和规模化尚未形成。例如，国内一些规模较大的连锁超市虽然建立了内部配送中心并严格执行统一采购、统一进货和统一配送，以满足各分销网点的需求，但从经济效益和利益角度分析，这种做法只是无奈之举，最大的潜能和效益并未得到发挥，这些企业始终只能充当"后勤兵"的角色。由于传统批发体制解体，许多物流设施、设备以及物流专业技术人员等资源处于闲置状态。在这种情况下，物流企业会委曲求全，租赁资源，并依靠承揽单项服务和外包配送业务来实现其自身的经济利益。

社会化中介型配送企业模式（第三方配送模式）是一种独立的经济模式，其实质是一种规模化企业经营模式。考虑到我国经济巨大的生产和消费潜力，社会化中介配送和共同配送两种模式将是我国未来物流经济发展的重要平台。

任务三　林产品配送的方式和策略

一、林产品配送概述

（一）林产品配送的现状

尽管林产品经营在保护森林资源、增加社区经济、促进林场可持续发展等方面的重要性越来越受到人们的重视，但是由于对林产品的系统研究和开发起步较晚，特别是在林产品物流方面存在严重的技术落后、硬件设施严重滞后、市场运作环境不完善和专业物流人才缺乏等因素的限制。由于林产品经营形式的多样化，部分林产品的配送已经渗透到其他产品的配送中。例如在南方集体林区，大多数林产品并不是来自单纯的森林生态系统或林业用地，而是出现在农林复合生态系统中。这种生态系统不仅仅是单一林产品种植模式，而是多样化的立体种植和种养结合模式。

随着经营模式的多样化，也出现了多种形式的林产品配送模式。一种典型林产品配送模式引入专门从事林产品的经销和配送中心，这种模式并不具体区分配送产品的种类，只是按照客户的需求进行经销和配送；目前这种配送模式规模比较小。另一种典型林产品配送模式对林产品进行分类配送，由专门的经销或配送企业承担。

林产品的收集也没有形成固定的模式。在早期发展阶段，由于人们对林产品的重要性认识不足，以零散方式收集林产品。随着市场竞争的加剧，供应链逐渐向两级延伸，不少配送企业和二级经销商开始直接到林农手中收购林产品。

（二）现有林产品配送存在的主要问题

1. 配送体系中落后的实体网络和信息网络

当前我国林产品配送体系实体网络存在物流设施选址布局不科学、各个网点分布不统一、物流企业布局散乱、物流设施设备整体落后等问题。此外，林产品配送体系的信息网络水平也较低，表现为林产品企业内部物流信息技术水平落后、企业内部管理水平较低、公共信息交流平台未得到有效建设和推广。这些问题容易导致林产品物流过程中的设施选址、运输调度及配送等各个环节信息衔接不畅，导致无法提供高质量的林产品配送服务。此外，林产品配送平台建设过程中还需要面对大量的资金投入和各部门协调整合困难等现实问题，而这些问题与某些林产品对配送时间的要求相冲突。

2. 缺乏规模效应且成本高

林产品配送中心面临着无法达到甚至超过盈亏平衡点的业务量问题，这意味着高固定成本不能得到合理分摊，也无法实现经济规模的配送，导致大多数中心难以盈利。同时，高服务价格和低配送效率的现象也在这个过程中凸显出来。这种现象的产生与我国林产品配送实体网络的设施选址布局不科学、物流过程中各个网点分布不统一、物流企业的布局散乱等因素密切相关。除此之外，企业内部物流信息技术水平落后、管理水平低下、公共信息交流平台没有有效建设和推广，也是导致物流过程中各个环节信息衔接不畅，无法实现高效服务的重要原因。要解决这些问题，配送中心需要面对大量的投入和各部门协调整合等现实问题，并在配送时间方面作出取舍。

3. 物流装备标准化程度低且配送效率低

林产品的物流运输、包装、搬运、装卸和仓储等环节缺乏现代化装备和信息化处理，林产品物流配送中心和集装箱标准化运输体系的建设和发展相对缓慢，基本停留在机械化操作程度水平。传统体制下大部分林产品物流企业仅提供运输、仓储和搬运等服务项目，缺乏提供配送设施优化选址、车辆运输调度、配送路线优化等综合性的物流服务。这些因素导致林产品物流配送效率低下，物流服务无法快捷满足消费者需求。

4. 配送智能化程度较低

在西方发达国家，物流行业已经广泛应用了高科技设备（如自动分拣机、自动化立体仓库、信息处理和通信自动化等）来支持配送中心的运营。然而，在中国，整个林产品物流配送过程的技术支持相对较落后，计算机系统只被用于一些配送企业的日常管理事务，而像配送设施优化选址、车辆运输调度、配送路线优化和库存水平控制优化等过程大多仍依靠半人工化的处理方式，适应具体操作的智能化系统开发相对滞后。

（三）发展林产品配送的必要性

随着贸易全球化的发展，全球电子贸易系统不断完善，我国的林产品贸易也逐渐融入全球电子贸易中。然而，我国电子商务发展的瓶颈——配送体系的滞后，成为制约我国林产品贸易发展的绊脚石。因此，解决这一瓶颈问题成为我国当前发展林产品贸易的首要解决的问题，为此，必须采取必要的措施来拓宽林产品配送体系。

1. 发展林产品配送，可降低企业的采购成本

物资和劳务的采购是林产品贸易中一个复杂的过程。首先，企业需要制定产品数量、质量、价格等方面的要求，并寻找合适的产品供应商。其次，企业需准确地向供应商传达详细的采购计划和需求信息，供应商根据企业的需求信息向企业提供样品和生产能力；如果产品样品被认可且生产能力满足需求，双方即可签订正式采购订单。最后，双方会商付款事宜。整个林产品贸易过程可通过互联网在线完成，既省时又省钱。

2. 发展林产品配送，可降低企业的经营成本

首先，林产品贸易应用电子商务的一大优势是可以降低经营成本。其次，应用林产品电子商务系统可以将整个企业的生产和销售流程串联起来，从而实现林产品企业的后端（生产、库存、财务等）与前台用户、市场和销售等紧密结合。最后，通过林产品电子商务系统，企业可以随时了解用户的需求，合理安排生产，减少库存量，进而实现企业经营总成本的优化。

3. 发展林产品配送，可降低企业的组织管理费用

发展林产品配送可以降低企业的组织管理费用，原因主要有两个方面：一是利用互联网电子商务可以很好地解决林产品需求企业和供应商的沟通不便问题，同时降低当面洽谈需要花费的交通成本，省时省力，便于管理；二是在电子商务新形势下，林产品配送的自动化代替了传统的人工处理过程，从而提高了林产品交易的工作效率，降低了人工工时成本。

4. 发展林产品配送，可为用户提供完善的林产品服务

林产品经营的困难不仅源于市场需求的多样化和产品本身的局限性，更关键的问题在于供求信息的交流不便。为解决这个问题，引入以用户为主导的、使用便捷、沟通顺畅、成本低廉的林产品电子商务是非常必要的。

5. 发展林产品配送，可以拓宽林产品市场

通过应用电子商务进行林产品贸易可以扩大市场份额并提高林产品销售量。网上营销是将林产品贸易扩展到更广泛的国内甚至国际市场的新途径，其形式多样，如发布电子广告、开办电子商铺或建立电子商品展销平台等。

6. 发展林产品配送，能够解决林产品多样化的特殊问题

林产品具有许多普通产品所不具备的特殊性质，其中，产品本身的多样性和差异性是林产品最显著的特点，这些特点给林产品的经营带来了诸多困难。此外，林产品需求的多样性和广泛性与单个林产品贸易生产经营的单一性、生产与消费信息的不对称性是相互矛盾的，这促使林产品企业不断推出新的林产品经营模式。

综上所述，我国的林产品贸易应该充分发挥网上经营的信息优势、沟通优势和服务优势等，大力发展基于林产品电子商务系统的林产品配送业务。

二、林产品配送的网络类型和模式

（一）林产品配送的网络类型

林产品配送的网络类型是指林产品配送线路与配送节点组成的拓扑结构，该结构包括配送网络中各个节点的类型、布局、数量等相关信息。根据货物是否经过配送中心中转以及配送中心的数量，可以将配送网络分成以下两种类型。

1. 集散型配送网络

集散型配送网络按照一定的归属分类将一个区域内的客户聚集在一起，采用就近原则建立配送中心，为该区域内的客户提供配送服务。由于对客户进行分类后能够快速响应客户需求，集散型配送网络对于林产品配送非常有利。

集散型配送网络不需要设立物流中心，其优点包括：（1）运行成本与配送中心至客户处的距离成正比；根据客户所在区域建立配送中心，供应商与配送中心之间的成本会增加，而配送中心与客户之间的成本则会减少；（2）利用配送中心离客户近的特点，可以缩短客户的订货提前期，同时提高中心的服务质量。

其缺点主要包括：（1）由于集散型配送网络的结构相对较为复杂，因此进行网络建设时需要投入较多的资金；（2）运行期间的网络管理维护成本相对较高。

2. 融合型配送网络

融合型配送网络不仅能够满足客户高标准的服务需求，还能显著提高物流效率。由于林产品物流业规模日益扩大，所经营的林产品品种也越来越多，配送规模也在不断增加，因此，高频率、小批量的高水平林产品配送更需要融合型配送网络的支持。

融合型配送网络的关键特点在于除了设置靠近客户的配送中心之外，还将设置物流中心，即融合型配送网络具有两个或更多（最多两层）的配送中心和物流中心，而集散型配送网络只有一个配送中心。同时，融合型配送系统不仅能够有效解决客户的各种林产品需求，而且能够显著提高物流效率。

在供应商、配送中心和客户之间的关系网中，如果它们之间的距离相对较近，则各个环节之间的运营成本和配送成本相对较低。物流中心或配送中心不再只是货物储存点，而是货物中转和协调点，从而加快了货物的流通时间和到货时间。

整个林产品配送系统是一个烦琐、复杂的工程，而在配送网络中，配送模式和服务方式起着至关重要的作用。科学合理的配送模式和服务方式一方面可以降低运营成本，提高服务水平，另一方面可以最大限度地改善配送系统的效率和效益。

（二）林产品配送模式

目前林产品配送中存在两种主要的配送模式，即单一配送中心和多重配送中心模式。无论是企业自行配送还是委托专业物流中心配送，这两种模式都得到了普遍应用。单一配送中心是指在一个城市或一定的区域范围内，对于某特定的货主企业、物流中心或特定的货物而言，只存在一个物流源点，该范围内所有货物只能从一个源点流向顾客或下一级物流节点（该节点已经超出了该源点的管理范围）。对于单一物流中心配送，通常只存在配送车辆路线规划问题，不存在资源分配问题。

多配送中心是在一定区域范围内，针对某个特定的货主和货物，具有多个配送源点（至少两个）。多源配送不仅需要解决物流车辆线路问题，还需要考虑各配送源点之间的资源分配问题，以达到企业或货主的整体效益最优化。多源配送可以被视为单源配送的综合，其目标优化更为复杂。

（三）林产品配送模式的实现途径

林产品配送是林产品物流的流程，包含商流、物流、信息流和资金流四个部分。企业在如何高效地运作这个流程上面临诸多问题需要解决。电子商务时代的背景下，建立起有效的林产品配送体系是提升企业核心竞争力的最佳途径。原因在于，电子商务配送作为全新的管理方式，能够实现对大量客户和资源的合理配送，实现配送的适时控制和简化配送流程等方面。

1. 建立林产品集中式配送网状体系

林产品集中式配送网状体系是指以城市林产品配送为中心，向各个销售商发出的辐射路线集合在地理距离上形成的网络。在林产品配送中心处于核心地位的同时，林产品集中式配送网状体系直接连接着国内的供应商和各个配送销售商，并且通过网络渠道与国外林产品配送网络间接连接。

2. 建立林产品配送服务体系的硬件基础

由于林产品本身的特殊性质，特别是对于一些冷冻设施的限制，导致配送服务体系中的配送环节与送货环节不连贯，从而可能会延长交货周期和配送周期。如果能够引进一些先进的冷链技术，以确保林产品的新鲜度并缩短交货和配送时间，高效率和高质量的林产品配送系统将得以构建。

3. 加强林产品配送门店网络集约化管理

集约化管理是现代企业集团提高效率与效益的基本取向。对于林产品配送门店，如何实现网络集约化管理的关键是对商流、物流和信息流进行有效的电子商务管理，并优化整合城市林产品配送体系的各个子系统，贯彻以配送中心为轴心的经营体制。在此基础上，林产品门店配送便可通过网络将市场信息渗透到相关产业中，获取加工利润，并建立林产品配送服务体系的赢利模式。通过这种方式，城市林产品配送服务体系实现了对营销策略、运营管理和决策等环节的网状体系的集中化管理。

4. 营造城市林产品配送服务发展的良好环境

不仅经济的发展需要人才，城市林产品配送服务的发展也需要人才的推动。因此，必须重视林产品配送专业教育，并大力培养从事物流理论研究与实务的专业人才，以适应电子商务时代配送行业发展的新要求。同时，需要加速建立完善的林产品标准化体系、质量认证制度和林产品物流政策规章体系，以确保城市林产品配送服务在法律法规的保障下能够稳定快速发展。

5. 完善城市林产品配送服务体系

为了支持和推动电子商务配送行业的发展，政府需要在政策法规方面加强支持力度，并在其主导下建立统一管理和协调有序的全国性或跨区域性的物流协调机构。在此机构的支持下，应不断完善林产品流通体制中的融资制度、产权转让制度和人才使用制度等，从而为城市林产品配送服务体系提供更好的环境和条件。

三、林产品配送的规划策略

无论是单配送中心还是多配送中心模式，林产品配送都可分为满载车辆配送问题和非满载车辆配送问题。表面上看，配送中心的非满载车辆路线规划是一个简单问题，但实际上，这个问题隐含了资源在车辆之间的分配。因此，将配送中心的非满载车辆路线规划问题转化为定位和运输路线安排问题。目前，配送中心的非满载车辆路线规划问题可以通过两种启发式解决策略来解决，分别是路线规划策略和分区规划策略。

（一）路线规划策略

由于非满载车辆的路线问题涉及资源在车辆之间的分配，因此采用基于路线规划的解决策略均具有一定难度。目前，基于路线规划的解决方式主要有两种：1）假设车辆容量无限制，在此前提下利用旅行商等算法求解所有配送点的最优（或满意）行车路线（阶段Ⅰ），然后根据各种约束条件（如车辆装载限制、运输时间限制等）对配送路线进行分段（阶段Ⅱ），在每一小段内，车辆按照阶段Ⅰ确定的行车路线行驶；2）采用一定的启发式策略，将配送线路作为一个整体来优化处理，每一步优化同时考虑车辆配载问题和行车路线问题，等到算法全部结束后，配载和路线优化同时完成。

第一种方法不能做到渐进最优，因此在实际操作中应用较少。第二种配送规划方式在启发算法得当的情况下是可获得理想的林产品配送目标。但是，由于日常配送规划中节点较多，各种约束和限制条件也很复杂，导致算法的实现变得非常困难，通过第二种方法常常得不到有效的解。

此外，在进行实际林产品配送时，由于实时交通或道路状况的限制，配送车辆可能无法依照规划的路线行驶，常常需要重新优化配送路线。而由于算法的复杂性，使得配送车辆线路的及时调整变得相当困难。因此，第二种配送线路规划方法在一般车辆的路线规划中也很少应用。然而，该方法将定位和配送线路作为一个整体来解决，能够有效解决有时间窗限制的非满载车辆优化调度问题。

（二）分区规划策略

进行实际的林产品配送时，有时无法按照路线规划结果进行林产品配送。因此，大部分物流中心的配送规划方式是先根据车辆的容量限制，将各个需求点进行分区，再指派车辆提供配送服务。而分区内各需求点的服务顺序（路线）则利用旅行商等算法求出，司机也可以根据实际交通状况和道路状况在分区范围内自行调整配送路线。

物流分区规划实质上是将非满载车辆配送中隐含的资源分配问题分开处理，从而将非满载车辆优化调度问题分解为物流资源分配（车辆）和物流车辆线路选择两个问题。

练习与思考

1. 选择题

（1）以下（　　）环节不是货物配送的主要环节。

A. 备货　　　　　　B. 分拣　　　　　　C. 加工　　　　　　D. 信息处理

（2）按规定时间间隔进行货物配送，如数天或数小时一次，该配送方式属于（　　　）。

A. 定时配送　　　　B. 定量配送　　　　C. 定时定量配送　　D. 定路线配送

（3）按配送领域的广泛程度分类，"北京食品配送中心"属于（　　　）。

A. 城市配送中心 　　　　　　　　B. 区域配送中心
C. 储存型配送中心 　　　　　　　D. 流通型配送中心

2. 问答题

（1）什么是配送？

（2）配送的作用有哪些？

（3）配送与运输有什么区别？

实训任务

实训目的：掌握配送中心的基本作业流程。

实训方式：实地参观配送中心并上机模拟配送中心的基本作业流程。

实训内容：模拟配送中心的进货、验收、储存、捡取、加工与包装、分类配送、配送出货检查、配送运输等作业环节，了解这些环节中的信息流动过程。

实训任务：实验结束后，学生对模拟操作过程和结果进行总结，编写实验报告。实验报告包括如下内容：模拟的业务流程图，模拟过程中的各种单据、各种凭证，资产负债表，本次实验取得的主要收获和体会。

林产品物流信息技术

【学习目标】

❖知识目标
1. 了解林产品数据、信息和信息技术的概念与特征
2. 了解林产品信息系统的基本结构与基本功能
3. 了解现代林产品物流信息管理的主要领域
4. 了解林产品物流管理信息系统的分类和功能，以及系统在实践中的应用
5. 了解林产品物流企业信息系统的体系结构以及数据库的相关知识

❖技能目标
1. 掌握林产品物流信息的特点和分类
2. 掌握林产品物流信息关键技术原理
3. 能够熟练地讲解林产品物流信息加工处理原理

❖素质目标
1. 培养和激发学生学习先进科学知识的兴趣
2. 培养良好的自学能力、较强的实践能力
3. 培养钻研精神、创新意识

【本章导学】

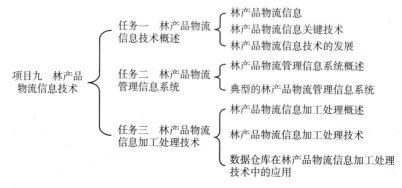

案例导读

世界物流巨头 DHL 是全球快递、洲际运输和航空货运的领导者，也是全球第一的海运和合同物流提供商，为客户提供从文件到供应链管理的全系列的物流解决方案。拥有世界上最完善的速递网络之一，可以到达 220 个国家和地区的 12 万个目的地，并配有转运中心、库房和集散站 480 个以上，港口 260 个，空货运公司的机队大约有 420 架飞机，车辆 76200 部，每一年件量超过 30 亿件，职工超过 25 万人。面对如此巨大的业务量和服务范围，发货人却能在发件 12 分钟内就能在全球任何一处查询到货物的运送状况。这就是 DHL 信息系统发挥的作用。世界空运物流巨头 DHL 网络体系完善，并且实现了全球 IT 统一管理、无缝对接和资源共享。

电子数据交换（ElectronicDataInter-change，EDL）是一种在公司之间传输订单、发票等作业文件的电子化手段。DHL 在全球约有 80 多个数据中心，一方面能对数据进行筛选，冗余的数据会被服务器自动删除，在灾难时刻会自动备份。在我国，他们非常重视速递网络建设，善于通过全球通信技术将中国的速递网络纳入全球网络管理范围之内。同时世界物流巨头 DHL 也拥有世界一流的快件操作系统和客户自动化工具。世界空运物流巨头 DHL 的联合快递中心采用的操作系统使货物全部自动分拣、直接装载、就地上机。通过 EDI 技术，系统与海关对接，使得进口包裹、文件在航班落地前实现清关，出口货件在飞机起飞前清关，大大缩短了清关和转运时间。

物流自助快件管理工具可通过多种终端，满足不同客户的个性化需求，节省客户拨打电话的时间，保证客户能够随时掌控快件信息。系统可以在电子邮件内容中自动检索运单号码，客户可通过手机查询快件状态。如快件尚未派送，客户也不需再发短信查询，系统会在快件签收后自动发出通知。更加人性化的设计是，考虑到不同国家和地区的时差因素，系统还设置了避免客户在深夜收到短信而影响休息的程序。现在世界物流巨头 DHL 已经成为一家以技术为主导的快递物流服务企业，信息技术在世界物流巨头 DHL 发展战略中占领着重要地位。企业无论是在预约、取件、转运、派送等核心作业环节，还是在追踪、查询等增值服务方面都具有明显的优势。

基于先进的信息系统，世界物流巨头 DHL 推出了包含多种技术工具、多功能、多角度、面向全线客户管理需求的综合性信息化快件管理解决方案，实现了信息化快递管理工具的全面整合和升级。

（资料来源：思谋新闻组.用 IT 掌控全球　DHL 何晓东谈"过冬"方法 [EB/OL]. https://www.scmor.com/view/634.）

[思考]

（1）世界物流巨头 DHL 都应用了哪些典型的物流信息技术？

（2）世界物流巨头 DHL 如何利用先进的物流信息技术实现客户服务水平的提升？

任务一　林产品物流信息技术概述

一、林产品物流信息

（一）信息的含义

信息是指能够反映事物内涵的知识、资料、情报、图像、数据、文件、语言、声音等。

信息是事情内容、方式以及发展变迁的体现。

信息普遍存在于人类社会和自然界中，它是物质形态及其运动形式的体现。

信息的特征：客观性、传递性、价值性、时效性、不对称性、共享性。

（二）林产品物流信息

1. 林产品物流信息的定义

林产品物流信息是指反映林产品物流各种活动内容的知识、资料、图像、数据、文件的总称。它是林产品物流活动过程中各个环节生成的信息，一般是随着林产品从生产到消费的物流活动的产生而产生的信息流，与林产品物流过程中的运输、保管、装卸、包装等各种职能有机结合在一起，是整个物流活动顺利进行所不可缺少的因素。

2. 林产品物流信息的特点

林产品物流信息除了具有信息的一般属性，还具有以下特点。

（1）广泛性。由于林产品物流物流是一个大范围内的活动，涉及物流信息源也分布于一个大范围内，信息源点多、信息量大，涉及从生产到消费、从国民经济到财政信贷各个方面。林产品物流信息来源的广泛性决定了它的影响也是广泛的，涉及国民经济各个部门、物流活动各环节等。

（2）关联性。林产品物流活动是多环节、多因素、多角色共同参与的活动，目的就是实现产品从产地到消费地的顺利移动，因此在该活动中所产生的各种林产品物流信息必然存在十分密切的联系，如生产信息、运输信息、储存信息、装卸信息间都是相互关联、相互影响的。这种相互联系的特性是保证林产品物流各子系统、供应链各环节以及林产品物流内部系统与林产品物流外部系统相互协调运作的重要因素。

（3）多样性。林产品物流信息种类繁多，从其作用的范围来看，本系统内部各个环节有不同种类的信息，如流转信息、作业信息、控制信息、管理信息等，林产品物流系统外也存在各种不同种类的信息，如市场信息、政策信息、区域信息等；从其稳定程度来看，又有固定信息、流动信息与偶然信息等；从其加工程度看，又有原始信息与加工信息等；从其发生时间来看，又有滞后信息、实时信息和预测信息等。在进行林产品物流系统的研究时，应根据不同种类的信息进行分类收集和整理。

（4）动态性。多品种、小批量、多频度的配送技术与 POS、EOS、EDI 数据收集技术的不断应用使得林产品物流作业频繁发生，加快了林产品物流信息的价值衰减速度，要求林产品物流信息的不断更新。林产品物流信息的及时收集、快速响应、动态处理已成为主宰林产品物流经营活动成败的关键。

（5）复杂性。林产品物流信息广泛性、联系性、多样性和动态性带来了林产品物流信息的复杂性。在林产品物流活动中，必须对不同来源、不同种类、不同时间和相互联系的林产品物流信息进行反复研究和处理，才能得到有实际应用价值的信息去指导林产品物流活动，这是一个非常复杂的过程。

（三）林产品物流"四流"的相互关系

物流、商流、资金流和信息流"四流"是商品流通的必要组成部分，它们相互依存、相互作用。这"四流"实质是商品流通的不同运动形式，其中，物流体现商品空间、时间位置的变化运动；商流体现商品所有权的转移运动；资金流体现了商品与货币的等价交换的转移过程；信息流反映了流通中商品价值与使用价值相互适应的状况，引导和控制着物流、商流和资金流有规律地、合理地运动。

物流、商流、资金流和信息流（见图9-1），各有独立存在的意义，并各有自身的运行规律，"四流"是一个相互联系、相互伴随、共同支撑流通活动的整体。在这"四流"之间商务流是物流、资金流和信息流的起点，也可以说是后"三流"的前提。一般来说，没有商务流就没有物流、资金流和信息流。反过来，没有物流、资金流和信息流的匹配和支撑，商务流也不可能达到目的。

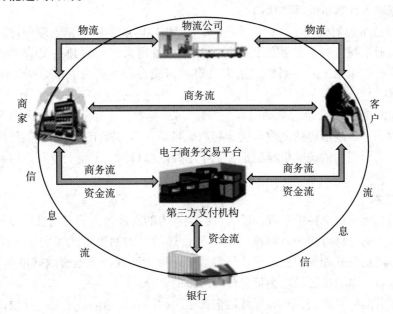

图9-1　企业中"四流"之间的关系

二、林产品物流信息关键技术

1. EDI 技术

EDI 即电子数据交换 electronic data interchange，它是一种利用计算机进行商务处理的新方法。EDI 是指按照规定的一套通用标准格式，将贸易、运输、保险、银行和海关等行业的信息，用一种国际公认的标准格式，通过计算机通信网络，使各有关部门、公司与企业之间进行数据交换与处理，并完成以贸易为中心的全部业务过程，也称"电子化商贸"。

2. GPS/GIS 技术

（1）GPS 技术。全球卫星定位系统（global positioning system，GPS）是利用分布在距地面约2万公里高空的多颗卫星对地面目标的状况进行精确测定以进行定位、导航的系统，它主要用于船舶和飞机导航、对地面目标的精确定时和精确定位、地面和空中交通管制、空间和地面灾害监测等。

（2）GIS 技术。地理信息系统（geographic information system，GIS）是多学科交叉的产物，它综合了数据库、计算机图形学、地理学、几何学等技术，以地理空间数据为基础，采用地理模型分析方法，适时地提供多种空间的和动态的地理信息，是一种以地理研究和决策服务为服务目标的计算机技术系统。

3. 条码/射频技术/智能标签

（1）条码技术。条码技术是在计算机的应用实践中产生发展起来的一种自动识别技术。条码是一种信息码，由一组宽度不同、反射率不同的条和空按规定的编码规则组合起来，用于表示一组数据的符号。这种黑色的、粗细不同的线条表示一定的数据、字母信息和某些符号。条码是一种用光电扫描阅读设备识读并使数据输入计算机的特殊代码。

国内外条码
技术的起源

（2）射频技术。射频技术（radio frequency，RF）的基本原理是电磁理论，射频识别卡可以通过射频通信技术把采集到的数据传到计算机管理系统。射频系统的优点是不限于视线，识别距离比光学系统好，射频识别卡具有读写能力，可携带大量数据，难以伪造，且智能。

（3）智能标签技术（也称自动识别技术）。智能标签技术是一种低成本的无线身份识别技术，它提供一种集条形码的低成本优势和数据自动采集功能于一身的突破性解决方案。该技术可以替代条形码和传统的射频识别，用于邮件跟踪检测、航空行李跟踪检测、商业商品管理等领域。

4. 通信技术

通信是信息传输或交换的过程。随着社会生产力的发展，人们对信息传递的要求越来越高。在种类繁多的通信方式中，利用"电"来传递消息的通信方式得到了广泛应用并迅速发展。因为电通信方式能使信息几乎在任意通信距离上实现既迅速有效又准确可靠的传递，所以在许多场合，电通信已经成为信息传输唯一的选择。

通信技术分为有线通信技术和无线通信技术两种。有线通信技术是一种通信方式，狭义上，现代的有线通信是指有线电信，即利用金属导线、光纤等有形媒质传送信息的方式。光或电信号可以代表声音、文字、图像等，具有受干扰较小，可靠性、保密性强，但建设费用大等特点。无线通信技术是利用电磁波信号可以在自由空间中传播的特性进行信息交换的一种通信方式，近些年信息通信领域中，发展最快、应用最广的就是无线通信技术。在移动中实现的无线通信又通称为移动通信，人们把二者合称为无线移动通信。

5. 数据库技术

20 世纪 60 年代以来，计算机用于管理的规模越来越大，应用越来越广泛，数据量急剧增大，对数据共享的要求越来越迫切；同时，大容量磁盘已经出现，联机实时处理业务增多；软件价格在系统中的比重日益上升，硬件价格大幅下降，编制和维护应用软件所需成本相对增加。在这种情况下，为了解决多用户、多应用共享数据的需求，使数据为尽可能多的应用程序服务，数据库技术应运而生，出现了统一管理数据的专门软件系统即数据库管理系统（data base management system，DBMS）。数据库技术的出现主要是为了克服文件管理系统在管理数据上的诸多缺陷，满足人们对数据管理的需求。与文件系统相比，应用程序不再直接访问数据文件，而是通过数据库管理系统来访问数据；数据文件也不再被应用程序管理，而由数据库管理系统统一管理。

随着数据库应用范围和挖度的不断扩大，一般的事务处理已不能满足应用的需要，企业界需要大量信息数据基础上的决策支持。数据仓库（data warehousing，DW）技术的兴起满足了这一需求。数据仓库技术是目前数据处理中发展十分迅速的一个分支。所谓"数据仓库"，就是一种长期数据存储，这些数据来自多个异种数据源。通过数据仓库提供的联机分析处理（OLAP）工具，实现各种粒度的多维数据分析，以便向管理决策提供支持。数据仓库系统允许将各种应用系统集成在一起，为统一的历史数据分析提供坚实的平台，对信息处理进行支持。数据仓库可以提供对企业数据的方便访问和强大的分析工具，从企业数据中获得有价值的信息，发掘企业的竞争优势，提高企业的运营效率，指导企业决策。数据仓库作为决策支持系统（decision support system，DSS）的有效解决方案，涉及三个方面的技术内容：数据仓库技术、联机分析处理（on-lin analysis procesing，OLAP）技术和数据挖掘（data mining，DM）技术。

6. 网络安全技术

网络的信息安全是指在信息的采集、存储、处理、传播和运用过程中，信息的自由性、秘密性、完整性等得到良好保护的一种状态。目前网络上主要的安全技术有：数据加密技术、防火墙技术及病毒防范技术。

《中华人民共和国网络安全法》相关制度

三、林产品物流信息技术的发展

当前，随着我国科技水平的不断提高，在现代化林业的发展过程中，信息技术的应用十分广泛。尤其是多种信息系统在林业中的应用，使得林业发展呈现出信息化的趋势。

1. 物流信息化呈现"一高一快两低"态势

（1）信息化意识提高，整体规划能力较低。

（2）建设步伐加快，整体应用水平较低。

2. 物流信息化实现"两化"

（1）物流信息资源共享化。

（2）物流信息网络一体化。

任务二 林产品物流管理信息系统

一、林产品物流管理信息系统概述

（一）物流信息系统的概念

物流信息系统（logistics information system，LIS）。由人员、计算机硬件、软件、网络通信设备及其他办公设备组成的人机交互系统，其主要功能是进行物流信息的收集、存储、传输、加工整理、维护和输出，为物流管理者及其他组织管理人员提供战略、战术及运作决策的支持，以达到组织的战略竞优，提高物流运作的效率与效益。

从物流企业内部来说，LIS通常由物流管理信息系统（LMIS）、决策支持系统、专家系统、企业内部网、办公自动化系统等一系列的信息系统所组成（见图9-2）。

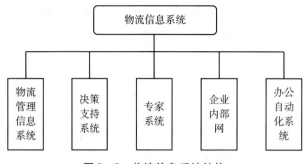

图9-2 物流信息系统结构

（二）林产品物流管理信息系统的概念

林产品物流管理信息系统是林产品物流信息系统的基础，也是企业信息化的基础，它利用各种信息进行实时、集中、统一的管理，实现信息流对物流、资金流的控制与协调。

二、典型的林产品物流管理信息系统

林产品物流管理信息系统与非林产品物流管理信息系统相比有着显著的特点，林产品物流管理信息系统是整个林产品物流系统的心脏，是现代林产品物流企业的灵魂。林产品物流信息化的目的在于使输入最少，即使林产品物流成本最低，资源消耗最少，而作为输出的林产品物流服务效果最佳。典型的林产品物流管理信息系统主要是基于第三方物流的林产品物流管理信息系统。

（一）林产品物流管理信息系统功能模块

林产品物流管理信息系统包括七个子系统，概括为三大类，即基础类、业务操作类和管理类。

（1）基础类，即信息数据维护。其中，系统管理子系统是林产品物流管理信息系统安全运转的基础，可对系统用户权限、数据备份与恢复进行管理；基础信息管理子系统用来定义商品、客户、仓库、储位、车辆等基本信息，可进行增、删、查、改等操作。

（2）业务操作类。其中，订单处理子系统可对各种订单进行管理，如增加、修改、作废、查询各种业务单据；林产品仓储管理子系统是林产品物流业务的重点，包括出入库管理、库存管理、盘点及调拨管理等功能；林产品配送管理子系统也可称为林产品运输管理子系统，主要根据订单和货物进行车辆配装，可实现车辆运行的管理与跟踪等。

（3）管理类。可分为林产品成本管理子系统和林产品绩效管理子系统，前者对各种业务的作业过程进行成本分析与计量，后者通过设定一些科学全面的指标对各项业务及人员进行绩效评价。另外，通过电子商务平台可与供需双方的信息系统进行数据对接，实现信息共享。

（二）各信息子系统功能模块说明

（1）林产品系统管理子系统。该子系统是软件安全运转的基础，通过添加不同部门的用户及相应权限对不同用户的操作权限进行分配,用户登录后还可对自己的密码进行修改,为保证系统数据的安全性,系统还提供数据备份与恢复功能。因此,该子系统至少包括以下功能:部门管理、用户管理、权限管理、账号管理、数据备份和数据恢复。

(2)林产品基础信息管理子系统。基础信息也是系统运行的基础,必须对各子系统所需要的商品信息、车辆及司机信息、仓库及储位信息、设备信息、客户信息、配送路线信息等进行初始化定义,并通过对这些基础信息的增加、删除、修改进行维护。

(3)林产品订单处理子系统。该系统的核心业务是对订单进行处理,因此系统的核心模块是订单处理中心,当林产品订单处理子系统接收到商户的指令,通过订单处理中心结合指令生成订单,再对订单进行分类,才能根据订单对应的类型进行不同的作业处理,如入库订单、出库处理、调拨处理等。同时订单处理子系统还具备了订单查询、订单跟踪等功能。具体流程如图9-3所示。

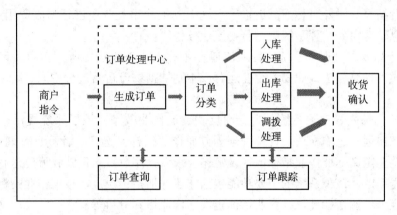

图9-3 订单处理中心业务流程

(4)林产品仓储管理子系统。在林产品物流管理信息系统中,林产品仓储管理子系统是一个非常重要的系统模块。该子系统的功能模块包括出/入库管理、库存管理、调拨业务及其他功能,具体如图9-4所示。

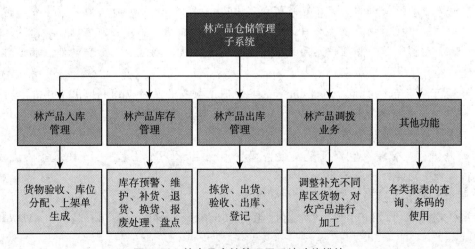

图9-4 林产品仓储管理子系统功能模块

（5）林产品配送管理子系统。该系统是一个重要的模块，主要包括以下六个功能模块。

一是调车配货。主要根据配送单上的货物情况安排配车计划与配货计划。

二是路线安排。主要根据配送单上的货物情况进行路线安排、中途换车等。

三是回单确认。主要记录货物交接情况，并安排被拒收或未送达货物的去向。

四是状态跟踪管理。主要指针对车辆的跟踪记录信息，包括单据信息、时间、方向、状态、所处地区、物流中心、位置、是否故障、故障级别、故障起始时间、故障排除时间等，可引入全球定位系统，将全球定位系统的信息导入状态跟踪模块，实现对在途车辆的实时跟踪查询。

五是运输成本管理。主要包括成本类型，成本模式，成本账期设定，车辆动态和静态成本，成本指标的定义、输入、调整等。

六是运费结算。主要对林产品运输子系统中发生的相关业务进行物流费用结算和记录，并将费用信息转至财务结算系统中进行物流业务核算。

（6）林产品成本管理子系统。普通流通企业的成本一般根据所买卖商品计算得出，并使用相应的成本计算方法。而物流企业运营成本则依据物流运营过程中人、财、物的消耗计算得出。

（7）林产品绩效管理子系统。为全面反映物流作业效率，该子系统提供仓储保管、流通加工、装卸搬运、运输配送、订单处理等方面作业指标的选定、计算、查询与分析功能。同时还允许企业定义标准作业指标值，设定作业绩效，用以真实反映物流配送状况，评定并改善物流配送绩效。该子系统的主要功能包括作业评估指标设定、标准作业指标设定、作业绩效等级设定、作业指标计算、作业指标查询、作业指标分析等。

案例 9-1

中海北方物流公司的物流信息系统

中海北方物流公司的物流信息系统是以 Intranet/Extranet/Internet 为运行平台的，以客户为中心的、以提高物流效率为目的的，集物流作业管理、物流行政管理、物流决策管理于一体的大型综合物流管理信息系统，由电子商务系统、物流企业管理软件、物流作业管理系统和客户服务系统组成。

- 电子商务系统使客户通过 Internet 实现网上数据的实时查询和网上下单。
- 物流企业管理系统对企业的财务、人事、办公等进行管理，对数据进行统计、分析、处理，为企业提供决策支持。
- 物流作业管理系统则通过集成条码技术、GPS/GSM 技术、GIS 技术等物流技术，实现物流作业、管理、决策的信息化。
- 客户服务系统为客户提供优质的服务。

（资料来源：郭冉. 浅析中海北方物流信息系统［EB/OL］. https：//www.docin.com/p－1737618711. html.）

任务三　林产品物流信息加工处理技术

一、林产品物流信息加工处理概述

（一）林产品物流信息加工处理的定义

林产品物流信息加工处理，是指在获取原始信息后，采用某种方法和设备，根据需要将源数据进行汇集、储存、综合、推导的加工，使之转变成为可利用的有效信息的过程。

（二）林产品物流信息加工处理的内容

林产品物流信息加工处理是对物流过程中相关信息进行收集、整理、传输、存储和利用的信息活动过程。它不仅包括采购、销售、存储、运输等物流活动的信息管理和信息传送，还包括对物流中的各种决策活动如采购计划、销售计划、供应商的选择、顾客分析等提供决策支持；充分利用计算机的强大功能，汇总和分析物流数据，进而做出更好的进销存决策；能够充分利用企业资源，增加对企业的内部挖潜和外部利用，将会大大降低生产成本，提高生产效率，增强企业竞争优势。物流活动中信息加工处理的基本环节如图 9-5 所示。

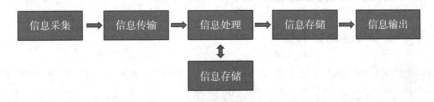

图 9-5　信息流的基本环节

（1）林产品物流信息的采集。信息采集是整个林产品物流信息系统的基础，其首要任务是把分散在企业内外的有关数据，集中起来转化为林产品物流信息系统能够接受的形式和格式。信息获取的手段包括条码技术、射频技术、POS、GPS 技术等。

（2）林产品物流信息的传输。信息传输是用数据通信的方式，在终端上的用户与中央计算机的用户之间交换数据。信息传输的手段包括有线网络技术、无线网络技术、EDI 技术、GIS 技术、GPS 技术等。

从各种渠道获得大量的林产品物流信息，尤其是有关供应商、用户及产品的有关信息，不仅使用量大，而且有相当一部分是重复使用的。我们可以采用如下两种网络传输的方式，这样不仅可以避免人工输入方式的失误率高、效率低的缺陷，还可以大大降低运行费用，提高物流整体水平。

一是电子数据交换 EDI。EDI 是标准商业文件在企业计算机系统间的直接传输。

二是 POS 系统，即销售时点。POS 通常被定义为具有自动信息识别及信息处理能力的销售时点管理系统。它通过在销售林产品时对林产品条形码的扫描，将商品的有关信息立即输入后台的管理信息系统中，进而对信息进行处理，并把相应的信息传输给合作伙伴。应用于 POS 系统的 VAN（增值网）除了可以传递销售时点信息以外，还可以通过对销售数据的加工分析得到其他信息，诸如商品周转率、商品利润等，根据销售情况区分畅销商品和滞销商品。

（3）林产品物流信息的处理与分析。将输入的数据加工成林产品物流信息是信息系统最基本的目标，信息处理与分析可以是简单的查询排序，也可以是复杂的模型求解和预测。

（4）林产品物流信息的存储。将输入的数据存储在系统中，以供长期使用。需要确定信息存储的介质、存储方式、使用方式、存储时间、存储内容、存储地方。特别要注意数据存储的安全性和可靠性。

（5）林产品物流信息输出。将林产品物流信息系统处理好的数据以直观、清晰的界面输出，目的是让各级物流管理人员能够解读这些林产品物流信息，通过各种单证界面显示、各类数据统计表、饼图、报表等形式输出。

（三）林产品物流信息加工处理的要求

林产品物流信息在收集、加工、存储和传输过程中，为了保证和提高信息的使用价值，必须要到达信息处理的准确、安全、及时这三个要求。

二、林产品物流信息加工处理技术

（一）林产品物流信息抽取技术

林产品物流信息抽取的对象主要是 Web 页面。Web 信息抽取就是从 Web 页面所包含的无结构或半结构的信息中识别用户感兴趣的数据，并将其转化为结构和语义更为清晰的格式。Web 信息抽取工作主要由包装器来完成。包装器是一种软件系统，这个系统应用已经定义好的信息抽取规则，将输入 Web 页面的信息数据抽取出来，转换为用特定的格式描述的信息。一个包装器一般针对某一个单一数据源中的一类页面。在以前的系统中，主要采用人工方法完成包装器的生成，实现数据的抽取工作。但是由于 Web 信息量巨大，新资源频繁加入，现存资源的格式也经常变动，因此采用人工实现包装器的方法不仅麻烦而且缺乏适应性。通常可以采用半自动化的信息抽取方式，或者采用 ECT 来描述网页的层次结构，为每一个 ECT 结点产生一个抽取规则，对每一个 LIST 结点页面再产生一个附加循环规则，整个抽取过程按照这个层次结构展开。另外，针对 HTML 页面的信息抽取，还有另外一种基于主动学习的信息抽取方法。主动学习法能够选择少量有代表性的页面，由用户标记形成训练样本，通过学习这些训练样本形成较一般的信息抽取规则，提高包装器的适应性。

（二）自动分类与聚类技术

自动分类与聚类包括信息内容和信息对象特征两大类的分类与聚类。信息内容的分类与聚类，如文本分类与聚类、图像分类与聚类等；信息对象特征的分类与聚类，如文件分类与聚类、网站分类与聚类等。以文本分类与聚类技术为例，文本分类是指在给定分类体系下，根据文本的内容自动确定文本类别的过程。文本聚类是指把文本集合按照其文本内容相似性归并成若干类别。

（三）自动标引技术

自动标引方法大致可归为五大类。

（1）统计标引法。该方法将某一篇较长的文章中每个词出现的频率按照递减顺序排列起来，并用自然数给这些词编上号。通过对这些词语的统计，求出其中的高频词、中频词和低频词，并使用中等频率的词语作为标识文献的主题词。

（2）概率标引法。概率标引法所依据的概率，主要有相关概率、决策概率和出现概率。使用这种方法的实用系统并不多。

（3）句法分析法。句法分析法利用计算机自动分析文本的句法结构，鉴别词在句子中的语法作用和词间句法关系。

（4）语义分析法。语义分析法通过分析文本或话语的语义结构来识别文献中那些与主题相关的词。

（5）人工智能法。人工智能应用在标引中的具体技术是专家系统，专家系统的知识表示方法主要有产生式表示法、语义网络表示法和框架表示法。

（四）数据挖掘技术

数据挖掘的出现为从海量数据中发现人们感兴趣的、隐含的、事先未知的信息，解决知识获取这一难题提供了有效的解决方案，同时也为数据库领域中对数据的深层次利用开辟了新的发展空间。数据挖掘技术即数据库知识发现技术，是跨学科的研究领域，信息分析人员利用基于文献的知识发现方法，开发出各种软件系统，揭示数据库中不同领域知识的联系和问题的答案。数据挖掘技术在信息加工处理的诸多领域都有广泛的应用。

数据挖掘的主要发展趋势是：应用领域的探索和扩张；数据挖掘系统的交互性；隐私保护与信息安全；Web挖掘；数据挖掘语言的标准化；可视化数据挖掘；不同领域的理论、技术的融合；模型查询与优化方法；专家参与和领域知识的指导。

三、数据仓库在林产品物流信息加工处理技术中的应用

案例 9-2

经过调查，物流公司在选择数据库时通常会考虑以下几个因素。

（1）第三方物流供应商把"数据库的伸缩性、安全性和可靠性"放在首位；其次是"跟企业的应用需求很接近，如支持多媒体数据类型、分布式数据管道，数据库提供商对物流行业要有充分的了解，要在细节上体现积极的服务态度"。

（2）提供全方位综合物流服务的大型集团，都着重强调了数据库运行的稳定性。60%的企业表示，应该考虑"整套数据库产品对于系统资源的占用要合理，投资规模和成本要合算"。

（3）仓储物流企业关注"数据库的伸缩性、安全性和可靠性"；10%的企业侧重考虑"对主流厂商的硬件平台的支持，投资规模和成本是否合算"。

（4）货运企业看重"数据库的伸缩性、安全性和可靠性"以及"整套数据库产品对于系统资源的占用要合理，投资规模和成本要合算"。

（5）商业储运企业看重"数据库的伸缩性、安全性和可靠性"以及"数据库提供商对物流行业要有充分的了解，要在细节上体现积极的服务态度"。

由上可见，数据库技术在林产品物流信息管理应用中的重要作用。

（一）林产品物流管理信息系统中的数据仓库

目前，"数据仓库"一词还未有一个统一的定义，著名的数据仓库专家比尔·恩门在其著作《建立数据仓库》一书中给予如下描述：数据仓库技术（data warehousing，DW）是一个面向主题、集成化、稳定的、包含历史数据的数据集合，它用于支持经营管理中的决策制定过程。对于数据仓库的概念我们可以从两个层次理解：首先，数据仓库用于支持决策，面向分析型数据处理，它不同于企业现有的操作型数据库；其次，数据仓库是对多个异构的数据源的有效集成，集成后按照主题进行了重组，并包含历史数据，而且存放在数据仓库中的数据一般不再修改。

计算机的数据管理阶段

根据数据仓库概念的含义，数据仓库具有如下特点。

（1）面向主题性。面向主题性表示了数据仓库中数据组织的基本原则，数据仓库中的所有数据都是围绕着某一主题展开的。

（2）数据的集成性。数据仓库的集成性是指根据决策分析的要求，将分散于各处的源数据进行抽取、筛选、清理、综合等工作，使数据仓库中的数据具有集成性。

（3）数据的时变性。数据仓库的时变性，就是数据应该随着时间的推移而发生变化。尽管数据仓库中的数据并不像业务数据库那样要反映业务处理的实时状况，但是数据也不能长期不变。

（4）数据的非易失性。数据仓库的数据反映的是历史数据的内容，而不是处理联机数据。数据一旦进入数据仓库以后，就会保持一个相当长的时间。

（5）数据的集合性。数据仓库的集合性意味着数据仓库中必须围绕主题全面收集有关数据，以某种数据集合的形式存储起来。

（6）支持决策作用。数据仓库组织的根本目的在于对决策的支持。企业各级管理人员可以利用数据仓库进行各种管理决策的分析，利用自己所特有的、敏锐的商业洞察力和业务知识从貌似平淡的数据中发现众多的商机。

林产品数据仓库的建设，是以现有企业业务系统和大量业务数据的积累为基础。数据仓库不是静态的概念，只有把信息及时交给需要这些信息的使用者，供他们做出改善其业务经营的决策，信息才能发挥作用，信息才有意义。而把信息加以整理归纳和重组，并及时提供给相应的管理决策人员，支持决策过程，对企业的发展历程和未来趋势做出定量分析和预测，是数据仓库的根本任务。因此，从产业界的角度看，数据仓库建设是一个工程和一个过程。

（二）数据仓库的体系结构

整个数据仓库系统是一个包含数据源、数据的存储与管理、OLAP 服务器、前端工具 4 个层次的体系结构，具体如图 9 − 6 所示。

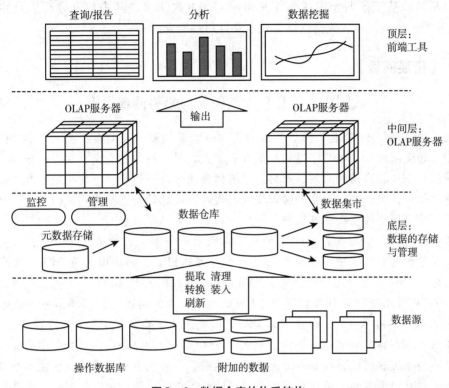

图 9 − 6 数据仓库的体系结构

（1）数据源。数据源是数据仓库系统的基础，是整个系统的数据源泉。通常包括企业内部信息和外部信息。内部信息包括存放于 RDBMS 中的各种业务处理数据和各类文档数据。外部信息包括各类法律法规、林产品市场信息和竞争对手的信息，等等。

（2）数据的存储与管理。数据的存储与管理是整个数据仓库系统的核心和真正关键之所在。数据仓库的组织管理方式决定了它有别于传统数据库，同时也决定了其对外部数据的表现形式。要决定采用什么产品和技术来建立数据仓库的核心，则需要从数据仓库的技术特点着手分析。针对现有各业务系统的数据，进行抽取、清理，并有效集成，按照主题进行组织。数据仓库按照数据的覆盖范围可以分为企业级数据仓库和部门级数据仓库，通常称为数据集市。

数据集市是数据仓库的一个部门的子集。数据集市的功能结构与数据仓库的功能结构极为相似，只是数据集市的设立目的在于为某一部门或某一领域的用户提供服务，它聚焦在选定的主题，是部门范围的；而数据仓库设立的目的在于为企业的全体用户提供服务，它收集了整个企业的主题信息，是企业范围的。

通常一个企业的数据集市可以由两种途径来创建。第一种途径是直接从 OLTP（联机事务处理）系统中将数据捕获到需要使用该数据的数据集市中；第二种途径是将 OLTP 系统中的数据捕获到中央数据仓库中，再将数据仓库中的数据填充到数据集市中。

（3）OLAP服务器。OLAP（联机分析处理）服务器对分析需要的数据进行有效集成，按多维模型予以组织，以便进行多角度、多层次的分析，并发现数据发展趋势。

（4）前端工具。前端工具主要包括各种报表工具、查询工具、数据分析工具、数据挖掘工具以及各种基于数据仓库或数据集市的应用开发工具。其中数据分析工具主要针对OLAP服务器，报表工具、数据挖掘工具主要针对数据仓库。

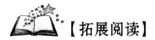 【拓展阅读】

我国物流信息化发展现状与趋势调查报告

物流，由"物"和"流"两个基本要素组成，其核心就是物质资料的"流动"。随着社会大分工的逐渐细化，物质流通的规模日益扩大，供应链越发复杂，生产、分配、交换和消费扩展到一个极其广阔的空间，此时，只有依靠物流这一纽带，才能将整个复杂过程的各个环节连接起来，使社会化大生产得以实现。因此，物流的发展水平也成为衡量一个国家现代化程度和综合国力的重要标志之一。

国际社会一般以物流成本占GDP的比重来衡量一个国家的物流发展水平，比重越低越先进。欧美等发达国家这一比重约为13%；中等发达国家，如韩国约为16%，而我国的物流比重指标在25%以上，差距十分大。2008年我国GDP约为31.92万亿元人民币，如果物流成本占GDP的比重降低10%就是3.19万亿元人民币，接近我国当年第一产业的增加值2.27亿元人民币。可见，降低物流成本对促进国民经济发展具有至关重要的作用。

我国物流各个环节如运输、仓储、配送的成本以及劳动力和设备成本都远远低于发达国家，而整个物流过程的综合成本却大大高于发达国家。其主要原因就是，物流各个环节信息化程度低，信息沟通不畅，造成库存大、运力浪费。记者在调研中了解到，为了降低物流成本，实现"按需生产、零库存、短在途"的目标，我国物流行业已经达成共识，必须大力发展现代物流，充分利用信息技术，让"信息流"主导"物品流"，通过信息化来实现"物流"的准确配置，让物的流动具有最佳的目的性和经济性，将生产地和流通过程中的库存降到最低。可以说，现代物流就是"传统物流＋信息化"，信息化成为现代物流的灵魂和关键。记者在对山东和广东等地物流企业的调研采访中发现，目前，我国林产品物流信息化已步入快速发展期，"一高、一快"态势明显，同时与国际先进水平差距较大，"两低"现象十分突出。专家指出，我国林产品物流信息化今后必须走信息资源共享化、信息网络一体化的发展之路。

1. 林产品物流信息化呈现"一高一快两低"态势

物流的核心是"物的流动"，与运输不同，物流不但改变了物的时间状态，也改变了物的空间状态；而运输只是物流的主要功能要素之一，是改变空间状态的主要手段。现代物流就是通过信息化的手段进行运输，实现运输、仓储、配送的高效一体化。其主要目的就是通过快速、准确地传递林产品物流信息，使生产厂商实行准时制生产，物流提供商实行准时制配送，以信息降低物流成本，将生产地和流通过程中的库存降到最低，甚至达到"零库存"或"零距离"，由此降低物流费用。我国物流企业的信息化建设起步较晚，目前距离林产品物流信息化的目标还有很大的差距，但是追赶的脚步却从未停歇过。进入21世纪后，随着我国经济的发展和信息技术的进步，我国物流信息化进入快速发展期，呈现出"一高、一快、两低"的特点。

（1）信息化意识提高，整体规划能力较低。近年来，我国从政府部门到企业对林产品物流信息化重要性的认识不断提高，物流信息的关键作用已得到我国工商企业和物流企业的广泛认同，各类企业呈现出开发林产品物流信息平台、应用综合性或专业化物流管理信息系统的态势。但是物流企业信息化整体规划能力较低，对信息化的理解不深。我国在林产品物流信息化长期发展战略上未形成体系，标准化工作发展较慢。同时，物流企业对自身的信息化未来发展也缺乏规划，缺乏覆盖整个企业的全面集成的信息系统，目前真正去搞信息化整体规划的企业寥寥无几。

（2）建设步伐加快，整体应用水平较低。伴随着我国经济的持续快速发展，我国物流行业呈现出高速增长的势头，而林产品物流信息化的投入力度也相应提高，建设步伐持续加快。相关调查显示，我国大中型物流企业及第三方物流企业信息化意识普遍提高，信息化进程正在加快，大约有74%的企业已经建立了信息管理系统，77%的企业也有自己的网站。尽管我国林产品物流信息化发展较快，但不得不承认，与国际先进水平相比，整体水平尚处于较低层次，特别是中小型物流企业的信息化水平很低。一方面，先进的信息技术应用较少，应用范围有限。调查显示，在国外物流企业得到广泛使用的条码技术、GIS和EDI技术等在中国物流企业的应用不够理想。同时，立体仓库、条码自动识别系统、自动导向车系统、货物自动跟踪系统等物流自动化设施应用不多。另一方面，信息化对企业运营生产环节的渗入层次较低。记者经过调查发现，在信息化水平较高的大中型物流企业，其企业网站的功能仍然以企业形象宣传等基础应用为主，作为电子商务平台的比例相对较少，大约占17.2%。同时，已建信息化系统的功能主要集中在仓储管理、财务管理、运输管理和订单管理，而关系到物流企业生存发展的有关客户关系管理的应用所占比例却很小，大约是21.3%。中国物流业要想提升竞争力，仅依靠提升"运力"是不够的，必须大力应用和发展现代信息技术。

2. "大物流"急需林产品物流信息实现"两化"

在经济全球化的大趋势下，随着信息技术的迅速发展和竞争环境的日益严峻要大幅度降低我国企业的物流成本，增强企业的国际竞争力，就必须以信息技术和信息化管理来带动物流行业的全面发展，构建全社会的"大物流"系统。这就迫切需要林产品物流信息在信息资源上实现共享化、在信息网络上实现一体化。

（1）林产品物流信息资源共享化。以往物流的信息化建设十分看重硬件投入，随着企业发展的需要，信息资源的整合开发日显重要。我国著名物流专家陆江曾在接受采访时表示，目前我国物流企业信息化水平较低，能利用信息技术优化配置资源的企业还不多。尤其是公关信息平台的建设滞后，林产品物流信息分散，资源不能有效整合，形成了大大小小的"信息孤岛"。我国要发展现代物流，抓住全球化和信息化带来的发展机遇，必须加强林产品物流信息资源整合，大力推进公共信息平台建设，建立健全电子商务认证体系、网上支付系统和物流配送管理系统，促进信息资源的共享。

（2）林产品物流信息网络一体化。随着经济全球化以及国际贸易的发展，一些国际大型物流企业开始大力拓展国际物流市场，呈现出物流全球化的发展走势，又必然要求跨国公司及时准确地掌握全球的物流动态信息，调动自己在世界各地的物流网点，构筑起全球一体化的林产品物流信息网络，为客户提供更为优质和完善的服务。正如广东保力得物流发展有限公司技术总监龙云所说："通过一体化的网络，物流企业可以产生特殊的规模经济效应，更有利于吸引用户、降低成本。"

（资料来源：中国物流与采购联合会. 我国物流信息化发展现状与趋势调查［J］. 信息与电脑，2007（11）：39 - 41.）

练习与思考

1. 选择题

（1）林产品物流信息最基本的作用是（　　　）。

A. 记录物流活动　　　　　　　　　　B. 桥梁和纽带

C. 系统整体优化　　　　　　　　　　D. 提高物流企业科学管理和决策

（2）下列选项中，（　　　）不属于产品物流信息的特点。

A. 广泛性　　　　B. 多样性　　　　C. 真实性　　　　D. 复杂性

（3）在四流当中，（　　　）属于其他三流的起点。

A. 商务流　　　　B. 物流　　　　　C. 资金流　　　　D. 信息流

（4）（　　　）是在计算机的应用实践中产生发展起来的一种自动识别技术。

A. 射频技术　　　B. 通信技术　　　C. 条形码技术　　D. GIS 技术

（5）（　　　）不属于产品物流信息系统的基本功能。

A. 计划功能　　　B. 决策优化功能　　C. 控制功能　　　D. 解析功能

2. 简答题

（1）林产品物流信息的概念是什么？

（2）我国物流信息系统市场需求特点是什么？

（3）简述林产品物流管理信息系统的体系结构。

（4）简述 LMIS 与 LIS 的关系。

（5）林产品物流管理信息系统构建的原则有哪些？

（6）林产品物流管理信息系统的功能结构有哪些？

实训任务

1. 实训目的

条码自动识别技术是以计算机、光电技术和通信技术的发展为基础的一项综合性科学技术，是信息数据自动识别、输入的重要方法和手段。条码技术现已应用在计算机管理的各个领域，渗透到商业、工业、交通运输业、邮电通信业、物资管理、仓储、医疗卫生、安全检查、餐饮旅游、票证管理以及军事装备、工程项目等国民经济各行各业和人民日常生活中。

条码是现代商品的身份证和通行证。使用、掌握当前发展的各种高新技术，为以后开发建设、使用维护、含有这些技术的信息管理系统打下基础。通过本次实训，学生应能根据实际需求选择、使用条码及其各种设备，编制打印符合实际需要条码，在供应链的不同环节应用条码相关知识解决存在的问题。

2. 实训任务

（1）任务名称：林产品条码的申请、设计、制作、打印、扫描、应用。

（2）任务内容。

一是李海华是某木材加工厂企业的产品开发部门负责人，如今开发一款特殊木材家具，为了能快速打入目标市场，决定向有关部门申请林产品条码。

二是请你以李海华的身份来为他完成林产品条码的申请工作。

三是利用相应的条码制作软件制作相应的林产品条码，并利用条码打印机打印出来。

四是使用条码识读设备把制作出来的条码扫描到系统中。

五是登录到相关网站查资料完成相关任务。

（3）提交资料。

一是林产品条码注册流程图。

二是提交制作的林产品条码。

（4）相关网站。

一是中国物品编码中心：http：//www. ancc. org. cn/。

二是湖南物品编码中心：http：//www. hn315. gov. cn/tm/。

（5）思考问题。

一是条码在物流中起到什么样的作用？

二是商品条码有哪些类型，在我们日常生活中起到什么样的作用？

三是在我国物品编码由谁负责管理？

四是条码的编码有什么原则？

项目
十

林产品物流成本管理

【学习目标】

❖知识目标
1. 掌握物流成本的概念及分类
2. 了解物流成本的特征
3. 掌握林产品物流成本管理策略

❖技能目标
1. 能够正确认识物流成本以及物流成本管理
2. 能够根据客户需求，提出降低物流成本的方法和措施

❖素质目标
1. 培养热爱物流行业的品质
2. 培养爱岗敬业、吃苦耐劳的职业素养
3. 培养思考问题、分析问题的能力

【本章导学】

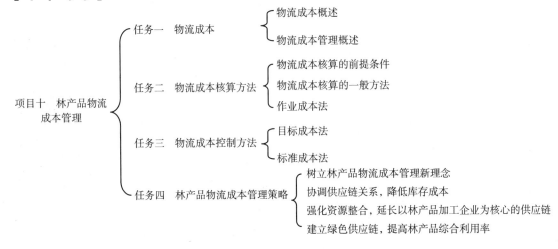

项目十　林产品物流
　　　成本管理

- 任务一　物流成本
  - 物流成本概述
  - 物流成本管理概述
- 任务二　物流成本核算方法
  - 物流成本核算的前提条件
  - 物流成本核算的一般方法
  - 作业成本法
- 任务三　物流成本控制方法
  - 目标成本法
  - 标准成本法
- 任务四　林产品物流成本管理策略
  - 树立林产品物流成本管理新理念
  - 协调供应链关系，降低库存成本
  - 强化资源整合，延长以林产品加工企业为核心的供应链
  - 建立绿色供应链，提高林产品综合利用率

饺子馆的物流成本管理

3 年前，胡某在浙江宁波开了家饺子馆，如今生意还算火爆。不少周围的小区住户常来光顾小店，有些老顾客一气儿能吃半斤饺子。胡经理说："别看现在生意还不错，开业这一段时间，让我头疼的就是每天怎么进货，很多利润被物流吃掉了。"

刚开始卖出一客 10 个烤饺，定价为 5 元钱，直接成本为饺子馅、饺子皮、佐料和燃料，每个饺子成本大约 2 角钱。虽然存在价差空间，可是胡经理的小店老赚不了钱，原因在于每天都有大量剩余原料，这些采购的原料不能隔天使用，算上人工、水电、房租等经营成本，每个饺子的成本都接近 4 角钱了。

胡经理很有感慨，如果一天卖出 1000 只饺子，同时多余 500 个饺子的原料，相当于亏损了 100 元左右，每个饺子的物流成本最高时有 1 角钱，加上前年年初粮食涨价，因此利润越来越薄。

关键在于控制数量，准确供货。其实做饺子的数量挺难掌握。做少了，有的时候人家来买，饺子没有，你也等不及现做，眼看着要到手的钱飞走了；做多了，就要剩下。

从理论上说，一般有两种供应方式：每天定量供应，一般早上 10 点开始，晚上 9 点结束，这样可能会损失客流量；根据以往的经验作预测，面粉每天的用量比较大，因为不管包什么馅儿都得用面粉，所以这部分的需求量相对比较固定。

后来胡经理又开了两家连锁店，原料供货就更需统筹安排了。饺子馅的原料要根据头天用量进行每日预测，然后根据原料清单进行采购。一日采购两次，下午会根据上午的消耗进行补货，晚上采购第二天的原料。

麻雀虽小，五脏俱全。一个饺子馆的物流管理同样容不得差错。胡经理咨询了一些物流专家，了解到这是波动的需求和有限的生产能力之间的冲突。在大企业里，他们通常会提高生产柔性去适应瞬息万变的市场需求。

可是对于经营规模有限的小店来说，要做到这点太难。所以有些人建议想办法调整顾客的需求以配合有限的生产能力，用物流专业名词说，叫作平衡物流。比如用餐高峰期大概在每天 12：00~13：00 和 19：00~20：00 这两个时段，胡经理就选择在 11：00~11：45 和 18：00~18：45 推出 9 折优惠计划，吸引了部分对价格比较敏感的顾客，有效分散了需求。

如果碰到需求波动比较大的情况，也就是说某一种饺子的需求量非常大的时候，比如客户要的白菜馅儿没有了，胡经理就要求店员推销牛肉馅儿或者羊肉馅儿；同时改善店面环境。安上空调，提供杂志报纸，使顾客在店里的等待时间平均从 5 分钟延长到 10 分钟。

胡经理做了 3 年的水饺生意，从最初每个饺子分摊大约 1 角钱的物流成本，到去年的 5 分钱，而今年成本就更低了。由于做饺子的时间长了，需求的种类和数量相对固定下来，每个饺子的物流成本得到有效控制，在 2 分钱左右，主要就是采购人工、运输车辆的支出。

[思考]

(1) 你如何看待小企业或商家的物流成本管理？

(2) 你如果开一家花店，在鲜花的采购方面应该怎样有效缩减成本？

任务一　物流成本

一、物流成本概述

（一）物流成本概念

根据我国国家标准《物流术语》，物流成本指物流活动中所消耗的物化劳动和活劳动的货币表现。包括物流各个要素中所消耗的人力、物力和财力的总和以及与存货相关的流动资金占用成本、存货风险成本和存货保险成本。

从物流成本管理和控制的角度看，物流成本包括社会物流成本、制造企业与商品流通企业物流成本以及物流企业物流成本。

（二）物流成本的特征

1. 物流成本具有隐含性

彼得·德鲁克提出了"黑大陆"学说，西泽修则提出了物流成本的"冰山说"，他们都明确指出物流成本具有隐含性。所谓隐含性，就是指物流成本不易被人们发现、统计和预测。时至今日，多数企业的物流成本还是与生产经营成本（制造费用、销售费用、管理费用等）混合在一起进行核算。物流成本广泛地分布在企业的供产销各环节，但是多数情况下隐藏在其他费用中。所以有人指出，通常情况下，大多数企业发生的全部物流费用往往是表现出来的两倍甚至更多。

2. 物流成本具有效益背反性

"效益背反"，意指物流的若干功能要素之间存在着损益相反的矛盾，当某一个功能要素的利益优化时，必然会存在另一个或另几个功能要素的利益损失，反之亦然。这个难题客观上要求在物流系统总成本与相关的子成本管理上寻求平衡，做出抉择。除此之外，效益背反还体现在物流成本与物流服务水平上。要保持较高的物流服务水平就必然会发生不菲的物流成本，这在所难免。显然，物流成本管理必须统筹处理这些矛盾。

3. 物流成本具有消减的乘数效应

乘数效应是指支出的每一元变化会引起一元以上的（或多倍）的变化。消减的乘数效应是指降低物流成本可以带来企业利润的倍增，即企业因物流成本降低带来的利润远远高于因销售量提高带来的利润。现假定企业的销售额为1000亿美元，物流成本占销售额的10%，即100亿美元。这就意味着只要降低10%物流费用，就等于增加了10亿美元利润。若企业的销售利润率为2%，要增加10亿美元的利润，则需要增加500亿美元销售额。

4. 物流成本具有战略性

物流不仅可以提供成本优势，还可以提供价值优势。物流成本不但影响企业的利润，也影响物流服务水平。企业要在激烈的竞争中脱颖而出，可以实施成本领先战略。成本领先战略认为，当成本领先的企业的价格相当于或低于其竞争厂商时，它的低成本地位就会转化为高收益。因此，企业可以通过有效的途径降低物流成本，使企业以较低的物流成本赢得竞争优势。

（三）物流成本的构成

（1）按物流成本项目划分，物流成本可分为物流功能成本和存货相关成本，如表 10 – 1 所示。其中，物流功能成本又可分为运输成本、仓储成本、配送成本、包装成本、装卸搬运成本、流通加工成本、物流信息成本、物流管理成本。

表 10 – 1　　　　　　　　　　按物流成本项目划分的物流成本构成

成本项目		内容说明
物流功能成本	运输成本	在一定时期内，企业为完成货物运输业务而发生的全部费用，包括运输业务人员费用，运输工具的燃料费、折旧费、维修保养费、租赁费、过路费、年检费、事故损失费、相关税金等
	仓储成本	在一定时期内，企业为完成货物仓储业务而发生的全部费用，包括仓储业务人员费用、仓储设施的折旧费与维修保养费、水电费、燃料与动力消耗费等
	配送成本	在一定时期内，企业为完成货物配送业务而发生的全部费用，包括配送运输费、分拣费、配装费等
	包装成本	在一定时期内，企业为完成货物包装业务而发生的全部费用，包括包装业务人员费用、包装材料消耗、包装设施的折旧费与维修保养费、包装技术设计费与实施费，以及包装标志的设计费、印刷费等辅助费用
	装卸搬运成本	在一定时期内，企业为完成货物装卸搬运业务而发生的全部费用，包括装卸搬运业务人员费用、装卸搬运设施的折旧费与维修保养费、燃料与动力消耗费等
	流通加工成本	在一定时期内，企业为完成货物流通加工业务而发生的全部费用，包括流通加工业务人员费用、流通加工材料消耗、流通加工设施的折旧费与维修保养费、燃料与动力消耗费等
	物流信息成本	在一定时期内，企业为采集、传输、处理物流信息而发生的全部费用，包括物流信息人员费用、软硬件折旧费与维护保养费、通信费等
	物流管理成本	在一定时期内，企业为完成物流管理活动而发生的全部费用，包括物流管理部门和物流作业现场所发生的管理费用，具体包括物流管理人员费用、差旅费、办公费、会议费、水电费，以及国际贸易中发生的保管费、检验费、理货费等
存货相关成本	流动资金占用成本	在一定时期内，企业在物流活动过程中，因持有存货占用流动资金而发生的费用，包括因存货占用银行贷款所支付的利息和因存货占用自由资金所发生的机会成本
	存货风险成本	在一定时期内，企业在物流活动过程中所发生的货物降价、耗损、损毁、盘亏等损失
	存货保险成本	在一定时期内，企业在物流活动过程中，为预防和减少存货风险，而面向社会保险部门支付的财产保险费用

（2）按物流成本范围划分，物流成本可分为供应物流成本、企业内物流成本、销售物流成本、回收物流成本和废弃物物流成本，如表 10 – 2 所示。

表 10 - 2   按物流成本范围划分的物流成本构成

物流成本范围	内容说明
供应物流成本	企业在采购环节所发生的物流费用
企业内物流成本	货物在企业内部流转所发生的物流费用
销售物流成本	企业在销售环节所发生的物流费用
回收物流成本	企业在产品退回、返修和包装容器回收等物流活动过程中所发生的物流费用
废弃物流成本	企业对失去原有使用价值的货物进行收集、分类、加工、包装、搬运、储存等，并将其分送到专门处理场所的物流活动过程中所发生的物流费用

（3）按物流成本支付形态划分，物流成本可分为自营物流成本和委托物流成本。其中，自营物流成本又可以分为材料费、人工费、维护费、一般经费和特别经费。如表 10 - 3 所示。

表 10 - 3   按物流成本支付形态划分的物流成本构成

物流成本支付形态		内容说明
自营物流成本	材料费	资材费、工具费、器具费等
	人工费	工资、福利费、奖金、津贴、住房公积金等
	维护费	各类物流设施设备的折旧费、维修保养费、租赁费、保险费、税金、燃料与动力消耗费等
	一般经费	办公费、差旅费、会议费、通信费、水电费、燃气费等
	特别经费	存货流动资金占用费，存货跌价、损耗、盘亏和损耗费，存货保险费等
委托物流成本		企业向外部物流机构支付的各项费用

（4）按物流成本性态划分，物流成本可分为固定成本和变动成本。

固定成本是指在一定范围内，不随业务量的变动而变动的成本，如房屋租赁费、管理人员的工资，以及室内平均年限法计提的固定资产折旧费、城镇土地使用税等。

变动成本是指随着业务量的变动而呈现固定比例变动的成本，如生产成本中的直接材料、直接人工，制造费用中的物料费、燃料费、动力费，计件工资制下的工人工资等。

二、物流成本管理概述

（一）物流成本管理的概念

依据我国国家标准《物流术语》所述，物流成本管理是指"对物流相关费用进行的计划、协调与控制"。物流成本管理属于管理行为，是企业成本管理的内容之一。众所周知，成本大小不仅影响企业损益，还制约着企业的竞争水平。

（二）物流成本管理的意义

物流成本管理是以成本管理为手段，以降低物流成本为目的，旨在协调、优化物流作业活动的管理工作。加强物流成本管理，具有重大意义。

从宏观角度上看，加强物流成本管理有利于提高国民经济运行质量和竞争力。物流成本的降低，有利于减少资源消耗，促使商品价格的下调，惠及生产与消费。加强物流成本管理还有助于国家产业结构的调整，减少社会资源的浪费，提高资源的利用率。

立足于企业而言，从微观上分析，做好物流成本管理工作也极为重要。首先，有利于降低成本，增加企业利润。有人测算后指出，我国企业的物流成本下降1个百分点，就可以节省成本2000多亿元。其次，物流成本管理有利于提升物流作业效率，改善服务质量。再次，通过物流成本管理，可以降低企业库存，减少资金占用，提高资金利用率。最后，加强物流成本管理有助于企业保持低成本优势，形成成本竞争优势。

（三）物流成本管理的内容

物流成本管理是一个宽泛的概念，从不同的角度看，其涉及的内容不同。比如，从物流成本管理的范围大小来看就有企业物流成本管理、某一产业的物流成本管理和社会物流成本管理。如果从涉及的物流功能要素分类，则有运输成本管理、仓储成本管理、配送成本管理等。立足于企业实务来看，物流成本管理应该是一个立足实际、持续改进的过程。因此，企业物流成本管理的内容可分为物流成本核算、物流成本预算、物流成本控制、物流成本分析和物流成本决策。

1. 物流成本核算

核算是基础，是物流成本管理工作的起点。物流成本核算就是成本核算人员根据企业确定的成本计算对象，对企业物流成本费用进行归集与分配，从而计算出物流总成本和单位成本。核算过程必须遵循国家、行业和企业各项有关成本计算的规定，真实客观、全面系统地反映实际物流成本。

2. 物流成本预算

预算是约束，是物流成本管理工作的保障。物流成本预算是在对未来物流业务进行规划、预测的基础上，结合实际，对未来一定周期内与之有关的物流成本所做的货币形式的计划安排。预算一般具有综合性、导向性和货币性，是预期开展工作的指引，成本开支的约束，当然也是事后分析评价实际工作绩效的依据。

3. 物流成本控制

控制是核心，是物流成本管理工作的关键。物流成本控制是以预算成本编制为基础，对物流成本形成过程以及影响物流成本的各种因素和条件加以主动的影响。通过成本控制，及时发现物流作业过程中存在的问题，一旦发现偏离标准就采取相应的措施加以纠正，使物流过程中各项费用开支、资源消耗在规定标准范围之内，保证物流预算目标的实现。

4. 物流成本分析

分析是手段，是物流成本管理工作持续改进的必然要求。有机构指出，有效的成本分析是企业在激烈的市场竞争中成功的基本要素。物流成本分析就是通过分析成本核算的信息，运用一定的方法，揭示物流成本变动的原因，提出改进建议。当然，成本分析的结果不仅仅是结论，而是这些结论有助于物流成本的科学决策和成本的降低。

5. 物流成本决策

决策是难点，是物流成本管理工作的重中之重。对于物流成本管理的高层领导而言，决策工作责无旁贷。物流成本决策是指用决策理论，根据成本预测及有关成本资料，运用定性与定量的方法，抉择最佳成本方案的过程。比如，设计适合企业实际的物流成本管理架构，确定与企业目标一致的物流成本管理目标，选择符合物流服务水平和成本要求的物流方案等。

（四）影响物流成本的因素

1. 进货路线及方向的选择

进货路线及方向决定了企业运输距离的远近；同时也影响着运输工具、运输路线的选择及进货批量等各个方面。因此，进货路线及方向是决定物流成本水平的一个重要因素。

2. 运输工具的选择

不同的运输工具，成本高低不同，运输能力大小不等。运输工具的选择，一方面取决于货物的物理、化学性质，货物的体积、重量及价值的大小；另一方面又取决于企业对某种物品的需求程度及工艺要求。所以，选择运输工具不但要保证生产与运输的需要，还要保证物流成本最低。

3. 存货控制

存货往往是仅次于运输的物流成本发生的重要环节，要充分运用定量订货法、定期订货法及"零库存"法等对存货实行严格控制，严格掌握进货数量，减少资金占用、货款利息支出，降低存储空间、库存服务和库存风险成本的支出。

4. 货物保管制度

良好的物品保管、维护、发放制度，可以减少物品的损耗、霉烂、丢失和各种人为事故，从而降低物流成本；相反，在保管过程中，由于采取的措施不力，导致物资发生较大的物理、化学、生物化学变化，引起物品的损耗霉烂、丢失等，物流成本必然上升。

5. 产品废品率

影响物流成本的一个重要方面还在于产品的质量，即产品的废品率的高低。生产高质量产品可以杜绝次品废品的回收和退货发生的各种物流成本。

6. 管理成本开支的大小

管理成本与流通中的储存数量没有直接的函数关系，但管理成本的大小直接影响物流成本的大小。节约办公费、水电费、差旅费等管理成本，相应可以降低物流成本的总水平。

7. 资金利用率

企业利用货款进行生产或流通，必然要支付一定的利息，有一部分利息要分摊到物流成本上，所以资金利用率的高低，影响着利息支出的大小，自然也影响着物流成本的高低。

（五）物流成本管理策略

1. 控制物流成本

对物流各环节发生的成本进行有计划、有步骤的管理，压缩不必要的成本，以达到预期的成本目标。

（1）绝对成本控制。绝对成本控制，是指把成本支出控制在一个绝对的数额内，从而节约各种支出，杜绝浪费。

（2）相对成本控制。相对成本控制，是指通过成本与产值、利润质量和服务等对比分析，寻求在一定约束因素下，取得最优经济效益的一种控制技术。

2. 压缩物流成本

压缩物流成本是指在规定服务水平的前提下，改进物流活动效率，实现物流合理化，其途径有以下两种。

（1）物流途径简短化。就是通过合理设置仓库和配送中心等物流据点，使物流途径简短化。该措施不仅可缩短运输距离，降低运费，还可将分店和营业场所处理的业务移交配送中心完成。一个配送中心承担多处营业场所的物流业务，实现配送中心配送的大批量化，将大大降低物流费用支出。

（2）运输共同化，扩大运输量。在运输量不足的情况下，企业与同行或其他行业进行联合运输，可以扩大运输量，保证交货日期，是压缩物流成本的有效方法。

3. 设定合理库存量

库存具有调节生产和销售、采购和销售之间的时间间隔的功能。若从降低物流库存成本的角度看，库存当然越少越好。但是，库存是以满意的客户服务为前提存在的，存货太少会造成缺货成本的大幅度上升，其结果往往抵销了库存持有成本降低所带来的经济成果，甚至两种成本之和高于原有的综合成本。所以，必须科学预测一定时期内客户的需求趋势，计算出该时期内满足客户需求的最小库存量。

4. 适宜的包装和科学的装卸

采用包装价格与包装要求相吻合的包装材料包装方式；采用标准化的装卸工具与科学的装卸方法，使装卸过程省力化，节约装卸时间。

5. 科学的维护保养措施

库存物资品种繁多，物理、化学性质各异，所需的维护保养条件不尽相同，要根据其性质特点提供适宜温度、湿度条件及必要的保管措施，使物资的损耗保持在合理的范围内，这也是降低成本的重要方面。

6. 平衡物流能力与客户期望

在实际的物流活动中，因为物流成本的开支与客户服务期望值密切相关，所以要想物流作业百分之百地满足客户的期望，所付出的物流作业成本将是十分昂贵的。试想一个数百万人口的大城市里的商场，要想百分之百地满足该城市市民对所有商品的需求，无疑需要准备庞大数量的库存，为此必须付出高额的物流成本。显然，这是不可取的。因为物流成本随库存的品种和数量的增加而无限制地增加，但商品的购销差价和销售额的增加却是有限的。因此，要取得物流竞争的优势地位，最重要的是要掌控物流成本和关键客户期望的平衡点。

7. 树立现代物流观念，健全企业物流管理体制

企业降低物流成本，首先要从健全物流体制入手，从企业组织上保证物流管理的有效进行，要有专司物流管理的部门，实现物流管理专业化。树立现代物流观念，结合现代物流的发展趋势，审视企业的物流系统和物流运作方式，吸收先进的物流管理方法，根据企业自身的实际情况，不断改善物流管理，降低物流成本。

任务二　物流成本核算方法

物流成本核算是企业进行物流成本管理的集成，是降低物流成本的前提，它是根据企业确定的成本对象，采用相应的成本核算方法，按照规定的成本项目，通过一系列物流费用的汇集与分配，计算出各物流环节成本对象的实际总成本和单位成本。只有弄清各种物流成本的大小，获取物流成本数据，才能为物流管理决策提供数据依据，以不断提高物流管理的专业化水平。

一、物流成本核算的前提条件

我国物流成本核算起步较晚，在企业里，对物流有一些了解的人员可能比较多，但真正了解物流成本的人员就比较缺乏了，所以，要正确核算物流成本，需具备一定的前提条件。

1. 了解企业物流成本的内涵及形成机制

企业物流成本的形成和整个运作流程，对于物流管理人员而言并不陌生，但物流成本核算通常是由会计人员来完成的。由于企业部门职责和人员分工的细化，会计人员往往指负责产品成本的核算以及其他财务管理工作，通常不能以系统和全距的观点来了解和掌握物流的运作过程，且囿于传统产品成本核算思路的影响，对物流成本核算会不自主的产生抵抗和畏难情绪。因此，准确核算物流成本，首先要求会计人员或其他成本核算人员必须了解物流及物流成本的内涵，了解企业物流成本形成的过程。

2. 规范会计基础工作，各有关部门密切协作

物流成本核算可与产品成本核算同步，也可于期末单独进行，无论哪种方式，均要求有健全规范的会计工作流程，有完整可靠的原始资料记录。

3. 实现物流成本信息化管理

物流成本核算涉及部门多，信息来源广，核算过程复杂，实现物流信息化管理将成为企业优化物流成本核算手段、提高物流成本核算效率和准确度的必要条件。

二、物流成本核算的一般方法

物流成本核算的一般方法主要有：会计方法、统计方法和混合方法。

1. 会计方法

会计方法核算物流成本主要借鉴传统会计核算方法，通过填制凭证、登记账簿、编制报表对物流费用予以连续、系统、全面的记录、计算和报告。物流成本核算的会计方法包括三种形式。

（1）双轨制。双轨制即把物流成本核算与企业日常成本核算截然分开，单独建立物流成本核算的凭证、账簿和报表体系。在此形式下，物流成本的内容在传统成本核算和物流成本核算中得到双重反映。

方法：对于每项涉及物流费用的业务，根据有关原始凭证编制一式两份的记账凭证，一份连同原始凭证据以登记日常成本核算会计账簿，另一份交由物流成本核算人员登记有关物流成本核算账簿。

其优点是能随时清晰地反映物流成本的相关资料；其缺点是成本核算的工作量大，如果财会人员数量不多，物流专业知识缺乏，则提供的信息也未必准确。从成本效益角度看，可行性比较小。

（2）单轨制。单轨制即物流成本核算与企业现行的其他成本核算（如产品成本核算、责任成本核算、变动成本核算等）结合进行，建立一套能提供多种成本信息的共同的凭证、账簿和报表核算体系。

方法：对现有的会计核算体系进行较大的变更，需要对某些凭证、账户和报表的内容进行调整，如在有关的成本费用账户下设物流费用专栏，同时根据需要还将增加一些凭证、账簿和报表。

其优点是两种成本的核算工作同时进行，在不增加更多工作量的前提下，提供有关物流成本的信息；其缺点是需要对原有的会计体系和相关内容做较大的调整，弄不好会使账簿体系显得混乱，所以这种结合无疑也是有一定困难的。

（3）辅助账户制。辅助账户制即在不影响当前会计核算体系的前提下，设置"物流成本"辅助账户。

方法：在"物流成本"账户下，根据需要按照成本项目、物流范围、支付形态等设置二级账簿、三级账簿等或专栏。若需要随时收集物流成本信息，可与日常会计核算同时进行，则企业在按照会计制度的要求编制记账凭证、登记账簿、进行正常产品成本核算的同时，登记相关的物流成本辅助账户，在不影响现行成本费用归集分配的基础上，通过账外核算得到物流成本资料。

其优点是既不像双轨制核算工作量那么大，也不像单轨制需对原有会计核算体系进行调整。其缺点是若辅助账户设置不当或登记方法不科学，也会增加工作量。

2. 统计方法

采用统计方法计算物流成本时，对凭证、账簿和报表体系没有要求，需要提供物流成本信息时，通过对企业现行成本核算资料进行分解和分析，从中抽出物流活动消耗的费用（物流成本的主体部分），然后再按物流管理要求对上述费用重新归类、分配和汇总，加工成物流管理所需要的成本信息。具体方法如下。

（1）通过对"在途物资（或原材料）""管理费用"等账户的分析，抽出供应物流成本，如"在途物资（或原材料）"账户中的外地运输费、装卸费等；"管理费用"账户中的市内运杂费和原材料仓库的折旧费、修理费、保管费等，并按功能类别、支付形态类别进行分类核算。

（2）从"生产成本""制造费用""管理费用"等账户中抽出生产物流成本，如人工费部分按物流人员的人数比例或物流活动工作量比例确定，折旧修理费按物流作业所占固定资产的比例确定，并按功能类别、支付形态类别进行分类核算。

（3）从"销售费用"中抽出销售物流成本部分，包括销售过程发生的运输、包装、装卸搬运、保管、流通加工等费用。

（4）从"管理费用"中抽出回收物流费用。

（5）废弃物物流费用数额较小时，可以不单独抽出，而是并入其他物流费用。

委托物流费用的计算比较简单，它是企业对外支付的物流费用。

需要注意的是：还有一部分传统成本核算没有包括进去，但却要归入物流成本的费用，如物流利息、外企业支付的物流费用等。物流利息费用的确定，可按企业物流作业所用资产资金占用额乘以内部利率进行计算。外企业支付的物流费用部分中，供应外企业支付的物流费用，可根据在本企业交货的采购数量，每次以估计单位物流费用率进行计算；销售外企业支付的物流费用可根据在本企业交货的销售量乘以估计单位物流费用率进行计算。单位物流费用率的估计可参考企业物资供应、销售在堆放企业交货时的实际费用水平。

按照物流管理上的要求，企业对上述各项费用进行重新归类、分配、汇总，加工成物流管理所需要的信息。与会计方法归集和分配费用类似的是，在计算物流成本时，单独为物流作业所耗费的费用直接计入物流成本，间接为物流作业所耗费的费用，以及物流作业与非物流作业共同耗费的费用，应按一定比例进行分配计算，如从事物流作业人员比例、物流工作量比例、物流作业所占资金比例等。

其优点是运用起来比较简单、方便；但由于其没有对物流耗费进行全面、连续、系统的核算，所以据此得来的信息精确程度受到一定影响。

3. 混合方法

混合方法是通过将会计方法和统计方法相结合的方式来计算物流成本。企业可以按照物流成本管理的不同要求和目的设置相应的成本核算一级账户和明细账户。但过细的会计科目设置会给企业会计核算增加许多工作量，是不经济的。所以，企业在设置账户前应该考虑物流成本核算可能给企业带来的收益，以及增设物流成本核算账户将会增加的会计操作成本。在这种情况下，企业也可以考虑采用会计方法和统计方法相结合的方式进行物流成本核算。

方法：将物流耗费的一部分内容通过会计方法予以核算，另一部分内容通过统计方法计算。具体方法如下。

（1）设置物流成本辅助账簿，可根据企业管理的需要开设，不要求系统性。

（2）根据现行的成本核算资料（分散于各成本费用账户中的物流费用），登记各物流成本辅助账簿，进行账外的物流成本核算（显性物流成本部分）。

（3）对于现行成本核算中没有包括，但应计入物流成本的费用，采用统计方法进行计算，并设置台账反映（隐性物流成本部分）。

（4）月末，将上述（2）和（3）中提供的成本信息进行汇总，以编制各种类型的物流成本报表，提供有关信息。

企业物流成本包括显性物流成本和隐性物流成本两部分内容，显性物流成本主要取自会计核算数据，而隐性物流成本主要通过统计的方式进行计算，因此，物流成本核算不存在绝对的会计方法或统计方法。从实践操作来看，企业物流成本核算通常会采用会计和统计相结合的方式。

三、作业成本法

物流费用包括直接费用和间接费用，直接费用通过一定的程序和方法可以直接归入成本对象，而间接费用则需要采用一定的方法进行分配，计入成本对象，而分配方法的选择是影响物流成本核算结果的又一重要因素。

（一）作业成本法概述

1. 作业成本法的含义

作业成本法（activity based costing，ABC）是通过对所有作业活动进行追踪动态反映，计量作业和成本对象的成本，评价作业业绩和资源利用情况的方法。它以作业为中心，根据作业对资源耗费的情况，将资源的成本分配到作业中，然后根据产品和服务所耗用的作业量，最终将资源耗费分配到产品或服务中去，体现的是一种精致化和多元化的成本核算和管理思想。

2. 实施作业成本法的利弊

作业成本法是一种全新的成本计算方法，用这种方法计算物流成本的好处如下。

（1）对物流间接费用的分配更为合理。与传统物流成本计算方法相比，作业成本法充分揭示了成本发生的动因，使物流成本核算的分配基础（成本动因）发生了质变，它不再采用单一的数量分配基准，而是采用多元分配基准；并且集财务变量与非财务变量为一体，尤其特别强调非财务变量（如订单处理次数、运输距离、质量检验次数等）。因此，采用作业成本法克服了传统成本计算法下成本扭曲的不足，所提供的物流成本信息更准确。

（2）作业成为最基本的成本对象。传统成本法主要以物品实体或物流范围和功能为成本对象，而作业成本法以作业为最基本的成本对象，最终成本对象的成本计算均通过作业进行分配，使得成本的可归属性增强。正是由于作业成本法可以提供各项作业耗费的成本信息，为企业进行作业管理、优化作业及进行流程再造提供了可能。

（3）作业成本法是更广泛的完全成本法。传统的完全成本法将许多费用项目列作期间费用，在发生的当期"一次性扣除"，而不分配到产品或劳务上。在作业成本法下，将这些费用的大部分与各项有关的作业相联系，如销售费用、仓储费用等与相应的销售作业、仓储作业联系起来，分配到相关的作业，再通过作业分配至有关的产品或其他成本对象中，这样所提供的成本信息更有利于企业进行产品定价和对客户盈利能力的分析。

（4）所有的成本都是变动的。在变动成本法下，有相当一部分成本，因其在一定的范围内不随业务量的变化而变化，因而被划分为固定成本。但是，按作业成本法的观点，这部分成本虽然不随业务量的增加而增加，但却会随其他因素（产品销售批次、机器设备的调整、企业经营能力的增减等）的变化而改变。作业成本法将所有的成本均视为变动的，这有利于企业分析物流成本产生的原因，进而落实控制和降低成本的方法和措施。

（5）责任中心的业绩评价更为可行。资源通过作业形成产出价值，以作业中心为基础设置责任中心，控制了资源消耗，充分发挥了资源在提供给顾客价值过程中的作用。对物流作业中心的考核评价拓宽了责任会计的运用，按作业中心来划分和考核责任中心的业绩更为切实可行。

实施作业成本法的弊端如下。

（1）作业中心的划分有一定难度，与成本动因无直接关系的制造费用还要选择一定的标准分配计入各作业中心，在一定程度上影响了作业成本法的准确性。

（2）增加了成本计算的工作量，加大了核算成本。

作业成本法一般适用于生产自动化程度较高，制造费用在成本中所占比重较大，作业种类多，而且会计电算化程度比较高的企业。除制造业外，其他行业（比如零售业、服务业等）也可以采用作业成本法计算和管理成本，这样既可以提供有关成本信息，又能有效地提高资源的利用率。

（二）物流作业成本法的计算步骤

物流作业成本计算一般经过以下步骤：分析和确定资源，建立资源库；分析和确定物流作业，建立作业成本库；确定资源动因，分配资源成本至作业成本库；确定作业动因，分配作业成本至成本对象；汇总计算各物流成本对象的总成本和单位成本。

1. 分析和确定资源，建立资源库

物流资源是物流作业所消耗的各种劳动耗费。例如，发出订货单是采购部门的一项作业，那么相应办公场地的折旧、采购人员的工资和附加费、电话费、办公费等都是订货作业的资源费用。各项资源被确认后，要为每类资源设立资源成本库，并将一定会计期间的资源耗费归集到各相应的资源库中。资源库设置时，有时需要把一些账目或预算科目结合组成一个资源库，有时需要把一些被不同作业消耗的账目或预算科目分解开来。如果一个企业会计账户分类比较细，那么从明细账户的资料中就可以得到各种资源项目。

2. 分析和确定物流作业，建立作业成本库

企业经营过程中的每个环节或每道工序都可以视为一项作业，企业的经营过程就是由若干作业构成的。物流作业主要包括运输作业、储存与保管作业、包装作业、装卸搬运作业、配送作业、流通加工作业、信息处理作业等方面。

3. 确定资源动因，分配资源成本至作业成本库

物流作业经分析、确认后，要为每一项作业设立一个作业成本库，然后以资源动因为标准将各项资源耗费分配至各作业成本库。

4. 确定作业动因，分配作业成本至成本对象

作业动因是将作业成本库成本分配到成本对象中去的标准，也是作业耗费与最终产出相沟通的中介。由于物流作业的复杂性，作业动因的确定远比资源动因复杂，因此，进行物流成本计算时，作业动因的确认是难度最大也是最关键的步骤，确认不当会直接影响成本计算的结果。

5. 汇总计算各物流成本对象的总成本和单位成本

将经过上述归集、分配的各项物流作业成本汇总，即得到成本对象负担的间接物流成本。其加上发生时直接计入的物流成本，就是各成本核算对象的物流总成本，并可以据此计算单位物流成本。

任务三　物流成本控制方法

企业可以通过各种方法加强物流成本控制，降低成本，提高利润，实现提高市场占有率的目的。以下主要介绍采用目标成本法和标准成本法控制物流成本的相关知识。

一、目标成本法

（一）目标成本法的含义

目标成本法的目的是在产品生命周期的研发及设计阶段预计好产品的成本，而不是试图在制造过程降低成本。在物流活动中，目标成本法是为了更有效地实现物流成本控制的目标，使客户需求得到最大限度的满足，从战略的高度来分析，与战略目标相结合，使成本控制与企业经营管理全过程的资源消耗和资源配置协调起来而产生的成本控制方法。

（二）目标成本法的实施步骤

目标成本法的实施步骤会因企业物流活动内容的不同而不同，但大体上可以分为五个阶段。

1. 物流目标成本的初步确定

目标成本法要求先预计物流服务收入，然后根据企业中长期计划确定物流目标利润，最后以服务收入减去目标利润即得物流目标成本，即

$$物流目标成本 = 预计服务收入 - 预计目标利润$$

预计服务收入根据企业经营目标确定。

2. 物流目标成本的可行性分析

物流目标成本的可行性分析，是指对初步测算得出的物流目标成本是否切实可行做出的分析和判断，包括分析预计服务收入、物流目标利润和目标成本。

分析预计服务收入时，企业可以进行市场调研，调查客户需要的物流服务功能和特色，也可以对竞争者进行分析，掌握竞争者物流服务的功能、价格、品质和服务水平等有关资料，并与本企业的资料进行对比，通过上述比较分析来确定本企业预计服务收入的可行性。

企业分析物流目标利润应与企业的中长期目标及利润计划相配合，同时考虑销售、利润、投资回报、现金流量、物流服务的品质、成本结构、市场需求、销售政策等因素的影响，以确定其可行性。

企业要根据自身实际成本的变化趋势、同类企业的成本水平，充分考虑成本节约的能力，对某一时期的成本总水平做出预计，分析物流目标成本的可行性。

3. 物流目标成本的分解

物流目标成本的分解，是指设立的物流目标成本通过可行性分析后，将其自上而下按照企业的组织结构逐级分解，落实到有关的责任中心。物流目标成本的分解通常不是一次完成的，需要一定的循环，不断修订，有时甚至修改原来设立的目标。

4. 实现物流目标成本

实现物流目标成本，首先要将企业目前的物流成本与目标成本进行比较，计算成本差异。然后通过运用价值工程、成本分析等方法寻求最佳的物流过程设计，用最低的成本达到客户需求的功能、安全性、品质等。如果此时计算出的最佳物流过程设计下的成本仍高于目标成本，则重复应用上述手段寻求最佳成本。

5. 物流目标成本的追踪考核与修订

此项工作包括对企业物流活动的财务目标和非财务目标完成状况的追踪考核，调查客户的需求是否得到满足和市场变化对物流目标成本有何影响等事项，并根据上述各阶段物流目标成本的实现情况对其进行修订。

二、标准成本法

（一）标准成本法的含义

标准成本法是指以预先制定的标准成本为基础，用标准成本与实际成本进行比较，核算和分析成本差异的一种产品成本核算方法。它是一种将成本核算和成本控制相结合，进行经济业绩评价的一种成本控制制度。其核心是按标准成本记录和反映产品成本的形成过程和结果，并借以实现对成本的控制。

（二）标准成本法的特点

标准成本法不单纯是一种成本计算方法，而且是一个由制定标准成本、计算和分析成本差异、处理成本差异三个环节所组成的完整系统，它强调运用标准成本加强成本控制，本质上是一种成本管理的方法。其特点表现如下。

（1）标准成本法下的产品成本，不是产品的实际成本，而是标准成本，这是标准成本法与其他成本计算方法的本质区别。

（2）通过比较确定实际成本脱离标准的各项差异，并分别设置各种差异账户进行归集，以便对成本进行日常控制和考核。

（3）可以与变动成本法相结合，达到成本管理和控制的目的。

（三）标准成本法的分类及核算程序

1. 标准成本法的分类

（1）按其制定所依据的生产技术和经营管理水平，分为理想标准成本和正常标准成本。

理想标准成本是以现有生产经营条件处于最优状态为基础确定的最低水平的成本，它的主要用途是提供完美的工作目标，揭示实际成本下降的潜力。理想标准成本难以在实际中运用。

正常标准成本是根据正常的耗用水平正常的价格和正常的生产经营能力利用程度制定的标准成本。在制定这种标准成本时，要把生产经营活动中一般难以避免的损耗和低效率等情况也计算在内，使之切合下期的实际情况，成为切实可行的控制成本。这种标准成本的实现既非易事，也非高不可攀，而是经过努力可以达到的。在标准成本法中，广泛使用正常标准成本。

（2）按其适用期分为现行标准成本和基本标准成本。

现行标准成本指根据其适用期应该发生的价格、效率和生产经营能力利用程度等预计的标准成本。它是在现有生产技术条件进行有效经营的基础上，根据下一期最可能发生的生产要素的消耗量、预计价格和预计生产经营能力利用程度制定出来的标准成本。这种标准成本可以包括管理当局认为短期还不能完全避免的某些不应有的低效、失误和超量消耗。因其切实可行，这种标准成本最适用于在经济形式变化多端的情况下使用。

基本标准成本是指一经制定，只要生产的基本条件无重大变化，就不予变动的一种标准成本，这种标准成本经制定，长期保持不变，它可以使各个时期的实际成本以同一标准进行比较，以反映成本的变化，由于基本标准成本不按各期实际修订，不宜用来直接评价工作效率和成本控制的有效性，因此实际工作中很少被人们采用。

2. 标准成本法的核算程序

标准成本法的成本计算可结合定的成本核算方法按如下基本程序进行。

（1）为各成本对象按成本项目制定标准成本。

（2）按成本对象设成本明细账，归集各成本对象的实际成本。

（3）计算标准成本和实际成本的差异。

（4）分析产生成本差异的原因，进行相关账务处理。

（5）向成本负责人和单位管理者提供成本控制报告。

（四）物流标准成本的制定

标准成本法的主要内容包括标准成本的制定、成本差异的计算与分析、成本差异的账务处理和提供成本控制报告。其中，标准成本的制定是采用标准成本法的前提和关键，据此可以达到成本事前控制的目的；成本差异的计算和分析是标准成本法的重点，借此可以促成成本控制目标的实现，并据以进行绩效考评。

1. 物流直接材料标准成本的制定

直接材料标准成本常见于物流活动中的包装和流通加工，因为这些活动往往需要使用各种材料，其标准成本根据物流直接材料的标准价格和标准用量确定。

2. 物流直接人工标准成本的制定

物流直接人工标准成本的制定基本上涉及物流活动的各环节，其标准成本应根据物流标准工资率和物流人工用量标准确定。

3. 物流间接费用标准成本的制定

物流间接费用标准成本根据事先确定的标准分配率和物流作业标准数量确定。

其中，标准分配率取决于两个因素：标准产量，即企业充分利用现有生产能力所可能达到的最高作业量，通常用人工小时或机器小时表示；间接费用预算，所确定的费用发生额与产量标准之比。

物流作业标准数量指在现有物流运作条件和经营管理水平下，提供单位物流作业所需要的直接人工标准工时、机器标准小时等。

（五）物流成本差异的计算

所谓物流成本差异，是指企业物流实际成本与标准成本之差。实际成本超过标准成本的差异称为不利差异（也称超支或逆差）；反之，称为有利差异（也称节约或顺差）。对此差异可以采用差额法进行计算与分析。管理部门通过观察、分析物流成本差异，就可以了解物流各部门的效率，提高对物流经营活动的调控能力，并利用差异来评价物流各部门的业绩。

任务四 林产品物流成本管理策略

中国林产品具有生产周期长、产品分布呈现区域性等显著特点，因此不能单纯地依靠个体或者部分林产品加工企业来发展我国林业行业的经济、社会、生态效益，而须将该供应链上的所有节点企业联合起来共同构造一个具有林业行业特色的林产品供应链体系。

一、树立林产品物流成本管理新理念

林产品物流成本主要是指运用最新的物流手段以及物流技术，对其组织与管理水平进行整体提高，整合最新物流资源，对林产品进行加工、储运、分销等经济行为所消耗的全部成本费用。

对于中国林产品加工企业来讲，在降低物流成本过程中应该注意两点：一是以企业整体成本为对象；二是降低物流成本时不能因为追求物流成本最小化而影响对用户的物流服务质量。

（一）树立物流总成本管理意识

中国林业行业产品加工业应采用系统论观点来指导企业物流成本管理，将林产品流通各环节有机地结合成一个整体，使企业总成本最小，实现林产品加工企业的最佳效益。一方面，林产品加工企业通过建立物流成本管理体系（主要包括林产品成本核算、林产品成本预测、林产品成本决策、林产品成本控制等内容），对其关键职能环节的成本进行分析与控制；另一方面，要注意与其他节点企业成本管理系统的对接；另外，考虑林产品供应链上流通成本的总体水平，制订出物流总成本最小化的最佳方案，从而提高我国林产品供应链物流成本的管理效率。

（二）树立跨组织成本管理新观念

中国林业产品加工企业成本管理（在供应链管理理论引导下）以缩减整个供应链的总成本为目标，其管理的范围由生产领域向设计、开发、供应、销售领域拓展，采用跨组织成本管理（以组织的交易成本为重点）的模式，达到与供应商、分销商等的紧密合作来缩减整个供应网络的物流成本。

二、协调供应链关系，降低库存成本

一方面，参与林产品供应链关系的供应商、客户之间要有职能整合、关键信息共享和参与协同运作的意愿，整合优化我国林产品加工企业间的各种资源（主要包括林产品供需双方之间物流与信息流的整合、实施联合库存等内容），提高产品流通效率，降低林产品库存成本。

另一方面，我国林产品加工企业将物流外包给专业的第三方物流（如林产品物流公司），降低存货持有成本（以"零库存"为标杆），最大限度地降低林产品在流通中的能耗（主要是防止二次污染），注重环保物流，倡导循环经济，从而引导我国林产品加工企业由原来单纯追求经济效益转为经济效益和生态效益并重的轨道。

三、强化资源整合，延长以林产品加工企业为核心的供应链

林产品物流是由林产品生产、加工、储运、仓库管理及销售等环节组成，每一环节的活动由不同企业或组织载体集合共同完成。在考虑我国林业产业的特点及其发展要求下，利用全国各省、各地区的林业资源优势，通过对林产品加工企业内部整合和提高信息化水平来形成统一的供应链管理平台（该平台以林产品核心加工企业为主体，向林业产业链的上、下游环节进行纵向延伸，同时注重林产品领域和功能的横向拓展，带动上下游环节进行相应的协调与整合），从而有效提高林产品物流的精益化程度和产品的附加值，大大降低我国林产品加工企业的流通成本。

四、建立绿色供应链，提高林产品综合利用率

以木材为代表的林产品是目前世界四大材料（除木材外，另外三种是钢材、水泥与塑料）中唯一可再循环利用的绿色产品材料，它最大的特征就是其具有较清洁性，从而使林产品废弃物容易回收。根据我国林业林产品生命周期的不同阶段特征，林产品绿色物流可将林产品供应链的供应商、生产商、分销商到消费者整个链条上的上、中、下游企业作为一个整体，构建林产品绿色供应链网络，提高木材等林产品综合利用率，有利于林产品废弃物回收，有利于林业产业的可持续发展。

绿色供应链
的概念

练习与思考

1. **选择题**
（1）物流的若干功能要素之间存在着损益相反的矛盾，当某一个功能要素的利益优化时，必然会存在另一个或另几个功能要素的利益损失，反之亦然。这是物流成本的（　　　）特性。

A. 隐含性　　　　　　　　　　　　B. 效益背反性
C. 消减的乘数效应　　　　　　　　D. 战略性

（2）以下（　　　）不是企业物流成本管理的内容。

A. 物流成本核算　　　　　　　　　B. 物流成本预算
C. 物流成本控制　　　　　　　　　D. 物流成本绩效考评

（3）以下（　　　）不是物流成本核算的一般方法。

A. 会计方法　　　B. 统计方法　　　C. 混合方法　　　D. 作业成本法

2. **问答题**
（1）影响物流成本的因素有哪些？

（2）使用作业成本法的好处有什么？

3. 案例分析题

沃尔玛低成本战略的成功秘诀

苹果公司总裁乔布斯曾经说过，如果全球的 IT 企业只剩下三家，那一定是微软、Intel 和戴尔，如果只剩下两家，将只有戴尔和沃尔玛。这显然只是玩笑话，沃尔玛虽是零售业的翘楚，但无论如何还算不上 IT 企业。不过，沃尔玛对信息技术的执着追求却是有目共睹的，正是缘于此，沃尔玛低成本战略才得以屡试不爽。

一、降低成本系列方法在物流配送中心的应用

稍了解沃尔玛的人都知道，低成本战略使物流成本始终保持低位，是像沃尔玛这种廉价商品零售商的看家本领。在物流运营过程中尽可能降低成本，把节省后的成本让利于消费者，这是沃尔玛一贯的经营宗旨。

沃尔玛在整个物流过程当中，最昂贵的就是运输部分，所以沃尔玛在设置新卖场时，尽量以其现有配送中心为出发点，卖场一般都设在配送中心周围，以缩短送货时间，降低送货成本。沃尔玛在物流方面的投资，也非常集中地用于物流配送中心建设。

（一）快速高效的物流配送中心

物流配送中心一般设立在 100 家零售店的中央位置，也就是配送中心设立在销售主市场。这使得一个配送中心可以满足 100 多个附近周边城市的销售网点的需求；另外运输的半径既比较短又比较均匀，基本上是以 320 千米为一个商圈建立一个配送中心。

在配送中心，计算机掌管着一切。供应商将商品送到配送中心后，先经过核对采购计划、商品检验等程序，分别送到货架的不同位置存放。配送中心的一端是装货平台，可供 130 辆卡车同时装货，在另一端是卸货平台，可同时停放 135 辆卡车。配送中心 24 小时不停地运转，平均每天接待的装卸货物的卡车超过 200 辆。沃尔玛用一种尽可能大的卡车运送货物，大约有 16 米加长的货柜，比集装箱运输卡车还要更长或者更高。在美国的公路上经常可以看到这样的车队，沃尔玛的卡车都是自己的，司机也是沃尔玛的员工，他们在美国各个州之间的高速公路上运行，而且车中的每立方米都被填得满满的，这样非常有助于节约成本。

公司 6000 多辆运输卡车全部安装了卫星定位系统，每辆车在什么位置、装载什么货物、目的地是什么地方，都一目了然。

灵活高效的物流配送使得沃尔玛在激烈的零售业竞争中技高一筹。沃尔玛可以保证，商品从配送中心运到任何一家商店的时间不超过 48 小时，沃尔玛的分店货架平均一周可以补货两次，而其他同业商店平均两周才能补一次货。通过维持尽量少的存货，沃尔玛既节省了存贮空间又降低了库存成本。

（二）沃尔玛配送中心采用的作业方式

配送中心的一端是装货的月台，另外一端是卸货的月台，两项作业分开。看似与装卸一起的方式没有什么区别，但是运作效率由此提高很多。配送中心就是一个大型的仓库，但是概念上与仓库有所区别。

交叉配送的作业方式非常独特，而且效率极高，进货时直接装车出货，没有入库储存与分拣作业，降低了成本，加速了流通。

800 名员工 24 小时倒班装卸搬运配送，沃尔玛的工人的工资并不高，因为这些工人基

本上是初中生和高中生，只是经过了沃尔玛的特别培训。

商品在配送中心停留不超过 48 小时，沃尔玛要卖的产品有几万个品种，吃、穿、住、用、行各方面都有，尤其像食品、快速消费品这些商品的停留时间会直接影响到使用。

二、沃尔玛不断完善配送中心的组织结构

每家店每天送 1 次货（竞争对手每 5 天 1 次），至少一天送货一次意味着可以减少商店或者零售店里的库存。这就使得零售场地和人力管理成本都大大降低。要达到这样的目标就要通过不断地完善组织结构，使得建立一种运作模式能够满足这样的需求。

1990 年，沃尔玛在全球有 14 个配送中心，发展到 2001 年一共建立了 70 个配送中心。沃尔玛作为世界 500 强企业，到现在为止它只在几个国家运作，只在它看准有发展的地区经营，沃尔玛在经营方面十分谨慎，在这样的情况下发展到 70 个，说明它的物流配送中心的组织结构调整做得比较到位。

沃尔玛始终如一的思想就是要把最好的东西用最低的价格卖给消费者，这也是它成功的所在。另外竞争对手一般只有 50% 的货物进行集中配送，而沃尔玛 90% 的货物是进行集中配送的，只有少数可以从加工厂直接送到店里去，这样成本与对手就相差很多了。

三、物流信息技术的应用

沃尔玛之所以成功，很大程度上是因为它至少提前 10 年（较竞争对手）将尖端科技和物流系统进行了巧妙搭配。早在 20 世纪 70 年代，沃尔玛就开始使用计算机进行管理；20 世纪 80 年代初，沃尔玛又花费 4 亿美元购买了商业卫星，实现了全球联网；20 世纪 90 年代，沃尔玛采用全球领先的卫星定位系统（GPS），控制公司的物流，提高配送效率，以速度和质量赢得用户的满意度和忠诚度。

沃尔玛所有的系统都是基于一个叫做 UNIX 的配送系统，并采用传送带和非常大的开放式平台，还采用产品代码，以及自动补货系统和激光识别系统，所有这些为沃尔玛节省了相当多的成本。沃尔玛一直崇尚采用最现代化、最先进的系统，进行合理的运输安排，并通过电脑系统和配送中心，获得最终的成功。

（一）建立全球第一个物流数据的处理中心

20 世纪 70 年代，沃尔玛建立了物流的管理信息系统（MIS），负责处理系统报表，加快了运作速度。20 世纪 80 年代初，沃尔玛与休斯公司合作发射物流通信卫星，物流通信卫星使得沃尔玛实现了跳跃性的发展。1983 年，沃尔玛采用了 POS 机，也就是销售始点数据系统。1985 年，沃尔玛建立了 EDI，即电子数据交换系统，进行无纸化作业，所有信息全部在电脑上运作。1986 年，沃尔玛又建立了 QR，称为快速反应机制，应对市场快速需求。

沃尔玛在全球第一个实现了集团内部 24 小时计算机物流网络化监控，使采购库存、订货、配送和销售一体化。

（二）沃尔玛物流应用的信息技术

（1）射频技术/RF 在日常的运作过程中可以跟条形码结合起来应用。

（2）便携式数据终端设备/PDF，传统的方式到货以后要打电话、发 E-mail 或者发报表，通过便携式数据终端设备可以直接查询货物情况。

（3）物流条形码/BC，利用物流条码技术，能及时有效地对企业物流信息进行采集跟踪。

（4）射频标识技术（RFID），是一种非接触式的自动识别技术，它通过射频信号自动识别目标对象并获取相关数据，识别工作无须人工干预，可在各种恶劣环境中工作。

2004 年，全球最大的零售商沃尔玛公司要求其前 100 家供应商在 2005 年 1 月之前向其配送中心发送货盘和包装箱时使用无线射频识别（RFID）技术，2006 年 1 月前在单件商品中投入使用。凭借这些信息技术，沃尔玛如虎添翼，取得了长足的发展。

四、"无缝"供应链的运用

物流的含义不仅包括物资流动和存储，还包含上下游企业的配合程度。沃尔玛之所以能够取得成功，很大程度上在于沃尔玛采取了"无缝点对点"的物流系统。"无缝"的意思指的是，使整个供应链达到一种非常顺畅的联结。沃尔玛所指的供应链是说产品从工厂到商店的货架，这个过程应尽可能平滑，就像一件外衣一样是没有缝的。在供应链中，每一个供应者都是这个链当中的一个环节，沃尔玛使整个供应链成为一个非常平稳、光滑、顺畅的过程。这样，沃尔玛的运输、配送以及对于订单与购买的处理等所有的过程，都是一个完整网络当中的一部分，从而大大降低了物流成本。

在衔接上游客户上，沃尔玛有一个非常好的系统，可以使供货商们直接进入沃尔玛的系统，沃尔玛称为"零售"。通过零售，供货商们就可以随时了解销售情况，对将来货物的需求量进行预测，以决定生产情况，这样他们的产品成本也可以降低，从而使整个流程成为一个"无缝"的过程。

沃尔玛真正的挑战是能够提供顾客所需要的服务。大家都知道，物流业务要求比较复杂，如有的时候可能会有一些产品出现破损，因此在包装方面就需要有一些对产品特别的运销能力。因此，对沃尔玛来说，能够提供的产品的种类与质量是非常重要的，在与沃尔玛的合作当中，沃尔玛似乎已经能够寻求到这种高质量与多品种结合，而且对于商场来说，它的成本也是最低的。

物流的循环没有结束，也没有开始，它实际上是循环的过程，在这个循环过程当中，任何一点都可以作为开始，而且循环涉及每一点。沃尔玛就从顾客这一点开始谈，顾客到一个商店买了一些产品，比如说给孩子买尿布，那么在顾客购买了尿布之后，与配送中心联系在一起的系统就开始自动进行及时的补货，配送中心可以从供货商那里直接拿到货。配送中心实际上是一个中枢，可以将供货方的产品提供给商场。供货商可以把货物只提供给配送中心，从而减少很多成本。

沃尔玛有的时候是采用空运，有的时候采用轮船运输，还有一些采用卡车进行公路运输。在中国，沃尔玛百分之百采用公路运输，就是卡车把产品运到商场，然后卸货，然后自动放到商店的系统当中。在沃尔玛的物流当中，非常重要的一点是沃尔玛必须确保商店所得到的产品是与发货单上完全一致的产品，因此沃尔玛整个的过程都要确保是精确的，没有任何错误的。这样，商店把整个卡车当中的货品卸下来就可以了，而不用把每个产品检查一遍。因为他们相信过来的产品是没有任何失误的，这样就可以节省很多的时间。沃尔玛在这方面已经形成了一种非常精确的传统，这可以有助于降低成本，而这些商店在接受货物以后就直接放到货架上，用来出售给消费者，这就是沃尔玛物流的整个循环过程。

沃尔玛进行物流业务的指导原则，不管是在美国还是世界上其他地方，都是百分之百一致和完整的物流体系。不管物流的项目是大项目还是小项目，沃尔玛必须要把所有的物流过程集中到一个伞形结构之下。在供应链中，每一个供应者都是其中的一个环节，沃尔玛必须使整个供应链是一个非常平稳、光滑、顺畅的过程。这样，沃尔玛的运输、配送以及对于订单与购买的处理等所有的过程，都是网络当中一个完整的部分。这样的优势是可以大大降低成本。在沃尔玛的供应链当中，能够做到这一点，就可以把所有环节上可以节省的钱都节省下来。这样，整个链条、整个环节就可以节省不少钱。

沃尔玛的物流部门进行全天候的运作，而且是每天 24 小时，每周 7 天的运作。沃尔玛的产品卖得非常多，物流的支持是非常必要的，必须确保这些产品不断地流向沃尔玛的商店，而没有任何停止。沃尔玛采用一些包括零售技术在内的最尖端的技术，采用更加先进的、现代化的信息技术，这样可以有效地提高效率，节省成本。

（资料来源：物流指闻. 沃尔玛低成本战略的成功秘诀［EB/OL］. https：//www. sohu. com/a/73040970_343156.）

[思考]

（1）沃尔玛成功的秘诀是什么？

（2）沃尔玛的成功对我们有什么启示？

（3）沃尔玛是如何降低成本的？

实训任务

（1）实训目的：了解物流企业成本管理的概况，增加对物流成本管理内容和重要性的感性认识，人数物流成本管理工作中存在的主要问题。

（2）实训内容。

一是当前物流企业成本管理概况；

二是物流成本管理的内容；

三是目前物流成本管理中存在的主要问题。

（3）实训指导。

一是精心选择调查分析对象，去企业调查需提前联系实训基地或某物流企业，确保活动顺利进行；

二是全班同学分成若干小组（5~6 人一组），每组指定专人负责；

三是严守课余活动组织纪律，确保人身安全；

四是精心准备物流成本管理调查分析相关资料。

（4）实现结果：调查结束后，分小组整理材料，形成书面总结并上交。

项目
十
一

林产品供应链管理

【学习目标】

❖知识目标
1. 掌握供应链及供应链管理的概念、特征
2. 理解供应链管理与传统物流管理的区别
3. 掌握林产品供应链的特征
4. 掌握绩效评价指标体系的构成，运用该体系进行评价
5. 掌握供应链管理激励机制

❖技能目标
1. 能够分析林产品供应链管理运作流程
2. 能够分析林产品供应链的物流特征
3. 能够运用科学指标体系对供应链绩效进行评价

❖素质目标
1. 培养学生的团队意识、相互沟通意识、自主学习能力和创新能力
2. 培养学生具备较强的岗位协调能力
3. 培养学生具备较强的人际沟通和处理问题的能力

【本章导学】

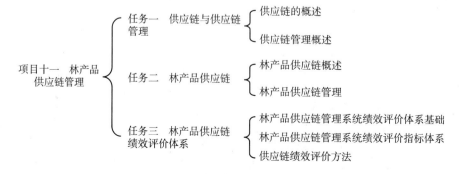

案例导读

宜家的高效率供应链

宜家家具的口号是"为大多数人创造更加美好的日常生活"，其产品一般比竞争对手便宜30%～50%，便宜但是不劣质且保持时尚感。宜家物美价廉的核心是其深入供应链每一个环节的低成本设计和衔接。

通过图11-1的宜家活动系统图我们可以看见，宜家的低价战略主题（深灰色圆圈）通过一系列紧密相连的活动得以显现和实施。

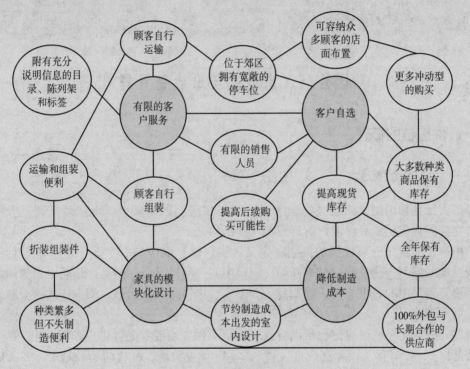

图11-1　宜家活动系统

在宜家，一个新产品开始孕育的时候就会压低成本，并在整个供应链过程中严格执行。曾经有一种50美分的咖啡杯被重新设计了三次，目的是能在运输托盘上放进尽量多的杯子。一开始，托盘上只能放864只杯子，一次设计在杯子上加了一个圈，类似于花盆上的那种，这样一个托盘上能装1280只杯子。还有一次设计是做了一种矮一些的、带杯柄的杯子，这样一个托盘上能塞下2024只杯子。就这些改变使得运输费用降低了60%。

同样，宜家的全球采购执行策略，以低价为核心（在保证认可的质量和环境与社会责任基础上）。宜家的采购策略包括最佳采购实践、竞争性竞价和创造最优条件以节省成本。

采购策略包括：一是详尽的采购准则；二是关注产品到岸价格；三是严格的供应商评估，包括新的生产工艺的采用、国家退税政策的改变等都会列入评估讨论范围。

　　竞争性竞价包括：一是全球型采购策略和全面的报价系统；二是前瞻性报价准备；三是原材料区域采购；四是透明公开的竞价模式。

　　创造最优条件以节省成本包括：一是集中采购策略；二是低成本国家业务开发；三是与供应商签订长期产能合约；四是帮助供应商对原材料议价；五是帮助供应商提高生产率；六是对供应商财务支持；七是提供更有效/稳定的采购订单操作系统以及物流选择。

　　（资料来源：岩利基金. 供应链四种模式及代表案例［EB/OL］. https：//www. sohu. com/a/214846694_481406.）

　　［思考］
　　（1）宜家家具的供应链的类型与特点？
　　（2）宜家家具的供应链的设计思想是什么？

任务一　供应链与供应链管理

一、供应链的概述

（一）供应链的概念

　　中华人民共和国国家标准《物流术语》中对供应链的定义是：生产及流通过程中，涉及将产品或服务提供给最终用户所形成的网链结构。

　　华中科技大学马士华教授的供应链定义：供应链是围绕核心企业，通过对信息流、物流、资金流的控制，从采购原材料开始，制成中间产品以及最终产品，最后由销售网络把产品送到消费者手中的将供应商、制造商、分销商、零售商、直到最终用户连成一个整体的功能网链结构模式。

　　所以，一条完整的供应链包括供应商（原材料供应商或零配件供应商）、制造商（加工厂或装配厂）、分销商（代理商或批发商）、零售商（卖场、百货商场、超市、专卖店、便利店和杂货店）以及消费者。

（二）供应链的特点

1. 增值性

　　供应链的特点首先表现为它是一个高度一体化的提供产品和服务的增值过程。所有的生产运营都是将一些资源进行转换和组合，增加适当的价值，然后把产品分送到顾客手中。物流系统主要对产品、服务和顾客进行重新分布，在分送的过程中可以通过重新包装或重新分割尺寸而产生价值，也可以通过在商店集中展示汇集在一起的多种产品而增加价值；信息供应商组织并独立提供适合顾客使用的数据。其次供应链时代的竞争是建立在高水平的、紧密的战略发展规划之上的，这就要求供应链中的各个合作者必须共同讨论战略目标及实现方法和手段，共同提高绩效，获得"双赢"，实现供应链的增值。

2. 复杂性

　　供应链具有网链结构，是一个复杂的网络，这个网络是由具有不同目标的成员和组织构成的。因而，要为某个特定企业寻找最佳的供应链战略会面临巨大的挑战。企业即使能够准确地预测需求，在计划过程中仍然要考虑一段时间内由于季节波动、趋势变化、广告和促销、竞争者的定价策略等因素引起的需求和成本参数的变化。这些随时间而变化的需求和成本参数使企业无法预测所有涉及的问题，所以供应链结构模式比一般单个企业结构模式更为复杂。供应链同时具有物流、信息流和资金流三种表现形态，因而也增加了对其进行管理的复杂性。

3. 面向用户需求

让最终顾客更满意是供应链全体成员的共同目标，顾客满意的实质是顾客获得超出他们承担的产品价格以上的那部分"价值"，供应链可以使得这部分"价值"升值。比如，由于供应链中供应商与制造商、制造商与销售商彼此之间已经建立了战略合作伙伴关系，因此供应商可以将原料或配件直接送给制造商，制造商可直接将产品运送给销售商，企业间无须再进行原来意义上的采购和销售，这两项成本就大大削减了；同时，包装和管理等各项成本也随物流环节的减少而降低，因此，供应链完全可以以更低的价格向客户提供优质产品。此外，供应链还可通过改善产品质量、提高服务水平、增加服务承诺等多项措施来增大顾客所期待的那部分"价值"，从而提高顾客的满意度。

4. 新型合作竞争理念

与传统企业经营管理不同，供应链管理不仅要考虑核心企业内部的管理，还更注重供应链中各个环节、各个企业之间资源的利用和合作，让各企业之间进行合作博弈，最终达到"双赢"。早期的单纯竞争观念完全站在企业个体的立场上，以自己的产品销售观在现有的市场上争夺产品和销售渠道，其结果不是你死我活就是两败俱伤，不利于市场空间的扩大和经济的共同繁荣进步。供应链的合作竞争理念把供应链视为一个完整的系统，将每一个成员企业视为子系统，组成动态联盟，彼此信任，互相合作，共同开拓市场，追求系统效益的最大化，最终共同分享节约的成本和创造的收益。

5. 以现代网络信息技术为支撑

供应链是现代网络信息技术与战略联盟思想的结晶，高度集成的网络信息系统是其运行的技术基础，企业资源计划（ERP）就是供应链管理广泛使用的信息技术。ERP综合应用了多项网络信息产业的成果，集企业管理理念、业务流程、基础数据、企业资源、计算机软硬件于一体，通过信息流、物流、资金流的管理，把供应链上所有企业的制造场所、营销系统、财务系统紧密地结合在一起，以实现全球内多工厂、多地点的跨国经营运作，使企业超越了传统的供方驱动的生产模式，转向需方驱动生产模式运营，体现了完全按用户需求制造的思想，通过信息和资源共享，实现以顾客满意为核心的战略。

（三）供应链分类

（1）按供应链的涉及范围广度来分，可分为单元供应链、产业供应链和全球供应链。

a. 单元供应链包括了从需到供的循环，是供应链的最基本模式。

b. 产业供应链是企业通过联盟和外包等种合作方式建立一条经济利益相关、业务关系紧密、优势互补的产业供需关系网链。

c. 全球供应链是企业根据需要在世界各地选取最有竞争力的合作伙伴，结成全球供应链网络，以实现该供应链的最优化。

（2）按制造企业供应链的发展过程来分，可分为内部供应链、外部供应链。

a. 内部供应链：将采购原材料、零部件，通过生产转换和销售等传递到制造企业的用户的过程。

b. 外部供应链：注重与外部资源、与其他企业的联系，注重供应链的外部环境，它偏向于供应链中不同企业的制造、组装、分销、零售等过程。

（3）按供应链生产能力与用户需求的关系可以分为：平衡的供应链、失衡的供应链。

a. 平衡的供应链：当供应链的生产能力能满足用户需求时，供应链处于平衡状态。

b. 失衡的供应链：当市场变化加剧，造成供应链成本增加、库存增加、浪费增加等现象时，企业不是在最优状态下运作，供应链则处于失衡状态。

二、供应链管理概述

（一）供应链管理概念

供应链管理是为满足服务水平要求，将供应商、生产商、销售商、物流商到最终用户结成网链来组织生产与销售商品，并通过商务流、物流、信息流、资金流系统设计、计划、运行和控制等活动达到降低系统总成本的预期目的，它是供应链商务流、物流、信息流、资金流以及合作者关系等规划、设计、运营、控制过程进行一体化的集成管理思想、方法和技术体系。

（二）供应链管理内容

供应链管理包括五大内容（见图 11 - 2）。

图 11 - 2　供应链管理五大内容

1. 计划

这是供应链管理的策略性部分。企业需要有一个策略来管理所有的资源，以满足客户对公司产品的需求。好的计划是建立一系列的方法监控供应链，使它能够有效、低成本地为顾客递送高质量和高价值的产品或服务。

2. 采购

选择能为公司的产品和服务提供货品和服务的供应商，和供应商建立一套定价、配送和付款流程并创造方法监控和改善管理，并把对供应商提供的货品和服务的管理流程结合起来，包括提货、核实货单、转送货物到公司的制造部门并批准对供应商的付款等。

3. 制造

安排生产、测试、打包和准备送货所需的活动，是供应链中测量内容最多的部分，包括质量水平、产品产量和工人的生产效率等的测量。

4. 配送

很多"圈内人"称为"物流"，是调整用户的订单收据、建立仓库网络、派递送人员提货并送货到顾客手中、建立货品计价系统、接收付款。

5. 退货

这是供应链中的问题处理部分。建立网络接收客户退回的次品和多余产品，并在客户应用产品出问题时提供支持。

（三）供应链管理基本要求

1. 信息资源共享

信息是现代竞争的主要后盾。供应链管理采用现代科技方法，以最优流通渠道使信息迅速、准确地传递，在供应链商的和企业间实现资源共享。

2. 提高服务质量，扩大客户需求

供应链管理中，一起围绕"以客户为中心"的理念动作。消费者大多要求提供产品和服务的前置时间越短越好，为此供应链管理通过生产企业内部、外部及流程企业的整体协作，缩短产品的流通周期，加快物流配送的速度，从而使客户个性化的需求在最短的时间内得到。

3. 实现双赢

供应链管理把供应链的供应商、分销商、零售商等联系在一起，并对之优化，使各个相关企业形成了一个融会贯通的网络整体，为整体利益的最大化共同合作，实现双赢的结果。

任务二　林产品供应链

一、林产品供应链概述

（一）林产品供应链的含义

林产品供应链（forest product supply chain，FPSC）为一个综合性的概念，即它是以林产品生产企业为核心，通过对其信息流、物流、资金流的控制，从林产品的原材料采购开始、经林产品的生产制造、加工使其成为最终产品，最后由销售网络把产品送到消费者手中的将林产品供应商、生产商、批发商、零售商、直到最终消费者连成的一个具有整体网络链接功能的整体结构或联盟体。

传统上公认的林产品的定义范围较广，所以，在界定了林产品供应链内含的前提下，有必要对林产品供应链中的林产品供应商、林产品生产商、林产品销售商也作相应的界定。第一，在林产品供应链的定义中，林产品供应商广义上包含两层内容：一是指提供所有类型林产品原材料的个人或组织；二是提供原材料的个人或组织在作业范围上涉及种植、培育、采伐、市场交易等若干环节。因此，林产品供应商的类型可以是多样的，也可以是多级的，不但可在林产品原材料生产领域产生，也可在流通领域产生。在本书中，若不特别说明，林产品供应商主要指生产领域中种植与培育林木的组织与个人，具体来讲即是较为分散的林农或具有一定规模的商品林生产商。第二，在林产品供应链中，生产商没有分级且仅指一个人造板生产企业，是这条供应链中的核心企业。第三，林产品销售商只存在于流通领域，且由于分销渠道的广阔与复杂，它往往以多级的形式存在。

在林产品供应链这条产业链中，产品从原料采购到达客户，主要包含七个模板或环节，即产品设计、原料采购、生产制造或加工、仓储运输、订单处理、批发经营、零售。显然，生产制造是最中心的环节，是硬环节，其余的环节因具有一定的弹性，属于软环节。

（二）林产品供应链的特点

林产品所具有的独有特点在某种程度上限定了林产品供应链的特点。很显然，林产品供应链在构建框架与特点上与其他类产品的供应链，如电子产品供应链、农产品供应链等相比较，在宏观上有一些共性特点，但在本文中更加强调的是微观上所具有的独有特点，它们主要体现在以下几个方面。

1. 具有两种性质的生产

林产品供应链中包含有核心林产品生产企业的林产品生产过程，但由于林产品定义范围中原木也是林产品，是初级林产品。所以，也就使得林产品的生产兼有自然再生产和社会再生产相结合的特点，而其他类型的产品链一般只具有社会再生产特点，这也是林产品供应链与其他类型的产品供应链的根本区别之一，这还使得即使在林产品供应链内部，林业生产与工业生产、流通领域内的生产相比，在生产要素时空变异度、过程可控性、产出同质性、系统风险性、投资回收期、吸纳资本力等方面都存在着巨大差异。此外，从系统论和控制论的角度看，林业生产和运营系统的"黑箱"特征比较明显，因而林产品供应链在集成和优化模式上与其他类型的产品供应链的差异巨大。总的看来，林产品的自然再生产和社会再生产的并存性构成了林产品供应链的主要本质属性，这一属性直接衍生或与其他因素相结合形成了林产品供应链的诸多其他特性，它是形成林产品供应链其他特征的重要基础或根源，这也使得林产品生产经营非常明显地表现出原料生产、产品生产和制成品销售是一个完整的产业体系的特点，而这条产业链上的各个企业之间的协作达成是建立林产品供应链的原发性目的与设想。

2. 具有物流约束性

林产品供应链的物流约束性表现在两个相互关联的方面：一方面是林产品物流能力（包括物流管理和物流基础设施等方面）所带来的制约；另一方面是宏观物流环境、国家物流政策、林产品行业规范及标准化等对林产品生产物流形成的外部约束和局限。林产品物流约束性的重要根源在于林产品供应链中的物流客体林产品与其原材料具有其他类型产品、原料所不具有的特殊性。具体来说，即由于木质原料及其制品一般具有内在本质生物性、供应季节性、生长地域边远性以及易受病虫害侵扰、易腐蚀、重量和体积偏高等特性，从而决定了林产品供应链对林产品物流管理能力和物流技术因素的具有较高要求。反过来看，林产品的物流能力又制约了对林产品需求客户价值实现的程度及林产品供应链竞争绩效与对其供应链管理绩效的高度。

3. 物流路径长且复杂

林产品供应链中林产品供应、生产加工、销售的物流过程可描述为：原材料采集与运输，在制品生产加工，产成品销售并运达用户。很显然，由于林产品特点的约束，林产品在原料生产、在制品生产加工、产成品销售的物质流动轨迹中经历的路径比较长，而且在这个物的流动中由于所经由的环节比较多，所以物流路径具有一定的复杂性。这里所指的路径复杂性主要源于林产品供应链的第一个环节即林产品供应商必须把分散的山区森林资源采集并长距离运送到城市边缘的生产加工地。这一过程中，最为突出的路径特点是：运输距离远，运输道路条件差。这就决定了林产品供应链中物流硬件投资大，产品一体化物流在控制上具有较高的难度，在管理上也具有一定的难度与复杂性。

4. 具有时间竞争局限性

林产品供应链在时间竞争的潜力方面受到诸多局限。首先，林产品供应链中林业环节经营的长周期与林产品生产加工、流通的短周期相比落差巨大，在一定的经济技术条件下，林业环节周期的压缩潜力有限。其次，林产品供应链中供应环节在响应用户需求时，在方式上与后续环节存在着巨大差异，即林产品生产和决策在时间上整体刚性很强，受国家政策影响大。最后，林产品供应链中各节点时间竞争力有限，生产企业系统在商业化、标准化、自动化等方面存在较大困难。

5. 原材料供应具有特殊性

我国集体林权制度改革以后，林产品供应链中原材料供应商客观上是成千上万的林户（可指个体、集体、国有等具有符合国家要求获得林权的所有者），他们具有自然人、法人、管理者、决策者、劳动者等多重身份属性，其行为方式比较复杂，决策行为的理性与非理性并存，并受个人文化素养、心理状态、经济状况等因素影响而波动；在对市场信号和经济信息的认知和反应上，既可能理智稳健，也可能盲目跟风；这个群体的数量弹性很大，可以从几十号人到成百人甚至更多，这在其他类型的产品供应链中很少见。林产品供应商构成上的这种特殊性，使供应链主流理论中关于供应商选择优化、集成供应以及供应商关系管理的理论和方法，移植到林产品供应链时会面临重大的适用障碍。例如，基于供应链管理的供应商管理倾向于减少供应商数量并增加其规模实力，对于林业生产而言，其规模扩展在特定经济技术条件下主要依赖于生产要素，特别是林地和劳动力，而林农主体地位与其林地所有权的紧密联系性，使得减少供应商数量和增大其规模间存在矛盾。因而，基于供应链管理的供应商管理展开，必然会与林业林地使用权流转、林户身份属性转换、林场林地产权关系变革等复杂问题联系起来，而其他类供应链中却基本不涉及这些问题。

6. 需求供应具有快速性

林产品在人们的日常生活和工业生产中有着广泛的应用。21世纪以来，世界上经济发达国家的林产工业具有较快发展，与此同时我国随着整个国民经济的快来，发展，居民收入和生活水平都有了极大地提高，林产工业也有了较大发展，林产品的种类和品牌日益增多，可替代品大大增加，产品流通渠道日益复杂，消费者对价格、品质、服务等日益敏感，购买偏好和习惯也更加捉摸不定。总体看来，林产品消费模式已由温饱型向质量型、服务型转变。从供应链的角度看，整个林产品供应链需求端呈现出高度的不确定性、敏感性和个性化趋势。消费者需求模式的演变对整个林产品生产、林产品流通领域带来前所未有的压力，能否准确把握林产品消费者需求并快速响应已成为林产企业生存和发展，获得竞争能力的关键。很显然，要达到这一切，单靠企业自身的孤立努力是很难达成的，这也是构建林产品供应链时必须要达到的目标之一。

7. 风险因素具有全方位性

林木遭受自然灾害、政策制定、市场竞争、组织规模、价格波动、原料供应商的行为方式、消费者的行为偏好等因素的交互影响和作用，对其结构呈现很强的扰动性和破坏性，但其中最主要的影响因素在于其林产品原材料的生产培育存在不稳定性。在宏观上，这些影响常常导致林产品供应链重组。在微观上，所导致的林产品供应链在结构上的变化主要表现为：连接的随机性大，组成节点多变，进而改变链的层级和宽度；林产品供应链一旦有风险冲击可能发生断裂瓦解，且在短时间难以重接；从一体化物流的角度看，林产品供应链由于结构具有一定的可变性，所以可能减弱供应链的可视性。

二、林产品供应链管理

（一）林产品供应链管理定义

林产品供应链管理（forest produet supplychain magagement）是指在林产品供应链中，以林产品生产企业为核心，以信息流通网络为依托，以物流信息系统为支持的管理体系。从林产品原料供应商、生产商、批发商、零售商到消费者的全过程，使林产品在产前、产中、产后与市场紧密联结，且优化运行，最终达到供应链上各个主体共赢的过程。

（二）林产品供应链管理的目的

1. 建立供应链联盟利益机制

随着管理科学的进一步发展，我国林业产业化实践中原有的主要以合同形式确定下来彼此之间的伙伴性合作关系和利益分配方式将会出现新的变化。比如由于受森林资源的限制，在林产品供应链管理中，对原材料供应商的选择尺度必将有所放宽，这是实际需要；原有的诸如"保护价收购、利润分成"以及"合作建设"这些分配方式已面临着日益增多的挑战。众所周知，价格机制是利益机制的核心，林产品市场价格上涨及其原料与产品的供应障碍，会造成林产品的市场价格波动，再加上供应链中核心生产企业或林户的投机行为以及国外竞争者的全面冲击，所导致的变动可能造成企林利益分配方式及合同执行上的不稳定。所以，供应链管理的利益观及分配模式将有助于重新调整价格机制与分配方式并使其更能适应动态的市场环境。与传统的企业管理模式比较，供应链管理超越了机构、企业间的界限，把有关各方都联系起来，形成"利益同盟军"并遵循个体利益服从集体利益的原则，即供应链中所有参与者的首要目标是使整个供应链的总成本最小，效益最高，共同获得消费者的认同，以此提高整个供应链的竞争能力。而供应链中的参与者只有在满足上述目标的前提下，才可能追逐到自身利益的最大化。同时，供应链管理提倡所有参与者地位平等，虽然存在一个核心企业，但它与供应链上其他节点企业的所有参与者是共赢关系，他们之间应该互助与合作，而不是支配与被支配关系，这就是建立林产品供应链联盟利益机制的本质核心所在。因此，在林产品供应链管理中，供应链上的所有参与者都有责任共同建设和维护这个供应链的成长和发展。

2. 提高物流管理效率

英国著名物流学家马丁·克里斯多夫（Martin Christopher）认为：供应链管理实际上是物流的延伸，因而导入供应链管理的过程也是一个推进物流管理的过程。目前物流管理仍是国民经济运行中的一个薄弱环节，而林产品物流管理更是这弱项中的弱项，严重影响了林产品生产的发展和消费者价值的实现。因此改善林产品物流管理已成为林产工业经济健康稳定发展的必然要求。但是作为具体林产品供应链上的核心企业，其强化物流管理的一个重要前提就是能够辩证地分析与理解林产品供应链的生产能力、可控物流资源与其物流环境的关系。木材原料一般具有内在本质生物性、供应季节性、形状不确定性等特性，其影响可不同程度地持续至最终用户。这些特点决定了林产品生产体系对物流技术因素和物流管理能力的高度依赖。林产品供应链的核心企业通过实施基于整个林产品供应链的一体化物流管理，将整个流程中涉及的包装、运输、贮存、装卸搬运、流通加工、物流信息、配送等诸要素视为相互联系、相互制约的有机整体物流系统来加以管理，这不仅有利于充分挖掘"第三利润源泉"，而且有利于整个林产品供应链形成快速反应机制，使信息等资源在供应链上各方之间得到充分共享，同时又使整个供应链的库存水平降为最低，甚至实现"零库存"管理，整合并最优化供应链的整体物流，实现产、加、销过程完全一体化。

3. 获得整体竞争优势

随着我国加入世界贸易组织（WTO）后林业领域对外开放进程的加快，林产品买方市场的形成以及林产品地区市场、国内市场、国际市场间交互影响与作用的日益深化和复杂。在国际市场的激烈竞争中，我国林产品生产行业的生存与发展壮大取决于其整体素质和综合实力。国内外经验充分显示，当今林产品生产产业及其关联产业的竞争，更多的已不单纯是某个生产组织、运营环节、具体产品的"单一实体"的竞争，更表现为整个产业链条、整个运作体系的全面性、整体性竞争。而供应链则提供了这一竞争态势下有效的竞争武器。供应链管理理论的核心思想是通过业务外包利用外部资源和服务来减少整个林产品供应链运行成本及产品成本的方法来增强林产品供应链的竞争力，虽然当前我国要求形成合同制或者形成纵、横向一体化的产业化经营模式，但相对于传统市场交易型林业是一种促进，要从根本上改变林业产业的发展需要有其内涵的消化，即建立林产品供应链并使链上的节点企业知道自己的利益所在，联合的关键点所在，竞争优势所在，一旦厘清了这些问题，履行合同就成为一种自觉的行动，实施这种经营模式的最终结果也就体现为降低了整个供应链以及链中各企业的成本，提高了供应链运作效率与竞争能力。

4. 获得快速供给反应能力

20 世纪以来，其林产品种类和品牌日益增多，流通渠道日益复杂，消费者对价格、品质、服务越来越敏感，购买习惯更加捉摸不定。消费者行为模式的演变对整个生产及流通领域带来前所未有的压力，能否准确把握消费者需求并快速响应已成为企业生存的关键。而基于供应链管理的快速反应（QR）、有效顾客反应（ECR）等策略则提供了达成这一要求的有效手段。20世纪80年代中期在美国提出的QR是一种供应链管理对顾客需求的变化做出迅速响应的管理策略。其基本要素包括：贯穿整条链的有效的信息，通信结构，短的产品开发与制造周期，有效的市场预测和补给系统，快速的订货和供货系统等。ECR是QR和电子数据交换（EDI）的变体，通过这一策略使批发商、供应商及销售商甚至杂货店主紧密联系在一起，共同把产品送到消费者面前。ECR策略的导入有助于林产品供应链中各主体摆脱"零和"博弈局面，优化分销渠道，通过准确把握消费者的需求并迅速响应，以获取竞争优势和利益增值。

（三）林产品供应链管理系统的组成结构

林产品供应链组成结构应包括原材料选购，产品生产与销售的各个环节以及产品消费者。具体包含树苗培育到森林资源管理、原材料采购、林产品生产、市场销售、产品消费者环节。这些顺序相连的环节反映出了林产品形成过程也是林产品供应链的形成过程，这个过程主要包括四大部分即林产品原材料供应商，林产品生产商、林产品销售商与林产品需求客户。其中的原材料供应商涉及林产品生产加工之前的育苗、种植、森林管理等环节；生产商涉及生产加工前、中、后环节；销售商涉及完成流通领域物流的多层环节；需求客户中包含了消费者需求、产品价值实现等环节。林产品供应链结构以林产品生产商为核心企业。林产品生产企业是集事林产品生产与加工为一体的加工与制造企业，在林产品供应链的构建过程中。应尽早促成林产品企业与其供应商形成长期稳定的合作关系，为此，在林产品原材料生产过程中，有能力的林产木产品生产企业可能为林产品原料提供商提供某些生产要素、技术指导、设备乃至资金的投入，这很有利于强化林产品供应链中核心企业的主导作用。图11-3是简化的林产品供应链组成结构模型，主要表明从林产品供应商、核心生产商、销售商到消费者的关系。

图 11-3　林产品供应链组成结构模型

图11-4是在图11-3基础上延展的林产品供应链管理系统结构。林产品供应链管理系统是以林产品生产商为核心企业的多元经济复合体管理系统，核心企业利用林产品供应链管理的利益机制，集聚若干林户和中间商组成具有特色的林产品供应链节点主体即林产品供应链供应商。从保证生产资源的角度、市场竞争的角度、林产品资源特点的角度三个方面来说，很显然林产品供应商与销售商不可能是唯一的而是多级的，一般来说不应超过三级，这样既有利于提高供应链的组织化程度，又有利于保护和激发最前端的林农或商品林生产商的积极性和完善林产品销售网络的服务体系以整合和延伸林产品产业链，增强林产品供应链的整体竞争能力。

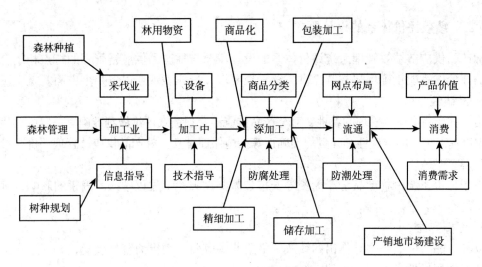

图 11 - 4　林产品供应链管理系统组成结构

任务三　林产品供应链绩效评价体系

一、林产品供应链管理系统绩效评价体系基础

（一）绩效评价体系的构成要素

林产品供应链管理系统绩效评价体系作为林产品供应链管理的一个重要组成部分，由以下几个要素构成。

（1）评价对象。评价对象包含林产品供应链上的所有节点企业。其中，对林产品供应链上企业的评价有两个方面的定义：一方面，作为林产品供应链的核心企业，林产品生产商把供应链上的其他企业作为评价对象，其评价结果关系到该企业足以能成为林产品供应链成员；另一方面，其他企业把林产品生产商作为评价对象，其评价结果决定该企业是否参加林产品供应链。

（2）评价目标。评价目标是使林产品供应链上的所有企业和业务流程环节都以实现林产品供应链管理总体战略目标为方向，使各企业的资源被展优化运用，企业运作的各个方面都需处理好供应链总体战略目标与各企业目标之间的依存关系。

（3）评价标准。林产品供应链管理绩效评价标准来自三个方面：一是历史标准，即林产品供应链上的企业以自身历史业绩作为比较标准，通过比较判断自身处于成长还是衰退；二是标杆标准，即以本行业的先进企业作为评价标准，先进企业的选取可以是国内或者国外，通过比较判断供应链和企业在市场中的地位；三是客户要求标准，以客户作为判断供应链和企业满足客户要求的程度，比较结果作为供应链和企业今后的计划和努力的方向。

（4）分析报告。分析报告作为系统评价信息的输出由林产品生产商完成，评价内容包括：得出林产品供应链管理和各企业绩效评价指标数据和状况，将评价内容与先设定的标准进行对比，通过差异分析，找出产生差异的主要原因并得出解决方案，最终形成分析报告。

（二）绩效评价体系的设计要求

林产品供应链绩效管理系统评价体系的设计需要与林产品供应链管理的特点相结合，使设计的评价体系能正确反映林产品供应链管理要求，具体表现在以下几个方面。

1. 准确性

由于林产品供应链管理的特性，对林产品供应链管理绩效评价做到准确有一定的难度，在应用中以提高信息的准确性和计量的准确性等措施保证林立。林产品供应链管理评价质量。

2. 客观性

由于评价系统由林产品生产商统筹安排，需要克服评价过程中人为因素的影响，确保绩效评价的客观公正。

3. 可接受性

以林产品生产商为主导作出的绩效评价要使供应商、销售商容易接受，有利于充分调动它们的工作积极性。

4. 可理解性

要确保绩效评价结果能被林产品供应链上的所有相关企业正确地理解和解释。

5. 成本效益性

评价中的信息收集、资料整理、数据处理等各项工作都要注意节约成本。

6. 目标一致性

评价的战略目标和目标的分解要确保它们之间的一致性。

7. 可控性和激励性

对林产品生产商的供应商、生产商、销售商的评价要在可控制范围，坚持做到可控性和激励性相结合。

二、林产品供应链管理系统绩效评价指标体系

（一）绩效评价指标设计的基本原则

林产品供应链管理系统绩效评价体系在评价范围上涉及对供应链整体以及节点上不同层次的企业作出评价，客观上要求建立不同层次的评价指标和应用恰当的评价方法，客观、公正和科学地反映林产品供应链管理系统的运营状况。故在实际操作应遵循以下原则。

1. 整体性原则

尽管林产品供应链由众多供应商、销售商和一个核心企业的林产品生产商组成，但在评价过程中必须将它们视为一个整体考虑，以反映出林产品供应链管理系统绩效的主要本质特征。

2. 分层原则

将林户品供应链管理系统绩效评价体系分为三个层面：第一个层面是总体层面，即由各企业构成供应链整体，反映出林产品供应链管理系统的总体实力；第二个层面是对林产品供应链的节点企业间合作水平的评价；第三个层面即对林产品生产商经营与管理能力的评价，其反映出林产品生产商对林产品供应链管理的领导和协调能力。分层评价原则有利于评价思路的清晰。

3. 经济型原则

在林产品供应链管理绩效评价操作过程中要考虑评价指标体系成本收益，建立的评价指标体系大小要适中，评价指标体系过大和复杂则会因需要采集的数据过多而增加评价的成本支出，过小则会因评价不全面而影响评价的效果。因此，评价指标需要选取具有较强代表性，能综合反映林产品供应链管理绩效的指标，从而做到节约费用支出、减少误差和提高评价效率。

4. 可接受性原则

评价结果只有被林产品供应链上所有被评价的对象接受，评价才会真正取得效果，否则，评价的效果会大打折扣。

5. 可操作性原则

可操作性指林产品供应链管理绩效评价指标测算时的数据收集的可行性和指标表达的正确性。所以评价指标设计要与现有统计资料、财务报表具有兼容性，指标的含义需要具有高清晰度，避免产生对指标的误解和歧义。

（二）绩效评价指标体系内容范围与层次结构

林产品供应链管理涉及一个复杂长链，尤其是在供应链的两端拥有众多的供应商和销售商。供应商可分为多级，从最靠近林产品生产商供应能力较强的供应商一直延伸到林产品原材料直接提供者的林户或商品林生产商；销售商业涉及批发、零售等多级，它们各自的销售能力和规模差别较大。但从供应链的特点的角度来说，林产品供应商、生产商和销售商、顾客以林产品为纽带存在着内在联系，这种内在联系表现在三个方面：一是林产品供应链管理系统的总体运行能力；二是林产品供应商、生产商、销售商彼此之间的协调能力；三是林产品生产商的运营能力，它能体现出林产品生产商对林产品供应链运营管理能力。为此，可以确定林产品供应链管理绩效评价指标体系包含三个层次：第一层次为林产品供应链综合管理绩效；第二层次是林产品供应链节点企业间的合作水平；第三层次是林产品供应链生产商运营能力。三个层次共由个单项评价指标组成。

林产品供应链管理评价指标后总体是围绕财务指标展开的，这有利于在健全的各环节上作出清楚的评价，其评价结果容易获得林产品供应链上各节点企业的理解和支持，同时其评价过程中用产品、销售顾客服务等指标反映木产品供应链管理的发展能力。

三、供应链绩效评价方法

（一）加权评分法

加权评分法的主要步骤如下。

（1）确定评价指标。

（2）确定各评价指标的加权系数。

（3）确定评分制式，列出评分标准。

（4）对各评价指标评分（可用集体评分法），得出评价指标评分矩阵。

（5）得到供应链的加权总分。

（二）层次分析法

层次分析法的主要步骤有以下几点。

（1）建立层次结构模型。

（2）构造成对比较矩阵。

（3）计算权向量并做一致性检验。

（4）计算组合权向量并做组合一致性检验。

供应链评价绩效指标之间相互作用、相互制约，从而构成复杂的"树"状体系。这种"树"状体系不仅为层次分析法提供了结构基础，而且也增加了评价体系在实际应用中的灵活性。同时，运用层次分析法可以较客观、全面地体现各指标权重的不同。

（三）标杆法

标杆制度的基本构成可以概括为两部分，即最佳实践和衡量标准。所谓最佳实践，即指行业中的领先企业在经营管理中所推行的最有效的措施和方法。所谓衡量标准则是指真实客观地反映经营管理者绩效的一套评价指标体系以及与之相适应的作为标杆的基准数据，如顾客满意程度、单位成本、周转时间以及资产计量指标。供应链的标杆管理是一种新型的标杆管理方法。它是将标杆管理的思想贯穿从供应商、制造商、分销商到第三方物流及最终用户整个供应链过程。

标杆法的主要步骤有以下几点。

（1）明确目标。

（2）确立指标维度，建立指标体系。

（3）选择对标对象。

（4）与对标对象进行比较分析，确立各维度指标的目标值。

（5）学习好的做法，实施改进。

（6）评价与提高。

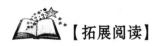 【拓展阅读】

林产品绿色供应链推进工作会议召开

2018 年 10 月，全球林产品绿色供应链（GGSC）推进委员会第一次工作会议在重庆召开。会议讨论了 GGSC 推进委员会的组织架构、推进路线图和近期工作安排，并重点征求了企业参与 GGSC 的需求与建议，以及各相关方协同推进 GGSC 的实施路径和工作机制。与会代表踊跃发言，针对 GGSC 和全球林产品行业的可持续发展献计献策，彰显了领军企业积极主动承担环境保护和社会责任的担当意识。

据悉，12 家中国木业领军企业于 6 月在北京一同发起了全球林产品绿色供应链倡议，获得国家林业和草原局林产品国际贸易研究中心、ITTO、中国木材与木制品流通协会、中国绿色碳汇基金会、国家林业和草原局林业调查规划设计院 5 家机构的大力支持，并共同发起了 GGSC 推进委员会。GGSC 推进委员会的秘书处设在国家林业和草原局林产品国际贸易研究中心。

全球林产品绿色供应链推进委员会相关负责人表示，GGSC 作为连接林业行业各利益相关方的纽带，希望从领军林产品企业的需求和困难出发，通过开展绿色生产、绿色贸易、绿色消费理念的传播和相关能力建设服务，促进国内外企业交流与合作，加强林产品产业链上中下游有效对接，促进全球森林资源的低成本高效配置和多样化、差异化应用，进而推动我国乃至全球林产品的可持续发展，"向上"影响并推动政府制定出台和实施有利于负责任企业发展的政策措施，"向下"开展绿色消费等引导和服务，为 GGSC 企业营造更加有利的市场竞争环境。

另外，GGSC 将围绕提升企业环保意识和能力、引导消费者绿色采购意识、促进国际林产品供需对接、完善面向企业的信息服务活动等方面开展系列活动，切实践行绿色发展理念，为全球林产品行业可持续发展和人类福祉作出更大贡献。

（资料来源：夏红．林产品绿色供应链推进工作会议召开［EB/OL］．https://www.chinafloor.cn/news/diban/news－282137.htm.）

练习与思考

1. 选择题

（1）供应链从上游、下游关系来理解，不可能是单一链状结构，而是交错链状的（　　）。

A. 网络结构　　　　B. 闭环结构　　　　C. 星状结构　　　　D. 总线结构

（2）供应链不仅是一条连接供应商到用户的物料链、信息链、资金链，而且是条（　　）。

A. 加工链　　　　B. 运输链　　　　C. 分销链　　　　D. 增值链

（3）在绩效体系建立过程中，最重要的就是（　　）的选取问题。

A. 供应链　　　　B. 合作伙伴　　　　C. 评价指标　　　　D. 评价标杆

（4）在供应链管理体系中，为了确保供应链管理能够健康、可持续地发展，建立科学、全面的供应链（　　），已经成为一个迫切需要解决的问题。

A. 绩效评价体系　　　　　　　　　B. 成本考核体系

C. 人员评价体系　　　　　　　　　D. 合作关系评价体系

2. 问答题

（1）供应链管理的定义？

（2）供应链管理的主要内容有哪些？

（3）供应链管理的指标和评价方法有哪些？

实训任务

供应链绩效
评价方法

供应链绩效评价分析

一、实训目的

通过研究和整理对某林产品企业的供应链情况进行分析，得出该公司供应链状况。了解其以快速响应的运营方式，从设计到分销实现了一个系统化的高效流程，最大限度地提高了存货周转和利润率。

二、实训材料

（1）供应链绩效评价指标体系及构建相关知识。

（2）林产品企业的供应链绩效评价案例资料。

三、实训要求

（1）4~5个学生以小组合作的方式，任选某林产品企业，分工查找其供应链绩效评价案例资料。

（2）通过合作方式，分析供应链绩效评价采用的指标体系、供应链面临的挑战，以及供应链绩效分析。

（3）撰写案例分析报告。

四、实训步骤

步骤1：利用网络收集某林产品企业供应链绩效评价案例资料。

步骤2：分析该公司供应链绩效评价采用的指标体系、该公司供应链面临的挑战。

步骤3：总结该公司供应链绩效评价效果。

步骤4：撰写案例分析报告。

步骤5：教师总结评价各小组案例分析报告，并提出相应的指导建议。

林产品物流与电子商务

【学习目标】

❖知识目标

1. 了解电子商务的概念，电子商务对物流的影响
2. 掌握电子商务物流的概念和特征
3. 掌握林产品电子商务物流的概念
4. 掌握林产品电子商务物流的基本模式
5. 了解林产品物流模式构建的意义、主要影响因素
6. 掌握电子商务环境下林产品物流的运作内容

❖技能目标

1. 能够区分影响物流模式构建的各类因素
2. 能够根据林产品的特点选择相应的电子商务物流模式
3. 能够将电子商务环境下林产品物流运作的内容应用到实际中

❖素质目标

1. 培养改善意识、树立通过发展物流行业改善民生的使命感
2. 培养爱岗敬业、吃苦耐劳的职业素养
3. 培养思考问题、分析问题的能力

【本章导学】

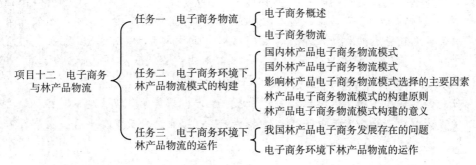

案例导读

云南林产品电商平台成功建设案例——云南林业惠农云服务

一、云南林业惠农云服务平台简介:

该服务平台是基于云南省林业厅、中兴通讯股份有限公司、中信国联实业有限公司三方签订的战略合作框架协议,由云南林业投资科技有限公司负责开发和运营,建立的综合性服务平台,平台的战略目标是建立林业产业信息化、数字化、专业化、本地化的云服务体系,而林产品电子商务交易平台是该体系的核心组成部分。惠农云服务平台包括了林权电子政务系统、林权社会化服务平台、林产品收储平台、林业投资平台、林产品电子商务交易平台、智能森林防系统、第三方支付平台等众多子系统。

该服务平台在省林业厅和省森林资源评估协会的全面支持下,获得了林权调查公司、评估公司等社会化服务机构的协助和推广,整个平台面向全省林业系统推广使用。在惠农云服务平台上,全省林业资源将得到统筹管理,政策、资金、信息、技术、人才等资源将在平台内有效流转,合理分配,林农、林企、林权机构、协会、社会化服务企业等各个角色只要积极参与其中都能各得所需。该平台解决了到林农的最后一公里的问题,利用手机App解决政府、市场、科普、病虫害防治等综合信息对称的问题,林下产品推广、销售等问题,买卖双方交易过程中的资金的问题等。

二、云南林业惠农云服务平台产生的背景

(一)云南省电子商务发展现状

云南省政府先后出台《关于加快推进全省电子商务发展的实施意见》和发展电子商务补贴政策,为电子商务产业做出了前瞻性的引导。云南省林下经济产品有:干果(核桃、板栗)、药材、菌类、观赏苗木、茶叶、水果、蔬菜、禽类、畜牧、昆虫、景观等。

(二)当前林产品电子商务存在的问题

受地理区隔、经济发展水平、人才、技术等因素影响,云南省电子商务存在起步晚、层次低、规模小、支付体系不健全、缺少独立品牌、缺少先进的运营策略、统一的标准规范,完善的物流体系等问题。

三、云南林业惠农云服务平台建设策略

(一)整合资源,走区域垂直电商路线

区域垂直电商,可以集中优势资源在某一区域,某一行业迅速占领行业细分市场,形成龙头效应;对于区域垂直电商,政府的政策、资金和技术支持可以有的放矢,相比综合性电商,投入成本低,见效快;云南林业惠农云服务平台,正是基于这种发展理念,在政府引导、行业内社会机构推动下,由云南林资科技有限公司在资金、技术、人力上全方位投入,结合云南省特有的林下经济资源量身定做,面向林企和林农的区域垂直电商服务平台。

(二)统一标准,用标准化手段推进电子商务发展

在日趋国际化的市场上,标准缺失,管理、生产、销售各环节信息不对称,缺乏可信交易环境成为制约云南省发展电子商务的主要瓶颈;林业惠农云服务平台,在省政府、省

林业厅的指导下，制订了云南省电子商务标准化建设的行动计划，组织经验丰富的技术力量并成立了专业团队，将为云南省建立健全电子商务服务标准体系，推进电子商务市场秩序和企业经营行为的规范化，做出不懈的努力。

（三）精细运营，采用不同的电商模式推广产品

云南省林下经济产品的特点是种类繁多、季节性强。所谓精细化运营，就是需要针对这一特征，采用不同的电商模式，因地制宜地进行宣传推广，具体如下所示。

（1）核桃—B2B（企业到企业）+（大宗商品交易）。

（2）菌类—B2C（企业到消费者）+O2O（线上和线下）。

（3）观赏苗木、瓜果梨桃—O2O（线上到线下）。

（4）旅游景观—O2O（线上到线下）+C2B（消费者到企业）。

（5）药材—C2B（个人到企业）+B2C（企业到消费者）+C2C（个人到个人）。

（四）打造具有地理标志的电子商务林下经济品牌

地理标志，是指特定产品来源的标志，截至2014年底，云南省经过认定的地理标志商标达120件。这些产品大部分还处于以线下交易为主的经营方式，由于产业周期长，标准化程度低，信任度不够等因素，造成林下经济产品在电子商务中遇到很多问题，后续服务跟不上，也没能形成规模效应。惠农云平台通过积极构建林业信息网络，提高林产品的品牌化和标准化，通过对龙头企业和林农的引导和培训，加强服务团队和物流体系建设，引进创新的运营模式，打造具有地理标志的林下经济品牌，走诚信运营之路，累计信誉度，提高认知度，做大做强品牌。

（五）担保交易，引入安全可靠的第三方担保支付体系

惠农云平台引入第三方担保支付系统，将改变以往林产品电子商务领域支付体系不健全的问题，保障了买卖双方的利益，并拥有安全、成本低、支付便捷等优点，如图12-1所示。

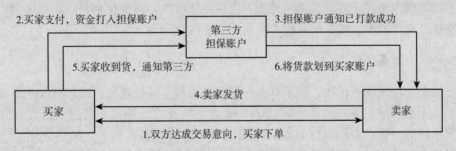

图12-1　惠农云平台担保交易支付体系

（六）大宗商品电子商务

大宗商品区别于普通消费品的特点，其电子商务还要将线上交易与金融、物流进行融合。这些大宗商品作为产业链的上游，具有价格波动大、供需量大的特点，为了便于交易，大宗商品还需要满足易于分级和标准化、易于储存运输的特点。惠农云平台针对大宗商品的特点，将以仓单机制来实现产量巨大的林产品比如核桃的电子商务发展。仓单，就是保管人员收到仓储物后给存货人开出的提取仓储物的凭证，为有价证券的一种。标志化

仓单，既可以增加交易量，又可以降低交易成本，对现货市场和远期现货市场的建立，以及竞争力的提高，都有极大的促进作用。

（资料来源：https://max.book118.com/html/2020/0724/7053026145002152.shtm.）

[思考]

（1）为什么说该平台解决到了林农的最后一公里的问题？

（2）为什么药材选择的商务模式是 C2B（个人到企业）+ B2C（企业到消费者）+ C2C（个人到个人）？

任务一　电子商务物流

一、电子商务概述

（一）电子商务的概念

1996 年，国际商业机器公司（International Business Machines Corporation，IBM）提出了电子商务（electronic commerce，e-commerce）的概念，此后，不同的组织提出了不同的电子商务概念，至今仍没有统一和权威的定义。尽管有许多从不同角度形成的定义，且内容各异，但它们都离不开两个基本点：电子工具和商务活动，即电子商务本质上是通过电子工具实现一系列商务活动。在国内，电子商务通常被描述为利用计算机技术、网络技术和远程通信技术，实现整个商务（买卖）过程中的电子化、数字化和网络化。

电子商务的概念模型强调信息流、商务流、资金流和物流的整合，而信息流作为连接的纽带贯穿电子商务交易的整个过程中，起着串联和监控的作用。

电子商务的本质在于通过疏通信息流、提供增值服务、实现交易自动化、优化和整合商务活动来提高交易效率，降低交易成本，增加企业的竞争力。

（二）电子商务的特点

电子商务与传统商务相比，除了具有一般商务的基本特性之外，还具有以下特点。

（1）交易虚拟化。通过以因特网（Internet）为代表的计算机互联网络进行贸易，贸易双方从贸易磋商、签订合同到支付都无须当面进行，从而实现整个交易的虚化。对卖方来说，可以到网络管理机构申请域名，制作自己的主页，在网上组织产品信息；而买方则可以根据自己的需求选择广告，并将信息反馈给卖方，通过信息的推拉互动，签订电子合同，完成交易并进行电子支付。整个交易都在虚拟环境下进行。

（2）交易成本低。电子商务使得买卖双方交易成本大大降低，具体表现在：一是网络上信息传递成本相对于信件、电话、传真而言较低，单位成本较低。此外，缩短时间及减少重复的数据录入也降低了信息成本。二是买卖双方通过网络进行商务活动，无须中介者参与，减少了交易有关环节。三是卖方可通过互联网进行产品的介绍宣传，节省了在传统方式下大量的广告费用。四是电子商务实行无纸贸易，可减少 90% 的文件处理费用。五是互联网买卖双方可以即时沟通信息，使无库存生产和无库存销售成为可能，从而使库存成本降为零。六是企业利用内部网进行商务活动可实现无纸办公，提高内部信息传递效率，节省时间，并降低管理成本。

（3）交易效率高。传统贸易方式用信件、电话和传真传递信息，每个环节都必须有人参与。由于人员合作和工作时间的问题，往往会延误传输时间，失去最佳商机。电子商务利用互联网将贸易中商业报文标准化，使其能在世界各地瞬间完成传递与计算机自动处理，原材料采购、产品生产、需求与销售、银行汇兑、保险、货物托运集中等过程均无须人员干预，可在最短时间内完成，克服了传统贸易方式费用高、易出错、处理速度慢等缺点，极大缩短了交易时间，使整个交易快捷方便。

（4）交易透明化。买卖双方从交易的洽谈、签约到货款的支付、交货通知等整个交易过程都在网络上进行。通畅快捷的信息传达可以保证各种信息之间相互核对，防止伪造信息的流通。例如，在典型许可证 EDI 系统中，由于加强了发证单位和验证单位的通信核对，假的许可证很容易被发现。

（三）电子商务对物流的影响

1. 电子商务改变了传统的物流观念

在电子商务环境下，人们进行物流活动时可以通过虚拟化的方式体现出物流的功能，各种组合方式使商品实体在运动过程中达到效率最高、费用最省、距离最短、时间最少的目标。同时，电子商务需求的多样性与分散性为现代物流拓展了广阔的业务范围。电子商务要求现代物流提供更完善、更周到的服务，协助电子商务公司完成售后服务，提供更多的增值服务内容，这样现代物流的发展才有内在的动力与外在的需求，二者共同促进、共同发展。

2. 电子商务改变了物流的运作方式

电子商务可使物流实现网络的实时控制。在传统的物流活动中，虽然也运用计算机技术对物流实时控制，但这种控制都是以独立的运作模式进行的。电子商务时代，网络全球化的特点使物流在全球范围内实施整体的实时控制。现代物流企业可充分利用 Internet 的巨大优势建立信息系统和网络平台，提供更加完善的配送和售后服务，使现代物流功能集成化、服务系列化，提高运行效率。

3. 电子商务改变了物流系统的组织和管理

首先，电子商务将促进物流基础设施的改善。电子商务高效率和全球性的特点，也要求物流必须达到这一目标。而物流要达到这一目标，良好的交通运输网络、通信网络等基础设施则是最基本的保证。其次，电子商务将促进物流技术的进步。物流技术水平的高低是影响物流效率高低的一个重要因素，要建立一个适应电子商务运作的高效率的物流系统，必须加快提高物流的技术水平。此外，电子商务的发展也必将对物流人才提出更高的要求，对物流管理的手段和方法提出更高的要求，促使物流管理的水平全面提升。

4. 电子商务拓展了物流配送市场

电子商务是开放式的市场，会延伸到全世界有购买需求和入网条件的每一个角落。网上大量分散化的商品需求都要通过物流公司来满足，这就使得配送业务的市场被极大地扩展，面向最终消费者的配送业务大量增加。

5. 电子商务促进物流现代化

电子商务的发展凸显了信息流的价值，物流信息化的重点在于业务流程和管理流程的优化，通常集中在仓储管理、运输管理和配送管理等几个最能产生效益的环节中。货物跟踪系统、客户关系管理系统、配送服务系统等已经成为物流企业移动信息化建设的重点。在信息化的基础上，物流又逐渐向自动化、智能化等高层次的应用方向发展，信息系统的协调、自动化工具的应用及智能系统的支持使物流的速度更快、成本更低、现代化水平更高。

二、电子商务物流

（一）电子商务物流的概念

电子商务物流是指在电子商务交易活动中，为实现商流转移而进行的接收储存、包装、搬运、配送、运输等实物处理与流动过程，由商品（物资）、包装设备、装卸搬运机械、运输工具、仓储设备、人员和信息网络等要素组合而成。

电子商务物流是电子化、网络化和自动化的物流。物流的信息商务化体现为组织方式、交易方式、服务方式在物流的运输、仓储、配送等各业务流程中的信息化。通过规范信息化物流程序，可以充分利用现有资源、降低物流成本、提高物流运行效率。电子商务物流的目的是在信息技术与电子技术的支持下，把准确数量的准确产品（指产品的性能、质量、型号等）在准确的时间内，以最低的费用送到客户指定的地点。

电子商务物流系统包括两个网络：一是物流实体网络，指物流企业、物流设施、交通工具、交通枢纽等在地理位置上合理布局而形成的网络；二是物流信息网络，指物流企业、制造企业、商业企业通过 Internet 等现代信息技术连接上述物流实体而形成的共享信息网。通过实体网络完成产品的运输配送，通过信息网络调配运输工具，提供在途货物的实时查询等功能。

（二）电子商务物流的特征

1. 物流信息化

传统物流关注的是实体商品的运输流通，而不太重视信息在物流中的作用。用户能够获取的物流信息匮乏而且滞后，难以实现业务的协同运作。在电子商务时代，物流的信息化程度大大提高，条形码技术、数据库技术、电子订货系统、电子数据交换、GPS 技术、快速反应和有效客户反应等技术和观念在物流行业中得到了广泛的应用。从利用计算机、扫描仪等电子设备实时收集物流信息，到运用数据库、数据仓库等系统及时存储物流信息，再到采用通信网络和标准化编码技术即时传递物流信息，直至最后使用互联网实时发布物流信息，信息流贯穿了整个物流过程。这不仅有利于物流人员进行业务的协同运作，也能帮助用户随时跟踪货物的运输状况，大大提高了物流的业务效率和服务水平。

2. 物流自动化

传统的物流活动自动化程度低，人工参与度高，分拣、包装、搬运和装卸等环节往往都离不开人员的介入，导致人工成本很高。电子商务下的物流则充分发挥了技术的优势，在运输、装卸、配送、保管和包装等物流功能中，利用信息技术和机电设施完成物流的自动化运作，最大限度地减少人工参与，有利于节约劳动力，减少差错，增强物流作业能力，提高运作效率。物流自动化的设施很多，包括条形码、语音、射频自动识别系统、自动分拣系统、自动存取系统、自动导向车、货物自动跟踪系统等。这些设施在发达国家已被普遍用于物流作业中，而我国物流业由于起步晚，发展水平低，自动化技术的普及还需要较长的时间。

3. 物流网络化

传统的企业由于信息流通不畅，无法与合作伙伴和客户建立高效的合作机制。而电子商务的实时性和跨时空性有助于打破信息孤岛，在企业之间建立起广泛而密切的联系，促进资源的合理分配和高效流通，实现跨地区的物流网络化运作。物流网络化的基础包括企业内部、企业与合作伙伴及客户之间的供应链信息系统，以及跨地区的物流配送体系。

4. 物流智能化

物流作业过程涉及大量的运筹和决策，传统物流往往根据经验和主观判断进行决策，缺乏科学性和准确性。在电子商务环境下，专家系统、数据挖掘、GIS 系统和人工智能等技术运用先进的知识和模型，为物流管理提供科学的分析工具，帮助人们进行合理的物流决策，如库存水平的确定、运输路径的选择、自动导向车的运行轨迹和作业控制、自动分拣机的运行，以及物流管理的决策支持等。面对日益复杂的商业环境，智能化已成为电子商务物流必不可少的特征。

5. 物流柔性化

在"以客户为中心"的电子商务时代，传统的价值链发生了改变，出现了以客户为起点的"按单生产"方式。这就要求企业能够根据消费者的需求灵活调节生产流程和生产量，没有配套的柔性化物流系统是难以达到这个目的的。目前，出现了许多柔性生产系统，如柔性制造系统（flexible manufacturing system，FMS）、计算机集成制造系统（computer integrated manufacturing system，CIMS）、企业资源规划系统及供应链管理系统等，它们本质上都是将生产和物流进行整合，根据客户"多品种、小批量、多批次、短周期"的需求特点灵活地组织生产，安排物流活动。

什么是柔性制造系统

（三）电子商务物流系统的要求

由于电子商务独具的电子化、信息化、自动化等特点及高速、廉价、灵活等诸多好处，其在运作特点和需求方面也有别于一般物流。

1. 改进物流的运作方式——信息化、网络化

电子商务要求物流处理的全过程处于受控状态，能够采集处理、运输、递送等各个环节的信息，并通过信息网络进行汇集，对网络实施有效的控制，实现物流的集约化。同时，要求通过互联网络实现一个地区、一个国家甚至全球范围内整体的、系统的实时控制。

2. 提高物流的运作水平——标准化、信息化

以电子商务技术应用为代表的信息革命，为企业物流的信息管理提供了非常丰富的技术手段和解决方案，大幅度地提高了信息管理水平和客户服务质量。为实现专业化、网络化、信息化，物品运输需要采用标准的标识码技术，对盛装容器、运输包装等进行标准化，便于自动采集和自动处理。同时要求配置机械化、自动化设备，对各种物品和容器实施自动化分拣处理，缩短物品的流通时限。

3. 提高物流的快速反应能力——高速度、系统化

物流系统的快速反应是物流发展的动力之一，速度就是效率和效益，这是电子商务制胜的关键。用户进行网上交易后，商流和资金流以电子速度在网上流动，要求实物商品从受理、分拣、配送、运输直至递送到用户手中也能高速流动，这意味着物流系统必须拥有较高效的配送中心和快捷的运输方法。

4. 提高物流动态调配能力——个性化、柔性化

电子商务创造了个性化的商务活动，为不同的用户个体提供了不同的产品和服务，这要求物流系统也具有动态调配能力和柔性化的组织水平。因此，应突破传统的经营方式，适当拓展原有的业务范围，根据客户的具体定制要求进行配送，使物流品种灵活多样。在配送时间上，以高效的信息网和方便快捷的配送网为基础，做到快速反应、敏捷配送，并能根据实际情况为用户提供适宜的物流解决方案。物流活动的功能越来越多，物流企业要在物流链上的不同环节充当不同的角色，在原材料供应商、厂家与客户三者之间灵活运作，游刃有余。

5. 改变物流的经营形态——社会化、全球化

传统物流业中的某种物流系统往往是由某一企业来进行组织和管理，而电子商务具有的跨行业、跨时空等特点，要求从社会化的角度对物流实行系统的组织和管理，实现物流经营的社会化和全球化。既要求物流企业在竞争中形成协同作业，又需要物流业向第三方代理多元化、综合化的方向发展，使社会物流与企业物流有机地结合在一起，并通过统筹协调、合理规划控制商品流动，将一个个松散的独立企业变为一个致力于提高效率和增强竞争力的合作群体。

（四）林产品电子商务物流的概念

林产品电子商务物流即以林产品为对象的电子商务物流，是指涉林企业运用电子商务技术（主要指计算机、信息网络等技术）对林产品的生产、加工、运输、仓储、配送等物流环节进行合理的调配和系统的整合。传统林产品的中间环节较为繁杂，批发商和零售商等中间机构的存在降低了林产品流通速度，增加了流通成本，电子商务是一种能改善这种情况的有效手段。

（五）发展林产品电子商务物流的必要性

我国是一个林业大国，发展林产品电子商务物流，不仅能够提高人民群众的根本利益，改善林产品流通现状，促进林产品贸易，增加林农收入，加快林业和农村经济结构战略性调整，而且能够大大提高我国林业的国际竞争力，对发展全国经济具有非常重要的意义。但我国目前传统的林产品物流运作模式和发展速度远不能满足林业和农村经济发展的需要。如何加快现代林产品电子商务物流发展，成为亟待解决的首要问题。

电子商务物流为农民、收购商、运输商、批发商、零售商甚至消费者等流通实体提供了一个良好的沟通平台。总体来说，电子商务在林产品物流中的应用体现出以下优势。

1. 削减流通环节，搭建"虚拟仓库"

传统林产品物流通过中介组织，将规模小、经营分散、自销能力弱的农户组织起来，以增强农民的市场竞争力。电子商务物流动摇了传统中介的存在。通过网络交易平台，生产者可以突破地域和时间的障碍，与消费者直接互动交流，其信息获取能力、产品自销能力和风险抵抗能力大大加强，对传统中介的依赖性大大降低。不过电子商务虽然削减了流通中介，但并不能完全消除中间环节，社会分工的必要性使得林产品物流仍需要专门从事林产品流通的组织。在设计电子商务物流系统时，可以选择和保留有价值的环节，合并或去除作用小、价值低的部分，构建新型的电子商务流通链：生产者—电子批发市场—网上零售商—消费者，使销售物流直接由电子批发市场发至零售商，缩短了林产品的物流路线，提高了流通速度，降低了库存量。

同时，电子商务物流发挥了"虚拟仓库"的作用。传统的林产品物流企业一般需要配置占地面积很大的仓库，而通过电子商务进行网络化管理之后，可以充分发挥"虚拟仓库"的作用，将散置在不同地域的和不同所有者的仓库通过网络连接构成一个庞大的仓储体系，通过对它们集中的管理和调配，利用"就近原则"使林产品的集散空间有效放大，大幅度提升物流企业调配林产品的规模和效率。

2. 改变物流运作方式，降低流通的成本

传统的物流运作方式由多个业务模块构成，受到较多人为因素的影响，在配送实际方面与预想情况往往存在较大偏差。电子商务技术实现了整个物流环节的实时监控和实时决策，任一环节发出需要解决问题的提示信息，物流系统都可以即时做出相应反馈，随机提供详细的更新配送计划予以解决，大大缩短了配送时间。

电子商务物流系统在降低林产品物流成本和时间成本的同时，也省去了中间商的利润分成。加上机械化和自动化程度高，装卸、搬运、分拣和贮藏林产品的过程只需少量的人工参与，有助于减少人工成本，降低林产品变质带来的损失。另外，电子商务物流将生产者、批发商、零售商和消费者连接起来，使他们各方能够实时共享林产品的生产、库存、流通和需求状况，根据市场需求生产和销售适销、适量的林产品，合理地安排物流，避免因信息失真而盲目生产和销售。物流智能系统为各环节提供了生产和经营的决策支持，避免了产品过量、运输不当导致的超额的运输、贮藏、加工及损耗成本。

3. 建立物流信息平台，提升市场反应能力

传统的林产品物流信息化程度低，大多采用大批量、少批次的运输方式，缺乏弹性，难以适应市场需求的变化。电子商务技术背景下，生产经营者及时获取信息，能够根据市场需求灵活地安排林产品的生产、加工和流通，满足人们个性化的要求。建立发达的信息网络和完善的配送体系，可以实时掌握林产品流动信息，实现跨地区的高效配送。对林产品来说，需求信息的不确定性，会扩大批发市场价格波动，加大林农的市场风险；而供给信息的不确定性，则使消费者对产品质量失去信任。加上信息链的阻断及生产或种植的分散状态，政府指导与监管难以完全到位，因此应尽快建立统一的林产品物流信息网络平台，通过网络平台和信息技术将林农、供应商及批发商、零售终端、客户连接起来，实现对林产品物流各个环节的实时跟踪、有效控制和全程管理，达到资源共享、信息共用。

任务二　电子商务环境下林产品物流模式的构建

我国的林产品生产、贸易、消费数量庞大，林产品贸易对我国的经济发展具有重要的意义。随着经济发展，人们物质生活水平提高，对林产品的需求越来越强烈。随着林业现代化水平的提高，互联网迅速发展，林产品的生产销售环境发生着巨大的改变，消费者的消费体验要求更高。因此，林产品物流成为影响市场的重要因素，物流效率和成本为关键。目前，还有许多林业企业仍停留在传统物流模式之下，不适合电子商务环境，物流成本高，物流流通效率低下，不利于林业企业的发展。因此，电子商务时代大背景下，构建科学合理的物流模式，有利于降低林产品的物流成本，提高林产品的流通效率，对促进林业企业向现代效益林业企业转变有重要的意义。

林产品电子商务物流模式是指在电子商务环境中，林产品企业为了完成林产品从生产到销售的一系列物流活动而采取的基本战略和运作方式。按照物流的经营者划分，林产品企业物流又可划分为自营物流、物流联盟和第三方物流等。

一、国内林产品电子商务物流模式

（一）根据林产品电子商务物流的经营者划分

1. 林产品企业自营物流

林产品企业自营物流是指涉林企业通过投资建设或租借林产品的仓储设备、运输工具等物流基础设施，亲自从事本企业的林产品物流活动。电子商务下的林产品企业凭借先进的经验和优势，广泛利用网络平台、电子数据交换、有效客户反应、准时化生产、快速反应等信息化和智能化的物流管理系统自营物流。

林产品企业自营物流的优势在于企业对物流运作过程可以进行有效的控制，对市场变化能够做出灵活、快速的反应；劣势则是对物流系统的一次性投资较大，占用资金较多，同时对企业的物流管理能力要求较高。目前，采取这种模式的林业电子商务企业主要由实力雄厚的传统林产品公司发展而来。由于这些企业在长期的传统商务中已经建立起了初具规模的物流配送网络，开展电子商务只需在原有基础上进行信息平台和物流系统的增建及整合，即可基本满足电子商务下的林产品物流要求。例如，由于跨境电子商务直邮方式受限于物流，为提高用户体验，2015年10月，京东全国首个全球购自营物流基地在广州南沙启动。京东南沙全球购仓在售商品超过120万种，品牌数量超过3000个，店铺数量超过1000家，日均出货4万单。[①] 通过京东南沙全球购，将以更优惠的价格、更便捷的渠道购买到高品质的进口商品。未来，京东将集中全力在广州搭建自营跨境电子商务交易仓储，并加快引进相关企业入驻，积极做大业务规模，尽快在广州形成跨境电子商务的规模效应。

2. 林产品企业物流联盟

林产品企业物流联盟是指两个或多个涉林企业之间，为了实现自己的物流战略目标，通过各种协议、契约而结成的优势互补、风险共担、利益共享的松散型网络组织。为了获得比单独从事物流更好的效果，物流联盟通过物流契约形成资源互补、要素双向或多向流动的中间组织，目标和动机介于自身利益最大化和联盟的共同利益最大化之间。联盟呈动态变化，契约关系一旦结束，原来的合作伙伴又成为追求利益最大化的单独个体。

从经济效益上说，林产品物流联盟对不同角色的企业成员都大有裨益。对拥有物流资产的提供方而言，物流设施一经投入就成为不可回收的沉没成本，且林业物流设备的资产专用性较高，若没有物流的规模效应，林业企业则面临较大的资金占用和资源浪费的困境。对物流服务的需求方来说，它无须进行高额的物流投入，即可从其他成员那里获得过剩的物流能力和先进的管理经验，减少了物流成本和交易成本。一般来说，当企业的物流水平较低时，

---

① 京东迎难而上开启首个跨境生鲜自营仓［EB/OL］. https：//www.300.cn/dspd/319997.html.

组建物流联盟将有助于获得物流设施、运输能力、专业管理等方面的资源。而当企业的物流水平较高且物流在企业战略中不占有重要地位时，应该寻找其他企业共享资源，获得物流的规模效益。对于开展电子商务的涉林企业而言，物流联盟能够较好地满足它们跨地区配送和对时效性要求高的特点，帮助它们减少物流投资，降低物流成本，获得管理技巧，提高客户服务水平，取得竞争优势。

3. 林产品企业第三方物流

电子商务下的林产品第三方物流是指在电子商务环境中，由林产品物流供求方以外的独立第三方，运用现代信息技术完成林产品的运输、仓储、流通加工、配送等一系列物流活动的信息化、网络化运作过程。林产品的第三方物流与电子商务是相辅相成、相互促进的。第三方物流为林业电子商务提供了小批量、多批次的物流服务，确保电子商务下以市场需求为导向的柔性化经营方式得以顺利实现。

无论哪种形式的供应链物流管理，都离不开现代化信息技术的支撑。林产品电子供应链信息系统的建设首先是企业内部的信息化基础设施建设，完善各类软硬件平台，包括网络硬件、操作系统和数据库系统等的构建，并在企业内部实行业务信息化，统一内部网和数据库系统，实现部门间的联网和信息共享，确保各部门行动一致，协同运作。在此基础上，实现企业与战略同盟之间信息化，将核心企业的内部信息系统逐步向供应链合作伙伴延伸，架设信息网络，实现信息和产品在整条供应链内快速流动。

（二）根据林产品电子商务物流的交易对象划分

1. BtoB 模式

B 即当地的林业生产企业或专门从事林产品销售的企业，自身有较强的规模优势和品牌实力，通过自建林产品网站、利用搜索引擎注册推广网站，或在大型第三方中介平台（如阿里巴巴等）注册成为会员，由第三方为其推广，可以实现在线搜索林产品需求信息、报价、洽谈、合同签订、资金转移、选择物流供应商、结算等一系列事宜。BtoB 模式是指林产品的供给企业和求购企业借助于网络完成林产品交易相关的所有环节，是一种涉林企业间的电子商务模式。

为了保证网上交易的安全，交易双方向认证中心申请证书，由认证中心确认各自的身份，在交易中，双方在网上互相验证身份，并用密钥加密信息，保证商业信息的机密性和安全性。资金结算上，双方开通企业网上银行，直接在网上转账即可。具体流程如图 12-2 所示。

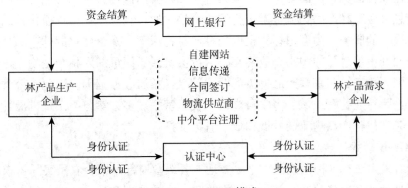

图 12-2 BtoB 模式

2. PtoCtoB 模式

P 为涉林个体农户，C 为林业协会、合作社等组织，B 为林产品销售、流通和加工企业，即类似家具生产企业、家具销售企业等，或是类似沃尔玛等这类销售食品类林产品的大型组织。对于分散的单个涉林农户经营的现状，如果要争取平等的经济地位就需要形成一个整体，有组织有策略地开展林产品销售，而各类农业合作社能有效地承担这个角色。

在生产环节，合作社根据市场需求组织林农统一进行生产。通过接受客户的订单安排生产，并提供技术支持。近些年生态林业食品大受欢迎，单个农户生产难以控制农药用量和时机，合作社有组织有指导的生产使生态农业变成现实。

在销售环节，合作社以整体的身份对外和林产品需求企业在网上进行洽谈、签订购销合同等。有一定经济能力和技术基础的合作社可以自建网站，以有特色的林产品为招牌吸引客户，还可以在中介平台上发布供给信息，查询需求信息，在网上进行洽谈，甚至直接出口林产品。

在物流环节，由合作社负责，按照质量要求将林产品分拣、包装，然后在网上寻找第三方物流公司完成送货服务。

在支付环节，合作社可在县城的银行开设账户并开通网上银行，每次交易后的货款由买方直接网上转账。此模式的交易运作流程如图 12-3 所示。

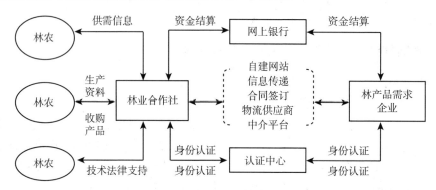

图 12-3　PtoCtoB 模式

合作社在此模式中发挥重要的作用，现实林产品销售中也出现了很多成功的案例。在这种模式下，需要充分发挥专业合作社的组织功能，以特色林产品为纽带，推动本地林业电子商务的发展。以食品类林产品为例，河南某林产品物流网通过公网把各地用户的订单汇总起来，借助信息平台对林产品物流资源进行统一调控，通过林产品物流规模化，以最低的成本为客户提供最好的服务，为客户提供全面的林产品物流信息及个性化的林产品物流服务。对于不具备全面开展信息化的中小企业而言，通过会员注册即可加入林产品物流信息平台，低成本地开展网上业务，共享林产品物流的业内信息，拓展业务范围。因此，公共林产品物流信息平台以其跨行业、跨地域、多学科交叉、技术密集、多方参与、系统扩展性强、开放性高等特点，对现代林产品物流的发展构成了有力支撑。

3. PtoGtoB 模式

G 即政府机构。在这种模式下，中央及地方各级政府部门结合农民实际需求，建立了一批针对林产品种植和养殖、产品销售和供求信息、人才培训和外出务工、网上林产品交易会等内容的网站，如江西的"信息田园"、福建的"数字福建"、陕西的"电子农务"等。由于政府有较强的公信力，无论是农户端还是企业端都会信任政府的中介作用。有些地方由政府把订单接来，然后安排农户有组织地进行生产，效果很好。此外，政府部门工作人员科技水平与专业素养较高，能较好地进行网上操作。具体流程见图 12 - 4。

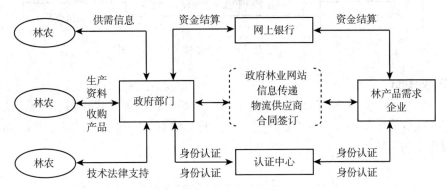

图 12 - 4　PtoGtoB 模式

4. BtoC 模式

BtoC 模式是指林产品供应商或销售商和消费者借助于网络完成林产品交易相关的所有环节，如图 12 - 5 所示。它实现了各类林产品供应或销售企业和消费者的直接对接，缩小了时间和空间的分离，进而实现了交易成本的降低。企业能够及时准确地掌握消费者的需求，从而全面地了解市场，并以此指导林产品的生产经营。然而，因林产品具有标准化程度低，以及部分生鲜类林产品易腐易烂的特点，目前消费者网上购买林产品的模式还不够普及。随着人们生活水平的改善和包装运输标准化的提高，人们将会逐步扩大网上购物的比例，将来这种模式会有很大的发展。

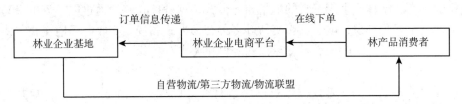

图 12 - 5　BtoC 模式

5. CtoC 模式

CtoC 模式是消费者与消费者之间借助于网络电子商务展开的交易模式，如图 12 - 6 所示。在林产品流通领域是指单个林农与消费者之间通过网络进行的林产品交易。其特点是林农利用专业网站提供的大型电子商务平台，在网上开店销售自己的林产品。例如目前的淘宝网等网站，都有专门的林产品登录网站。一方面，林农在专业网站上销售林产品的费用十分低廉，降低了林产品的交易成本，给农民带来了实惠；另一方面，消费者也有可能以较低的价格买到自己中意的林产品。目前，在 CtoC 网站上销售最多的是各地的特色林产品，如茶叶、干果等。由于我国还是小农经济，农民整体受教育程度低，在家上网开店的比例还很低。随着网络的日益普及和农民文化水平的提高，这种模式会越来越普及。

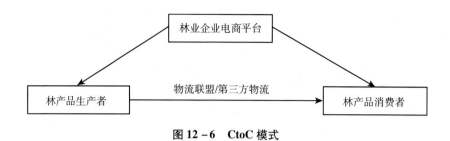

图 12 - 6   CtoC 模式

6. OtoO 模式

OtoO 模式是线上线下相结合，具体如图 12 - 7 所示。该种模式增强了消费者物流产品的体验感，减少了中间环节产生的成本费用。同时，线下门店的建立，使配送更加快捷，降低远距离产生的运输费用。

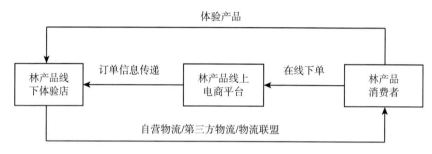

图 12 - 7   OtoO 模式

7. BtoB + C 模式

BtoB + C 模式即涉林企业对企业与消费者的电子商务模式，主要是指涉林企业对企业和林农进行的林产品或林业生产资料的电子商务模式，这种模式一般通过电子订单交易、电子现货交易、电子竞买交易、电子竞卖交易等多种交易方式和按期交收、提前交收、协议交收等多种交收方式，最大限度地满足交易商的个性化要求。

8. CtoB 模式

CtoB 模式是消费者与企业之间通过网络进行交易的模式。林农通过一些能提供林产品网上销售的网站发布自己的销售信息，吸引一些企业与其进行网上交易。由于单个农户通过网络供应的林产品的数量有限，当前农村地区的物流配送体系也不健全，这种模式目前仅是雏形，只有极少数的成功案例。

二、国外林产品电子商务物流模式

（一）美国的物流中央化

物流中央化的美国物流模式强调"整体化的物流管理系统"，是一种以整体利益为重，冲破按部门分管的体制，从整体进行统一规划管理的管理方式。在市场营销方面，林产品电子商务物流管理包括分配计划、运输、仓储、市场研究、为用户服务五个过程；在流通和服务方面，物流管理过程包括需求预测、订货过程、原材料购买和加工，即从原材料购买直至送达顾客的全部物资流通过程。

（二）日本的高效配送中心

在日本，物流是非独立领域，由多种因素制约，包括生产、流通、消费、还原（废物的再利用及生产资料的补足和再生产）。物流（少库存多批发）与销售（多库存少批发）相互对立，必须利用统筹来获得整体成本最小的效果。物流的前提是企业的销售政策、商业管理、交易条件。销售订货时，交货条件、订货条件、库存量条件对物流的结果影响巨大。流通中的物流问题已转向研究供应、生产、销售中的物流问题。

日本高效配送中心案例

三、影响林产品电子商务物流模式选择的主要因素

选择合适的林产品电子商务物流模式对加快林产品销售、缩短林产品在途时间、保证林产品质量、提高林产品收益均有直接的现实意义。影响林产品电子商务物流模式选择的因素主要包括以下内容。

1. 交易主体

交易主体参与林产品电子商务的意识和能力是影响林产品电子商务物流模式选择的首要因素。以食品类和家具类为例，受文化程度的制约，许多林农仍保持传统的"眼看""手摸""耳听""口尝"的交易习惯，认为电子商务虚无缥缈，可信度不高，这严重限制了林产品电子商务的发展。同样，作为交易主体，由于不同的交易模式对参与者的资格、条件等有不同的要求，个体和企业的模式选择也会不一样。

2. 交易对象

林产品电子商务的交易对象是林产品。不同林产品的市场需求不一样，对电子商务物流模式的选择影响较大。例如，生鲜类林产品具有季节性、不易存储的特点，在保鲜、运输和后续处理上较为困难，交易对象如果质量无特色、缺少品牌支撑、良莠不齐、信誉度不高，则容易降低网上交易成功的概率。

3. 交易平台

林产品电子商务离不开先进实用的网络信息平台，网站信息的专业性、实用性、可靠性是赢得客户关注和交易的重要依据。尽管国内已建立了很多网站和信息服务站，但仍然满足不了林产品电子商务交易的需要。有些网络交易平台客观上存在一些安全隐患，网站经常会受到各种病毒的攻击，还有间谍软件盗取网上银行账号和密码，加上相关的法律法规不够健全，成为制约林产品电子商务发展的因素之一。

4. 交易模式

不同的林产品电子商务物流模式特点不同，无论自营物流、物流联盟，还是第三方物流，其优劣势都非常鲜明。因此，在具体选择交易模式时，应将待选模式的优缺点与自身情况比对，力争做到扬长避短，选择最适合自身的、最匹配的模式。

5. 物流配送体系

林产品作为一种特殊的实物商品，大多对运输条件有严格的要求，没有冷藏设施的一般

快递运输公司往往会影响产品的质量；同时，电子商务物流的开展必须以林产品交易的电子支付体系作支撑，但现实中很多地方的电子支付体系不够完善，农村信用合作机构没有开展电子支付业务。即使开通了电子支付业务，农民对这种支付方式也不是很认同。由于交易双方存在交易信息不对称，农民不了解交易对方的背景及信用状况，担心林产品销售出去后拿不到货款，而购买者担心交易的林产品品质无法保证，这严重影响了林产品的交易。

6. 经济发展因素

电子商务环境下的林产品物流模式与经济发展紧密相关，在经济发达的地区，完善科学的林产品电子商务物流能降低物流成本，优化资源配置，实现资源共享。同时，经济越发达越有利于形成区域林业产业集群，从而形成更丰富的物流系统，提升林业产业竞争力。反之，在经济相对欠发达的地区，物流系统发展的阻碍和制约因素较多，林企业物流的建设、发展靠企业自身推动困难，需要政府出台政策、提出可行的鼓励措施支持。

这些主要影响因素一定程度上也反映了当前国内林产品电子商务市场建设的薄弱环节，是未来发展过程中要改善和提升的内容。

四、林产品电子商务物流模式的构建原则

电子商务环境下，林产品物流模式的构建原则主要包括以下四个方面。

1. 整体原则

打破区域封锁，将各个小区域物流体系连接成紧密的整体，整合现有物流资源，统筹兼顾，实现高效物流通道。

2. 经济原则

合理规划运输路线，使用合适运输工具，优化控制库存，降低成本，减少物流系统中不必要环节，提升物流效率，实现物流系统利益的最大化。

3. 适应原则

适应市场的发展规律，不断调整结构，提高物流管理水平和绩效，使之能够适应并满足当地消费者需求，并使客户满意度达到最大化。

4. 绿色原则

坚持可持续发展，追求林业企业的经济效益的同时需兼顾林业企业的生态效益与社会效益，建立生态产业化、产业生态化的林业生态产业体系。

五、林产品电子商务物流模式构建的意义

《关于促进林草产业高质量发展的指导意见》提出，到2025年，全国林业总产值力争比现在提高50%以上。电子商务快速发展的大环境下，林业企业应加强与电商平台的合作，构建高效完善的物流模式。林产品物流模式的构建有利于推进林业现代化，保障现代林业产业化发展，促进林业企业向现代效益林业企业转变；同时也有利于林产品的合理定价，增加林农的收入、带动林农增收致富，对推动"三农"问题的解决具有重要的意义；还有利于促进林业社会化物流的需求和林业产业实现绿色生态可持续发展，助推我国早日实现林草产业强国的目标。

任务三　电子商务环境下林产品物流的运作

一、我国林产品电子商务发展存在的问题

近年来，我国林农的互联网意识不断加强，林产品电子商务呈直线上升态势，每年在阿里巴巴等电子商务平台的交易额都在大幅度增长。但即使如此，与某些发达国家相比，我国的林产品电子商务发展仍被一些制约因素所阻碍。

（一）从业人员受教育程度不高，缺乏专业人才

我国林农的学历水平普遍是初中及以下学历为主，大专及以上水平的从业人员占比较小，加之单门独户型的小农经济，耕作方式比较传统，耕种也主要是依靠前人和过去的经验。中国互联网络信息中心（China Internet Network Information Center，CNNIC）第 41 次《中国互联网络发展状况统计报告》显示，截至 2017 年 12 月，我国农村地区互联网普及率为 35.4%，与城镇地区相差 35.6 个百分点。林农接触网络及接受网络知识培训的机会很少且分布不均匀。绝大部分的林业管理与技术人员高度集中于经济发达的北京、上海、广东、浙江、江苏等地区。目前，以林业信息为主要内容的网站在全国所占比例不高，利用程度也很低。林业从业人员受教育程度低，影响其思维方式，使他们在遇到林产品"销路难"时，不能利用网络工具对自己所生产的林产品进行网络营销。

我国林产品电子商务应用主要有两类：一是政府主办的供求信息服务型，以中国农业信息网为代表，包括各级政府组织的涉林网站；二是各种经济实体办的商务服务型，主要从事与林产品产、供、销等环节相关的企业商务电子化服务，多数也只是以信息发布为主，只有少数能在网上真正实现联合供应销售。

（二）林产品物流配送体系滞后

部分林产品如水果、香菇、鲜花等季节性强、易腐烂变质，采摘、运输至冷库、保鲜储存、订单处理、物流配送、最终收获都必须在保鲜期内完成。但流通环节多，加之农村交通设施欠发达，导致运输效率低，损失严重，成本较高，严重影响了这类林产品网络营销的质量和效益。我国水果蔬菜类林产品的流通腐损率高达 20%～30%，每年损失超过 1000 亿元。不仅如此，这类林产品的流通成本占其总成本的 54%，是世界平均水平的 2～3 倍。[①]

要保质保量地完成这类林产品运输，就必须建立完善的冷链物流。目前，我国大多数的物流企业基础设施落后，冷链物流设施整体规模不足，投资增长缓慢。并且仍有部分物流服务企业不具备运用现代信息技术处理物流信息能力，在库存查询、货物跟踪及订单管理等方面服务功能差，难以满足林产品对现代物流的需要。

---

① 王惜纯. 我国果蔬流通环节损耗惊人 专家呼吁企业要有效应对［EB/OL］. https：//www.cqn.com.cn/zgzlb/content/2010－12/10/content_1127692.htm.

（三）电子商务相关的制度和政策尚未完善

我国现代林产品电子商务的发展仍处于起步阶段，相关制度和法规有待完善。由于尚未出台完备的物流法律法规，物流发展过程中无法可依，缺少一个完整的电子商务技术标准，不能适应电子商务的发展需要，致使现代物流服务的功能不能得到很好地发挥。企业在改善自身物流效率时，必然要在企业内外重新配置物流资源，制度和法规的缺陷阻碍了企业对物流资源的再分配。

（四）林业信息化体系建设不健全

我国涉林的网站数量虽多，但各地林业信息网络建设从形式到内容有很多雷同，缺乏专业水准，实用性差。林业信息服务不够全面，缺乏针对性，协助和指导林农生产的信息较少，林业信息服务体系还没有形成，电子商务给林产品销售带来的作用尚未发挥。此外，农村上网费用高，有的林农买不起计算机，有的林业软件系统高深难懂，实用性差。图文并茂、生动形象、简单实用的林业软件系统亏缺。一些网站缺乏有效的维护，网络信息来源可靠性差，导致林农相信网络上的虚假信息和过期信息，造成林业生产的巨大损失和林农极大的心理障碍，并产生扩散效应，以致谈起网络还为之色变。所有这些林业信息化体系建设中的不足，均在一定程度上阻碍了林产品电子商务物流的推广和应用。

（五）安全监管不到位，标准化程度低

目前，我国林业生产仍然是分散经营，集约化程度低，缺乏统一的质量衡量标准，部分林产品如食品、药材等存在不同程度的农药、激素等化学物质超标问题。国家相关部门虽相继在全国各地设置有相关信息采集站点，也陆续建立了相关林品生产、市场、进出口等相关数据库。但由于信息化相关的法规政策不健全，林产品电子商务行业规范体系不完善，以致林业信息的科学性、系统性、及时性、真实性难以保证。加之电子商务企业为了促进产品销售，通过电子商务平台进行虚假宣传、销售假冒伪劣商品、非法交易及欺诈行为也时有发生。一些钓鱼软件和网站的存在一直威胁着互联网交易。网络市场安全性低、监管不到位，致使林产品交易中的信息安全和资金安全堪忧，制约了林产品电子商务的发展。

同时，与标准化生产的商品相比，林产品由于外形、质量差异大等自然特征，品质标准难以衡量。由此可见，我国现有的林产品标准指数尚有欠缺、标准体系并不完善，标准化建设的滞后给林产品电子商务的发展带来了不少阻力。

（六）林产品供求双方缺乏互信

在实体店中，人们习惯通过看、摸、闻来判断产品的品质。特别是对于如家具、名贵木材或药材、名贵食材等林产品，人们更加关注直观的购物感受，希望经过仔细地看、摸、闻来确定购买与否，而不是网页上美化处理后的照片和让人迷惑的文字、视频。然而现在的林产品交易网站大多界面简陋，功能单调，无法吸引购买者的注意力并获得购买者的信任，更为严重的是网络缺乏完备的信用等级评价和信用保障机制，在浏览这些网站时，供求双方彼此陌生，更不了解对方的信用状况。

二、电子商务环境下林产品物流的运作

（一）构建科学合理的林产品电商平台

在林产品物流模式构建期间，可以结合当前网络资源与产品特点，构建科学合理的林产品电商平台。无论是 BtoB、BtoC、CtoC 还是 PtoCtoB、PtoGtoB、BtoB + C 等模式下，构建科学合理的网络电商平台，有利于增加林产品的销售量，降低物流成本。同时，通过电商平台，有利于增强林业企业与消费者的沟通及时性、真实性和有效性，以便为消费者提供针对性和个性化的林产品服务。林业企业管理者也可通过平台收集的数据分析消费者的需求，制订合理的林产品生产计划，控制林产品的库存量，降低生产经营中的总成本。

（二）选择合适的物流形式

林产品电商物流形式主要有自营物流、第三方物流和联盟物流三种。自营物流体系适合稍有规模的林产品企业，因为他们才有能力建立自营物流体系，承担其高额的费用和风险。但自营物流可灵活的调整物流活动，保证消费者服务质量，更好维护了企业和消费者间的长期关系。中小林产品企业适合联盟物流或第三方物流，两者的资金投入都不高。联盟物流有利于林产品企业学习建立自身完善的物流体系，比第三方物流客户管理质量好。第三方物流可提供更专业的高质量物流服务，但不利于与消费者的联系，但可以专注自身核心业务。

（三）加强重视管理和技术

林业企业应依据现阶段企业的物流情况，加强重视物流管理和技术。企业选择自营物流或联盟物流作为物流形式时，更需要注意企业自身的管理和技术。物流管理包括信息化和基础设施两个方面，在企业内部加强基本信息管理和设施的管理，通过互联网途径准确获得林产品物流的各类信息，再运用数据分析，制订最科学的方案。有效地降低林产品物流成本，提高物流运输效率。技术上应加强 EDI 技术管理，以便于整合林产品的各种运输系统的信息，建立合适的物流平台，消费者因而获得更精准及时的运输状态。

（四）加强激励机制

林业企业、电商平台、物流企业是林产品生产销售过程的三大主导方，为避免其中任何一个企业的问题影响林产品的销售流通过程，需要加强激励机制，如股权激励机制。通过加强激励机制，三大主导方都有了动力，这样不仅有利物流质量与效率的提升，同时也提高消费者的消费满意度，从而提升整个林产品物流的积极性。

（五）重视林业行业协会的作用

林业行业协会可依据林产品的生产、加工与销售情况，制定全国统一质量标准。林业企业依据林业行业协会制定的统一质量标准，严格把握林产品统一标准化，实现协调林产品标准化建设，促进林产品行业的规划化发展。林业行业协会能精准把握国家的经济政策，帮助林业企业做好风向标，有利于其关注相关工程项目。此外，林业行业协会还可整合各地区销售渠道的网络资源，强大物流流通网络，最终实现物流的低成本。

练习与思考

1. 选择题

（1）下列（   ）不属于电子商务四大流范畴。

A. 信息流　　　　　B. 商务流　　　　　C. 物流　　　　　D. 资料流

（2）电子商务物流是（   ）的物流。

A. 信息化、标准化和流程化　　　　　B. 电子化、网络化和自动化

C. 信息化、概念化和流程化　　　　　D. 信息化、网络化和流程化

（3）下列不属电子商务物流特征的是（   ）。

A. 物流信息化　　　B. 物流自动化　　　C. 物流网络化　　　D. 流程化

（4）目前国内林产品电子商务物流模式的主要根据（   ）划分。

A. 电子商务物流的经营者和交易对象

B. 电子商务物流的使用者和交易对象

C. 电子商务物流的经营者和交易金额

D. 电子商务物流的使用者和运输对象

（5）林产品电子商务物流模式中的 BtoB 模式中的 B 指的是（   ）。

A. 林业生产企业或专门从事林产品销售的企业

B. 林产品消费者

C. 林业合作社

D. 政府

2. 问答题

（1）什么是电子商务？

（2）什么是林产品电子商务物流？为什么要发展林产品电子商务物流？

（3）根据林产品电子商务物流的经营者划分，国内林产品电子商务物流模式有哪几类？

（4）根据林产品电子商务物流的交易对象划分，国内林产品电子商务物流模式有哪几类？

实训任务

　　了解您身边的朋友或亲戚在日常生活当中所购买的林产品，都是从什么渠道购买的，并对网上购买的林产品予以判断其分别属于林产品电子商务物流模式中的哪一种模式，并记录相关内容，填写下表。

林产品名称	主要购买渠道	网站或平台名称	属于哪种电子商务物流模式	判断依据

参考文献

[1] 包装运输包装设计的发展趋势 [EB/OL]. https://www.swop-online.com/news/info/444.

[2] 鲍新中，赵丽华，程肖冰. 物流成本管理 [M]. 北京：人民邮电出版社，2017.

[3] 宾厚. 林副产品物流配送系统优化研究 [D]. 长沙：中南林业科技大学，2012.

[4] 常佩佩. 浅谈企业物流管理中流通加工合理化问题 [J]. 经贸实践，2016 (17)：1.

[5] 陈诚，邱荣祖. 林产品物流系统研究现状与展望 [J]. 森林工程，2015 (9)：139-144.

[6] 陈友益. 林产品物流体系的构建策略分析 [J]. 现代营销，2018 (11)：98-99.

[7] 程宝栋，杨红强，缪东玲. 林产品贸易学 [M]. 北京：中国林业出版社，2022.

[8] 程相华. 浅析林产品物流体系的构建 [J]. 中国科技博览，2015 (7)：65-66.

[9] 出库作业操作管理 [EB/OL]. https://max.book118.com/html/2017/1204/142652027.shtm.

[10] 川观新闻小编. 客商难来、瓜果难运？新疆为解决林果产销难题"出新招" [N]. 新疆日报，2020-08-22 (4).

[11] 崔耀东. 流通加工中长型材料的套裁技术——介绍计算机排样系统在流通加工中的应用 [J]. 中国物资经济，1993 (9)：37-38.

[12] 丁琬清. 传统物流管理向现代物流供应链管理模式转变的研究 [J]. 物流工程与管理，2019 (6)：15-16，34.

[13] 冯国苓，刘智学. 现代物流基础 [M]. 4版. 大连：大连理工大学出版社，2019.

[14] 郭冬芬. 仓储与配送管理实务 [M]. 北京：人民邮电出版社，2021.

[15] 郭建宏. 林副产品配送优化辅助决策模型及 GIS 集成研究 [D]. 北京：北京林业大学，2007.

[16] 国家林业局. 2018 中国林业发展报告 [M]. 北京：中国林业出版社，2018.

[17] 韩林. 湖南省林产品物流运输需求预测研究 [D]. 长沙：中南林业科技大学，2015.

[18] 胡建波. 物流概论 [M]. 2版. 成都：西南财经大学出版社，2022.

[19] 胡婷婷. 基于林业绿色供应链的木材物流运作模式研究 [D]. 呼和浩特：内蒙古林业大学，2012.

[20] 胡延杰. 全球木质林产品贸易现状及发展趋势分析（三）[J]. 国际木业，2017 (2)：1-5.

[21] 纪祥月，欧阳瑞灿，张冰，李春伟. 基于 RFID 的林产品多功能智能化包装工作

平台研究 [J]. 中国包装, 2022 (2): 28-30.

[22] 蒋沁燕. 仓储管理实务 (智媒体版) [M]. 成都: 西南交通大学出版社, 2022.

[23] 李缘. 湖南省林产品行业与物流业耦合协调研究 [D]. 长沙: 中南林业科技大学, 2019.

[24] 李智, 崔校宁. 物流配送: 电子商务由虚到实: 北京世佳配送中心的创新经营 [J]. 管理现代化, 2000 (5): 3.

[25] 梁云林. 木材运输技术及其发展综述 [J]. 科技创新与应用, 2013 (2): 217-218.

[26] 林敏, 刘勇彪, 易丽云. 林产品物流绩效评价指标体系的构建 [J]. 物流技术, 2010 (29): 23-25.

[27] 刘婷. 快消林产品电子商务物流模式研究 [D]. 长沙: 中南林业科技大学, 2017.

[28] 刘晓燕. 配送管理实务 [M]. 北京: 机械工业出版社, 2022.

[29] 吕业清, 彭继跃. 热带农产品物流信息技术 [M]. 北京: 中国经济出版社, 2014.

[30] 孟建华. 现代物流管理概论 [M]. 北京: 清华大学出版社, 2005.

[31] 孟金环. 论电子商务对物流模式构建的影响——以 B2C 电商企业为例 [J]. 商业经济研究, 2015 (34): 69-71.

[32] 米志强. 物流信息技术与应用 [M]. 北京: 电子工业出版社, 2021.

[33] 苗木包装 [EB/OL]. https://wenku.baidu.com/view/21d3f9cb910ef12d2af9e782?aggId=a75adf4a76a20029bc642d71&fr=catalogMain&_wkts_=1673443703216.

[34] 木材出入库管理 [EB/OL]. https://www.taodocs.com/p-496707727.html.

[35] 穆晓静. 供应链管理研究综述 [J]. 科技信息导刊, 2017 (13): 224.

[36] 宁攸凉. 我国林业产业发展面临的挑战与对策 [J]. 世界林业研究, 2021 (7): 67-71.

[37] 彭秀兰, 马冬梅. 配送作业管理 [M]. 北京: 机械工业出版社, 2021.

[38] 曲建科, 杨明. 物流成本管理 [M]. 3 版. 北京: 高等教育出版社, 2019.

[39] 曲思, 王忠伟. 林产品企业间协同运输的成本分配模式研究 [J]. 中南林业科技大学学报, 2013 (3): 107-111.

[40] 冉泽松. 论物流新职能——流通加工 [J]. 物流科技, 2008, 31 (8): 2.

[41] 入库作业与操作 [EB/OL]. https://max.book118.com/html/2020/0305/6053004221002144.shtm.

[42] 山囡囡, 刘晓斌, 李春富. 物流成本管理任务驱动式教程 [M]. 北京: 人民邮电出版社, 2015.

[43] 商印至, 珊睿婷. 林产品制造过程中的物流成本优化 [J]. 管理创新, 2013 (9): 254.

[44] 省程. 优化产业结构推动林产工业科技进步 [J]. 中国质量万里行, 2018 (10): 82.

[45] 石鑫. 2021 年首趟 "林果快车" 发运 [N]. 新疆日报, 2021-01-08 (4).

［46］司丽娟. 中国木质林产品贸易发展问题与对策［J］. 林产工业, 2021, 58 (3): 72 – 74.

［47］宋李玉. 基于 SWOT 的南平市林产品配送现状分析［J］. 物流工程与管理, 2025 (7): 80 – 82.

［48］宋文官. 物流基础［M］. 北京: 高等教育出版社, 2015.

［49］田利涛, 孟利清, 李育林. 我国林产品现代物流分析［J］. 全国商情, 2018 (8): 53 – 54.

［50］王科, 刘书. 物流成本管理实务［M］. 2 版. 上海: 上海交通大学出版社, 2022.

［51］王永富. 构建林产品现代物流体系对策研究［J］. 中国物流与采购, 2011 (22): 76 – 77.

［52］王永富. 广西林业产品物流问题及对策研究［J］. 中国市场, 2008 (11).

［53］王永富. 基于供应链的林产品物流成本管理探讨［J］. 物流技术, 2015 (4): 224 – 226.

［54］王之泰. 物流供给与供给创新［J］. 物流技术与应用, 2009 (5): 88 – 91.

［55］魏国辰. 电商企业生鲜产品物流模式创新［J］. 中国流通经济, 2015, 29 (1): 43 – 50.

［56］魏际刚. 物流需求和物流供给［J］. 中国物流与采购, 2006 (2): 40 – 43.

［57］武钰淳, 薛亮, 付天琴, 郑琰. 我国林产品物流发展现状分析与展望［J］. 物流工程与管理, 2018 (5): 11 – 13.

［58］许咏梅. 乡村振兴下宜昌市农产品电商物流发展策略研究［J］. 中国储运, 2022 (11): 153 – 158.

［59］杨双林. 基于流通加工环节的物流运输合理化策略分析［J］. 科技信息, 2009 (19): 1.

［60］姚洪权. 多模式下水泥流通加工中心选址研究［D］. 长春: 吉林大学, 2009.

［61］叶丽丽. 电子商务环境下林产品物流模式构建研究［J］. 商业经济, 2020 (11): 61 – 63.

［62］尹丕. 木材运输技术的几种方法及其发展趋势［J］. 科技创新与应用, 2013 (33): 277.

［63］在库作业与盘点［EB/OL］. https：//www. mayiwenku. com/p – 28760396. html.

［64］张开涛. 现代仓储管理［M］. 南京: 南京大学出版社, 2015.

［65］赵荣, 王桐. 林业助力乡村振兴的成效及对策［J］. 林草政策研究, 2022, 2 (2): 27 – 32.

［66］郑庆华, 张智光. 林业物流管理的研究现状与趋势［J］. 南京林业大学学报, 2011 (6): 52 – 56.

［67］周洁红. 农产品供应链与物流管理［M］. 北京: 科学出版社, 2019: 169 – 185.

［68］朱伟生. 物流成本管理［M］. 北京: 机械工业出版社, 2022.